Couverture inférieure manquante

AF267527

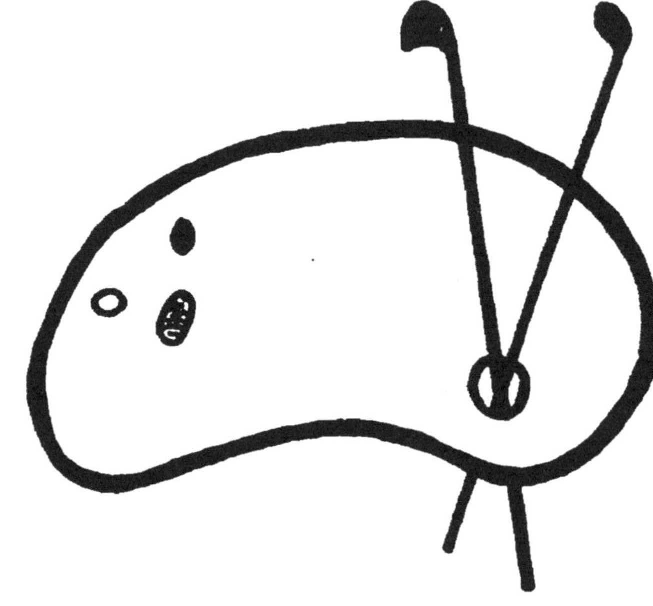

LES GRANDES LANDES DE GASCOGNE

Études Historiques

ET

GÉOGRAPHIQUES

PAR

P. CUZACQ (DE TARNOS, LANDES)

BAYONNE

IMPRIMERIE TYPOGRAPHIQUE ET LITHOGRAPHIQUE A. LAMAIGNÈRE, RUE JACQUES LAFFITTE, 9

1893

LES GRANDES LANDES DE GASCOGNE

ÉTUDES HISTORIQUES

ET GÉOGRAPHIQUES

LES GRANDES LANDES DE GASCOGNE

Études Historiques

ET

GÉOGRAPHIQUES

PAR

P. CUZACQ (DE TARNOS, LANDES)

BAYONNE

IMPRIMERIE TYPOGRAPHIQUE ET LITHOGRAPHIQUE A. LAMAIGNÈRE, RUE JACQUES LAFFITTE, 9

1893

« C'est un devoir pour nous de connaître, dans le détail de sa structure extérieure, cette terre de France, notre domaine et l'objet de nos affections. Il y a quelque chose de nous-mêmes dans ces montagnes qui nous protègent et nous versent leurs eaux fécondes ; dans ces fleuves depuis tant de siècles nos serviteurs fidèles ; dans cette terre enfin qui est aussi la poussière sainte de nos pères ».

(INTRODUCTION GÉNÉRALE A L'HISTOIRE DE FRANCE, par Victor Duruy, 1865).

On aime et on sert d'autant mieux un pays qu'on le connaît davantage.

———

« Connais-toi toi-même, disait Socrate à son disciple favori.

« Ce conseil de la sagesse antique, la sagesse et la science modernes le répètent de nos jours à l'homme et au citoyen.

« Pour l'homme, la connaissance de lui-même s'entend de sa personne composée d'une âme immortelle et d'un corps périssable, mais admirable. Pour le citoyen, la connaissance de lui-même doit comprendre, avec sa personne, son pays ».

(NOTRE PAYS, par Jules Duval, 1867).

LES LANDES DE GASCOGNE ET LE LITTORAL

I

Les Landes de Gascogne comprennent un vaste plateau triangulaire borné à l'Ouest par l'Océan ; au Sud-Est, par l'Adour, la Douze, la Midouze et l'Estampon ; au Nord-Est, par le Ciron et la Garonne.

Du côté Nord et du Centre existent les *Grandes Landes* et, vers le Sud-Est, les *Petites Landes*.

Il est certain que la mer couvrait les Landes à une époque très ancienne et qu'elle s'est retirée lentement. Ce qui le prouve d'une manière évidente, ce sont les bancs de pierres coquillières, de falun et de marne, abondants en fossiles de tout genre, qu'on rencontre dans plusieurs endroits des Landes, entr'autres Sabres, Mont-de-Marsan, Tartas.

Actuellement, le Golfe de Gascogne s'étend presque en ligne droite depuis l'embouchure de la Gironde jusqu'à celle de l'Adour. Ce n'est qu'en regard de Cap-Breton qu'il forme un léger angle rentrant. La distance totale est de 230 kilomètres.

L'observation a prouvé que la mer diminue et que les continents augmentent, mais si lentement qu'il faut des siècles pour que les changements qui s'opèrent sur ces côtes deviennent sensibles.

Depuis l'origine de notre ère, la plage actuelle a-t-elle varié sensiblement ? Il serait intéressant de reconstituer avec une certaine précision la topographie du littoral des

Landes. Malheureusement, les anciens ne connaissaient pas la géodésie, qui est la mère de la géographie ; les repères font défaut.

On remarque que le niveau moyen des eaux de la mer ne varie pas d'une manière sensible, parce que la quantité d'eau qui s'évapore est rendue intégralement par les pluies et par l'apport des fleuves. Il y a donc à peu près équilibre. Le Golfe de Gascogne, qui baigne la vaste plaine des Landes, est peu profond du côté du rivage, parce que la côte est plate.

La pente étant douce, les flots s'éteignent doucement et reviennent vers l'Océan après avoir abandonné sur le sol les sables et les cailloux qu'ils avaient apportés. Voilà pourquoi les plages augmentent sur certains points du littoral des Landes. Cependant l'Océan a fait et fait encore de grands ravages sur la côte du Médoc. De ce côté, la mer avance dans les terres, tandis que vers l'embouchure de l'Adour et la pointe St-Martin, l'envahissement sur la mer est incontestable. D'après M. l'ingénieur Vionnois (1), le mouvement a été général, le rivage, de la pointe St-Martin à l'embouchure de l'Adour, s'est avancé uniformément sur la mer et, en 36 ans (1824-1860), s'est accru de 120 mètres, soit en moyenne 3^{m}33^c par année. Ce fait s'est également produit au Nord de l'embouchure de l'Adour, mais les données manquent pour en mesurer l'extension et l'importance.

M. Vionnois ne croit pas que ce phénomène puisse être attribué à un relèvement du sol. Il serait dû à l'apport des sables et graviers par la mer.

On a constaté, en effet, la marche des sables du littoral du Nord au Sud.

(1) *Courrier de Bayonne*, 12 juillet 1851.

« ..... Si dans l'avenir, ajoute M. Vionnois, la marche des sables n'est pas altérée, la pointe St-Martin sera ensablée dans 130 ans, et la limite sud des sables ira s'appuyer contre les rochers de l'Atalaye de Biarritz : l'anse de la côte des Fous sera dès lors ensablée dans l'alignement de la pointe St-Martin. Deux siècles plus tard, les sables déborderont les rochers de Biarritz et envahiront la côte des Basques jusqu'à Guéthary. Toutes les beautés maritimes de Biarritz auront dès lors cessé d'être, et cette coquette résidence sera séparée de l'Océan par une plage sablonneuse..... ».

Ces sables proviennent en partie de la côte des Landes, située au nord du bassin d'Arcachon. Cette côte a été et est encore rongée. On trouve à basse mer, dans l'Océan, des traces qui indiquent que ces terrains ont été habités. Après s'être déversés sur plusieurs points, ces sables vont se perdre ensuite dans les grandes profondeurs qu'on trouve très près de la côte d'Espagne.

Dans les temps préhistoriques, la race humaine comptait de nombreuses peuplades dans le Sud-Ouest de la France. Le sol de la Gironde et des Landes est couvert de haches polies et de silex ouvrés. On a aussi trouvé un gisement sous-marin dans la côte de Gascogne. En sondant les fonds de la mer, on découvrirait certainement des trésors archéologiques. Comme aussi, en fouillant dans les dunes, on découvrirait des villages disparus sous les sables, des objets curieux, des renseignements utiles.

Pendant l'ère historique, les Landais, qui habitaient le long du littoral, ont dû bien souffrir de l'envahissement des dunes et des étangs. Toujours à la veille d'être engloutis par ces dunes et ces étangs qui marchaient sans cesse, ils étaient forcés de transporter leurs demeures et leurs églises plus à l'Est, dans l'intérieur de la lande.

« Nous savons que l'église de Lége a été rebâtie en 1480 et en 1630, la première fois à 4 kilomètres, la seconde à 3 kilomètres plus avant dans l'intérieur des terres ; mais les étapes des autres localités de la même zone ne sont pas connues d'une manière précise. Quant aux bourgs aujourd'hui disparus de Lislan, de Lélos et de plusieurs autres encore, on ignore jusqu'à leur ancien emplacement. Après avoir perdu son port et ses hameaux, le bourg de Mimizan, jadis très important, allait être englouti tout entier lorsque, au moment suprême, on réussit enfin à fixer les dunes par des palissades et des plantations » (1).

Le bourg de Bias et son église ont disparu sous les sables. Des ports mentionnés par les anciens historiens n'existent plus. La tour de Cordouan, située sur un rocher, appartenait jadis à la terre ferme. Une carte de 1630 indique, entre la tour de Cordouan et la côte du Médoc, une distance de 5,400 mètres ; on en compte aujourd'hui environ 7,000 (2).

A la pointe de Grave, de 1826 à 1850, le rivage a reculé de 750 mètres. Cet envahissement de la mer est causé par un travail d'érosion des vagues aidé par l'affaissement du sol.

Le port du Vieux-Soulac, où abordaient, il y a quatre siècles, les flottes anglaises, et la ville ont été engloutis par la mer. L'église du XII° siècle, qui était enfouie dans les sables, a été dégagée depuis peu d'années. Près de la pointe de Grave, la ville romaine de *Noviomagus*, citée

<hr>

(1) *La Terre*, par Elisée Reclus, 1870, t. II, p. 258.
(2) *Traité de Géologie*, par A. de Lapparent, 2° édit., 1885, p. 161.

par Ptolémée, a été aussi engloutie sous les flots. Quelques auteurs modernes placent Noviomagus à Soulac et, suivant Pomponius Mela, l'île d'Antros était placée à l'embouchure de la Garonne.

D'après l'abbé Mézuret (*Notre-Dame de Soulac*, 1865), « La Canau a été rebâtie trois fois. Sainte Hélène a transporté à dix kilomètres ses maisons et son église paroissiale. Hourtin, qui compte à peine deux siècles d'existence, a, pour ainsi dire, recueilli dans les eaux de l'étang son titre paroissial. On montre encore, au milieu d'un îlot sans étendue, quelques arbres que la tradition fait croître sur les ruines de l'ancienne Sainte Hélène, que le peuple appelle encore *Senta Lénoto*, Sainte Hélénote, la petite Sainte Hélène.

« Plus près de nous, n'avons-nous pas Montalivet, où paraît avoir existé une ancienne église ; Artigues Extremeyres, dont le prieuré a disparu sous les sables et sous les eaux ; Saint Pierre de Lignan ou de Lilian, dont il est dit, il y a deux cents ans, qu'il est abandonné et couvert par les eaux..... ».

Dans une ancienne carte de France dressée par Geraldus Mercator, en 1585, on voit une ville, désignée sous le nom d'*Anchises*, placée entre Soulac et Arcaxon (Arcachon). Ce port devait exister probablement au nord de l'étang d'Hourtin, dont les dispositions indiquent une ancienne communication avec la mer.

Boïos, ville importante mentionnée par l'*Itinéraire d'Antonin*, paraît avoir occupé une position rapprochée de la ville actuelle de La Teste.

Une ancienne île, l'île de la Motte, désignée dans l'atlas de Blaew (1630), a disparu.

« Qui sait si Boïos n'aurait pas été engloutie par les flots de la mer ? Qui sait si le bassin d'Arcachon n'a pas été formé par l'effort de la mer, qui, dans le temps de quelque tempête extraordinaire, peut avoir surmonté quelque digue naturelle qui l'empêchoit de couvrir un terrain qui se trouvoit à son niveau ? Quiconque examinera attentivement le lit de ce bassin, qui paroit presque à découvert à chaque reflux, et qui réfléchira sur le peu d'élévation des rives adjacentes, reconnoîtra aisément que ce bassin n'est pas l'ouvrage primitif de la nature, et qu'il ne doit sa formation qu'à quelque débordement extraordinaire de la mer, qui s'est pratiquée des ouvertures pour couvrir, à chaque marée, un terrein qui s'est trouvé de niveau avec elle » (1).

L'envahissement des sables et le refoulement des eaux ont bouleversé toute la côte du golfe de Gascogne.

Mimizan, ou plutôt Mamizan, était un grand port de mer et comptait plusieurs milliers d'habitants.

Un ancien manoir, situé à Aureilhan, bien loin de l'étang, il y a près de deux siècles, est aujourd'hui complétement entouré d'eau.

Lit ou Liet (*Littus*, rivage) était au moyen âge un port assez important d'où partaient de nombreuses barques chargées de charbons et de produits résineux pour Bayonne et La Rochelle. Le port d'embarquement était à Terre-Baston (Tarrebesson). L'église primitive se trouvait au milieu de la forêt dite de Saint Jean ; les sables l'ensevelirent et forcèrent les habitants à la reconstruire au lieu où elle se trouve aujourd'hui (2).

Dans l'étang de Lit, il existait le château de Navarre,

<hr>

(1) *Variétés Bordeloises*, par l'abbé Baureia, t. III, p. 285 (édit. 1875). Les *Variétés Bordeloises* parurent de 1784 à 1786.
(2) M. Tartière. *Annuaire des Landes*, 1867.

seigneurie de Mauléon. Il figure, au milieu de l'étang et sous le nom de château de Marensin, sur *la carte du Béarn, de la Bigorre et de l'Armagnac et des pays voisins,* par Guillaume Delisle (1712).

Les habitants du quartier d'Agnès, dans la paroisse de Lit, avaient formé, en 1771, une demande en modération au sujet de la perte des trois quarts de leur territoire, couvert en 1770 par les dunes dont la marche continue en 1776 (1).

Mixe, dépendant aujourd'hui de Lit, formait une paroisse avant la Révolution. Son église était dans la vallée d'Yons, à 2,500 mètres de la chapelle actuelle.

Contis avait aussi un port important qui a disparu sous les sables. Ce port figure sur plusieurs cartes anciennes.

Saint-Julien-en-Born. — Les sables avaient envahi une grande partie du quartier d'Ovignac et le bourg fut porté à une lieue de son ancien emplacement, dans le quartier de Sart.

Vielle-Saint-Girons. — Cette commune a été formée de trois paroisses : Saint-Jean-de-Vielle, Saint-Girons-de-l'Est, Saint-Girons-du-Camp. A Saint-Girons-de-l'Est, on remarque encore les décombres de l'ancienne église paroissiale qui avait été presque ensevelie par les sables.

Maá, qui dépend actuellement de Moliets, formait une paroisse particulière disparue en partie sous les sables.

II

Les étangs existaient-ils dans les premiers siècles de notre ère? Je crois que les étangs se sont formés à la

(1) Archives de la Gironde, C, 2673.

suite de la formation des dunes. Les ruisseaux, se trouvant obstrués par les sables et n'ayant plus un libre cours vers la mer, ont créé les étangs dont le fond s'est exhaussé par la suite et s'est trouvé à un niveau plus élevé que celui de la mer. Si les dunes mobiles eussent existé dans l'antiquité, les géographes et les historiens auraient certainement été frappés de ce phénomène et n'auraient pas manqué d'en parler.

« Sur un espace de 200 kilomètres se prolonge une rangée d'étangs différents de forme et de grandeur, mais tous sont situés à une distance à peu près égale de la mer » (1).

Voici les principaux étangs avec leur superficie et leur altitude :

L'étang de Soustons......	739 hectares	2m d'altitude.
Celui de Léon...........	970 —	6 —
Celui de Saint-Julien.....	989 —	2 —
Celui d'Aureilhan........	683 —	2 —
Celui de Parentis et Biscarosse...................	3.700 —	18 —
Celui de Cazau..........	5.800 —	19 —

La plus grande profondeur de ce dernier est de 16 mètres.

Les étangs qui communiquent aujourd'hui directement avec la mer sont peu élevés au-dessus de son niveau, comme ceux d'Aureilhan, de Saint-Julien et de Soustons, qui ne sont qu'à deux mètres d'altitude.

Les étangs d'Hourtin et de La Canau ne communiquent point directement avec la mer. Le trop plein des eaux se dirige vers le bassin d'Arcachon.

(1) Elisée Reclus. *La Terre*, t. v, p. 248.

M. Elisée Reclus croit que ces étangs formaient dans le principe des petits golfes.

« D'abord séparées de l'Océan par un mince cordon de sable, comme il s'en forme souvent sur les plages basses, ces baies, changées en étangs, ont été peu à peu repoussées vers l'intérieur des terres par les sillons parallèles des dunes. Sous l'énorme pression des sables, elles ont gravi, pour ainsi dire, la pente du continent. En même temps, les pluies et les ruisseaux, arrêtés dans leurs cours, apportaient incessamment leur tribut d'eau douce aux nouveaux lacs, tandis que l'eau salée s'enfuyait à mesure par les déversoirs naturels ménagés entre les monticules. Ainsi les grains de sable que le vent pousse devant lui ont suffi, pendant le cours des siècles, à changer des golfes d'eau salée en étangs d'eau douce, et à les porter dans l'intérieur du continent à une hauteur considérable au-dessus de l'Atlantique » (1).

Dans *Le Littoral de la France*, par V. Vattier d'Ambroyse, 4e partie, p. 333 (1887), je lis ce passage :

« En tout cas, la limite du rivage, au commencement de l'époque historique, doit être reportée de beaucoup à *l'Ouest* de sa situation actuelle. Nous pouvons la baser sur les dimensions considérables des arbres arrachés aux dunes, et qui, pour les avoir atteintes, devaient s'être trouvés loin de l'influence pernicieuse de l'air salin..... ».

Et plus loin, p. 339 :

« L'étang de Parentis, ainsi que la plupart de toutes ces nappes lacustres littorales, se trouve dans les mêmes conditions ; il n'y a donc pas absolument lieu de s'arrêter à l'hypothèse émise que ces masses liquides sont d'anciens golfes, à l'embouchure fermée par les sables..... ».

(1) *La Terre*, ii, p. 250 et suiv.

— 14 —

Voici l'opinion de M. Ernest Desjardins (1) .

« L'ancienne limite de la Gaule, du côté de l'Océan, était, à l'époque romaine, presque la même qu'aujourd'hui.

« ..... Il est probable que la formation des dunes, datant du moyen âge, a bien pu faire reculer la mer, dont la limite approximative nous serait sans doute indiquée, pour l'époque romaine, par la ligne des étangs, anciennes baies enfermées seulement pendant les âges modernes. Il faut remarquer toutefois que la ligne du rivage ancien ne doit pas laisser en dehors toute la bande littorale envahie par les dunes, puisqu'elles ont dû prendre naissance à l'époque du défrichement, à partir du cordon végétal dont on trouve les vestiges sous ces mêmes dunes. L'action des sables a dû produire depuis lors un double engendrement de collines, les unes envahissant la terre à l'Est, les autres formées par refoulement vers la mer, et la contraignant à reculer. On ne se trompera donc pas sensiblement en traçant l'ancien littoral suivant une ligne qui divisera longitudinalement par la moitié les collines modernes de sable, les étangs actuels ayant dû former une série de golfes dont le principal était l'estuaire du *Sigmatus* ou *Signatius* (Leyre), estuaire qui est devenu l'étang d'Arcachon..... ».

MM. Jacquot et Raulin, dans la *Statistique géologique et agronomique du département des Landes* (1874), p. 169, s'expriment en ces termes :

« Malgré le peu de solidité et de stabilité apparente de la côte au sud de la Gironde, nous pensons qu'à part l'accroissement des dunes, elle n'a pas subi, pendant les temps historiques, d'aussi grands changements qu'on est

(1) *Géographie de la Gaule*, t. 1ᵉʳ, p. 258 et suiv. (1878).

généralement porté à le croire. Pour s'en convaincre il faut, dit M. E. de Beaumont (1), remarquer combien la ligne de la côte bordée par les dunes est peu ondulée ; elle s'étend entre deux points fixes. A l'extrémité septentrionale, près de la Pointe-de-Grave, se trouve la tour de Cordouan, bâtie sur des rochers, et en face les falaises de Royan, formées de rochers rongés lentement par la mer. A l'extrémité méridionale se trouvent les falaises de Biarritz, dont le fond n'éprouve lui-même que peu de déplacements. La plage que bordent les dunes entre ces deux points invariables étant sensiblement rectiligne et se trouvant à peu près sur la ligne d'intersection du plan prolongé de la surface des Landes avec la surface de la mer, il est clair que ce doit être à peu près là sa disposition originaire. Elle ne pourrait avoir eu une disposition notablement différente que dans le cas où il serait survenu des changements récents dans les niveaux relatifs de la terre et de la mer, ce que rien n'indique, d'une manière générale, sur cette côte. Il paraît, à la vérité, que dans la partie septentrionale où elle se recourbe vers la Pointe-de-Grave, la ligne de la plage a reculé, et qu'elle est maintenant plus éloignée des rochers de la tour de Cordouan qu'elle ne l'était il y a quelques siècles. La zone des dunes est plus étroite dans cette partie, et les ruines du vieux Soulac, découvertes à 800 mètres seulement de la plage actuelle, pourraient faire croire que cette dernière était autrefois plus éloignée ; mais ces observations ne s'appliquent pas à la totalité de la côte des Landes. Les dunes qui les bordent sont donc à peu près dans la position où le phénomène a dû commencer ».

(1) Rapport sur le bassin d'Arcachon (*Annales maritimes*, 1837).

On voit que les auteurs sont loin de s'entendre et que leurs opinions varient sur divers points.

Un géographe de grand mérite, M. Longnon, dans son *Atlas historique de la France,* 1re liv., introduction, p. 11, ajoute : « La hauteur des nappes lacustres du golfe de Gascogne nous prescrit de conserver (pour la Gaule à l'arrivée de César) cette suite bien connue d'étangs parallèles au rivage ». Il figure, en effet, ces étangs sur sa carte à la place exacte où ils se trouvent de nos jours.

M. Georges Beaurain répond à M. Longnon en ces termes (1) :

« Cependant la ligne du rivage ancien se brise, en regard de chaque étang, de manière à former en ces endroits une suite de véritables baies, ce qui semblerait indiquer que M. Longnon admet le système de ces baies et nie simplement que, transformées en étangs, elles aient changé de place. Pour qui regarde ces premières cartes, ce ne sont pas les étangs qui ont avancé, c'est la mer qui a reculé. Je ne m'arrête pas à discuter la contradiction qu'on pourrait dès maintenant mettre en évidence entre la déclaration, rappelée ci-dessus, de M. Longnon, et le tracé de sa première carte. Que la mer ait reculé, du reste, nous n'y contredisons pas. Ce phénomène a pu se produire, non pas, peut-être, comme l'a prétendu M. Desjardins, par suite de la formation des dunes, mais à raison du soulèvement général de la côte, que tous les géographes sont unanimes à reconnaître.

« Mais arrivons à la seconde planche. Là figurent les voies romaines, et notamment celle dont nous avons parlé, qui disparaît dans les étangs d'Aureilhan et de Parentis.

(1) *Quelques faits relatifs à la formation du littoral des Landes de Gascogne,* par Georges Beaurain. *Revue de Géographie,* avril 1891, p. 254.

M. Longnon a reproduit, sur cette seconde planche, cette particularité de la voie romaine. Or, nous prenons la liberté de poser à M. Longnon le dilemme suivant : de deux choses l'une : ou bien les étangs sont restés immuables à travers les siècles, et alors pourquoi la voie romaine dont il s'agit est-elle aujourd'hui totalement submergée ; ou bien les étangs ont avancé dans les terres, et alors quel argument peut-on tirer de leur hauteur actuelle ?

« On voit combien est fragile ce prétendu système.....

« ..... Je me résume. Ainsi que l'ont observé MM. Reclus et Desjardins, la formation des dunes et des étangs est un fait relativement peu ancien, sur le littoral gascon. Les unes et les autres, entre l'époque de leur formation et l'époque contemporaine, ont marché de l'Ouest à l'Est et ont gravi la pente du continent. Dès lors, il est inexact de se baser sur l'état actuel des choses pour reconstituer leur état ancien. Si rien n'autorise à affirmer que les étangs n'étaient encore que de simples baies à l'époque de l'invasion romaine, rien non plus n'autorise à le nier ».

En dehors de ces transformations, la côte a dû subir encore des affaissements partiels. On a trouvé des silex taillés sur le rivage que la mer laisse à découvert dans les plus basses marées. MM. de Folin et Détroyat ont découvert, entre Biarritz et Bidart, près de l'embouchure du ruisseau de Mouligna, une forêt devenue sous-marine, des dépôts de silex taillés et des poteries.

M. Delfortrie a constaté dans plusieurs écrits qu'il existe un affaissement du littoral lent et progressif ; il croit que l'envahissement très sensible de la rive sud du bassin d'Arcachon n'est pas l'effet de l'érosion et que le littoral des landes de Gascogne s'affaisse dans les proportions d'un mètre par siècle. M. Raulin, professeur de

— 18 —

géologie à la Faculté des Sciences de Bordeaux, n'est pas de son avis. « Les faits cités par M. Delfortrie, dit il, ne permettent même pas d'admettre la *probabilité* et à plus forte raison *l'existence* d'un affaissement ; il n'y a là qu'une hypothèse gratuite » (1).

Toutefois, il est incontestable qu'il se produit le long du littoral de certaines contrées des affaissements ou des exhaussements du sol difficiles à calculer.

« Suivant quelle loi, dans quel ordre géographique, avec quelle vitesse relative se produisent ces oscillations graduelles qui ont pour résultat de changer à la longue l'aspect général du globe ?

« La science n'est point encore en mesure de répondre à ces questions d'une manière positive..... Chaque année, les savants constatent sur divers points de la terre des phénomènes de soulèvement jusqu'alors inconnus ; mais il leur reste encore à présenter d'une manière générale l'ensemble de tous ces mouvements de l'écorce planétaire. C'est là pourtant un des sujets de recherche qui offrent le plus haut intérêt scientifique, car la terre est notre demeure. Il importe de savoir comment le sol empiéte sur l'Océan ou recule devant lui ; comment il se déplace sous nos pas et se modifie diversement tandis que nous nous agitons à sa surface » (2).

M. Albert de Lapparent, dans son *Abrégé de Géologie*, p. 116 (1886), dit encore :

« Sans nier qu'il puisse se produire, à l'heure qu'il est, des mouvements lents dans l'écorce, nous croyons qu'il

_____

(1) Séance de la *Société des sciences physiques et naturelles de Bordeaux*, du 10 décembre 1874.

(2) *Les Oscillations du sol terrestre*, par Elisée Reclus. *Revue des Deux Mondes*, janvier 1855.

serait difficile d'en appuyer la réalité sur des preuves expérimentales décisives. En tout cas, ce n'est pas là, suivant nous, qu'il convient de chercher la cause des changements, beaucoup plus brusques et plus tranchés, que le relief du globe a subis aux diverses époques géologiques. Nous vivons actuellement dans une phase d'équilibre, et l'homme ne paraît avoir été jusqu'ici le témoin d'aucun de ces mouvements accentués par lesquels la géographie terrestre a été tant de fois affectée..... ».

Cependant, dans une communication faite à la *Société de Géographie*, qui a été reproduite par la *Revue* (n° du 13 décembre 1890), M. de Lapparent a examiné quel est l'avenir de la terre ferme, et il résulte de son étude que les continents sont destinés à disparaître.

M. Jacques Léotard, dans la *Revue Scientifique* (4 avril 1891), a répondu à M. de Lapparent. Voici quelques passages de son article :

« Assurément, la terre ferme est sans cesse usée, rongée et disloquée par de puissants agents atmosphériques qui, s'ils continuaient leur œuvre destructive sans qu'aucune compensation se produisît, finiraient par amener le nivellement et la submersion totale des continents. Mais il existe diverses causes très-importantes d'accroissement du relief terrestre émergé, et nous allons voir que leur action pourrait bien contre-balancer actuellement et surpasser même un jour celle des influences dissolvantes.....

« ..... Outre les accroissements continentaux, des îles nouvelles, d'origine volcanique, surgissent parfois à la surface des mers, ainsi que les terres graduellement formées par l'accumulation de matériaux sédimentaires et de débris organiques.

« Les deltas qui naissent à l'embouchure des grands

fleuves, par suite du dépôt de la vase et du sable transporté par l'eau courante, constituent bien également une augmentation du sol émergé, car l'emplacement qu'ils occupent est enlevé à la mer. De plus, celle-ci ne corrode pas tous les rivages ; il en est où les vagues, au lieu d'arracher des parcelles de terre ferme, travaillent à combler les baies, à exhausser et à prolonger le littoral vers la mer : dans le golfe de Gascogne, par exemple, l'Océan dépose chaque année le long de la côte plusieurs millions de mètres cubes de sable..... Enfin, il nous reste à ajouter une cause tout à fait essentielle d'accroissement de la terre ferme, c'est la diminution de l'Océan lui-même, par suite des infiltrations de l'eau à travers l'écorce terrestre, qui est en quelque sorte une masse poreuse, dans laquelle l'élément liquide se glisse par d'innombrables fissures. envahissant les profondeurs et se dirigeant lentement vers le centre, au fur et à mesure que le feu intérieur décroît et que les crevasses augmentent par suite du refroidissement. On sait que l'activité des volcans et beaucoup de tremblements de terre sont dus en grande partie à cette inévitable pénétration de l'eau, que la chaleur interne transforme parfois en vapeur sous pression. Plusieurs géologues pensent que l'Océan primitif a déjà diminué de cette manière du cinquantième de son volume.

« Les eaux se trouvent donc fatalement condamnées à disparaître de la surface du globe, absorbées par les roches souterraines. avec lesquelles elles se combinent chimiquement. Il suffit de regarder au ciel pour voir des exemples frappants d'une telle évolution. La planète Mars nous montre ainsi ce que deviendra la Terre dans quelques milliers de siècles : les mers y sont de simples méditerranées peu profondes, inférieures en surface aux continents, dont l'altitude ne semble pas élevée. Enfin, nous avons dans l'aspect de la Lune, déjà fendillée et desséchée, l'image finale de la Terre, car l'absorption de l'eau par le noyau solide sera suivie de celle de l'atmosphère.

« On voit donc que non-seulement il n'y a pas équilibre dans la lutte entre les océans et les continents, mais que, à l'inverse des conclusions de M. de Lapparent, on peut considérer comme très probable, dans un avenir qui se chiffre également par des millions d'années, non pas la disparition de la terre ferme, mais bien celle de la mer, qui, accompagnée de tous les fluides, doit s'infiltrer peu à peu à travers la croûte dont notre planète est recouverte.....

« ..... En résumé, les phénomènes qui concourent à la destruction des continents nous paraissent aller en diminuant d'intensité, tandis que les influences naturelles, dont le résultat sera le desséchement de la surface du globe, semblent devoir augmenter d'énergie dans le cours des siècles, préparant à notre planète l'étrange avenir que nous venons d'entrevoir, avenir trop lointain peut-être pour que l'Humanité puisse assister à cette fin rationnelle de l'évolution terrestre ».

Pour bien se rendre compte de ces phénomènes et savoir si le sol reste actuellement stationnaire ou s'il s'abaisse lentement, il est de toute nécessité de procéder à des nivellements rigoureux et d'établir des repères immuables.

LES ANCIENNES CARTES DE LA GUYENNE
ET DE LA GASCOGNE

I

Je n'ai pas la prétention de faire l'historique de la cartographie, ni de remonter jusqu'aux premiers géographes de l'antiquité.

Hipparque, de Nicée, mort en 125 avant J.-C., a droit cependant à une mention toute particulière. On peut dire que c'est le père de l'astronomie scientifique. Il a eu l'honneur d'avoir trouvé la vraie méthode de détermination des longitudes terrestres ; il a créé la trigonométrie, inventé l'astrolabe et tracé sur les cercles des instruments de mesure la division en 360 degrés.

Je citerai encore *Ptolémée*, né dans le Thébaïde (Egypte), mort vers 161 après J.-C. Il a fondé la méthode des projections pour la construction des cartes géographiques.

Pendant près de mille ans, et à partir du cinquième siècle, les travaux géographiques n'ont presque pas fait de progrès.

Ce n'est que vers la seconde moitié du XVIe siècle qu'on vit renaître la cartographie. Deux célèbres Flamands, *Mercator (Gérard)* et *Ortélius (Abraham)*, contemporains et unis par les liens de l'amitié, peuvent être considérés comme les restaurateurs de cette science et les fondateurs du système de nos cartes modernes. Le premier, né à Rupelmonde, en 1512, est mort en 1594. Il fut attaché à Charles Quint et publia, en 1578, d'après les principes de

Ptolémée, mais avec plus de précision, plusieurs cartes nouvelles. Le second, géographe du roi Philippe II, publia deux Atlas (1570), accompagnés de descriptions détaillées.

Hondius, ou en hollandais Hondt, géographe et graveur, mort à Amsterdam en 1611, a publié (1607) la deuxième édition du Grand Atlas de Gérard Mercator.

Guillaume Blaeu, éditeur et auteur de cartes géographiques, élève de Thycho-Brahé, né en 1571 à Amsterdam, mort en 1638, a aussi publié un Grand Atlas ou *Theatrum mundi*.

J. Janson a publié à Amsterdam, en 1631-1646, un Atlas comprenant les Tables et descriptions de toutes les régions de la terre, 4 vol. in-folio.

Dans la première moitié du XVII° siècle, un géographe français, *Nicolas Sanson*, né à Abbeville en 1600, mort en 1667, a publié un grand nombre de cartes intéressantes. Trois de ses fils ont continué ses travaux.

Je ne dois pas oublier non plus les géographes français du même siècle : *Pierre Duval*, d'Abbeville, *Jaillot*, qui obtint, en 1675, le titre de géographe ordinaire du roi. Les fils et petit-fils de ce dernier furent aussi des géographes.

Jean Le Clerc, graveur et cartographe, a publié, en 1620, un *Atlas de France*.

Jean Boisseau « enlumineur du roi pour les cartes géographiques », devint l'héritier des Le Clerc. Il a publié (1642) le *Théâtre des Gaules*.

Le sieur *de Classun* était également un géographe. Classun forme une localité du canton d'Aire (Landes). Il a existé des seigneurs de Classun.

L'abbé *Lenglet du Fresnoy*, qui fut aussi un maître en géographie, dit dans son discours sur l'étude de cette science (1742), en parlant des Sanson :

« On aura peut-être peine à croire que trois ou quatre personnes aient publié plus de 900 cartes différentes, sur la géographie ancienne et moderne, dont quelques-unes même ont été gravées, corrigées et réimprimées plusieurs fois ; sans compter un très grand nombre d'autres qui n'ont pas encore été publiées, et qui sont actuellement entre les mains de *M. Robert*, l'un de leurs successeurs. Mais quelle récompense ont-ils eue pour plus de quatre vingts ans d'un travail si infructueux et si sec, mais cependant si nécessaire ? A peine avaient-ils de quoi vivre ; les ministres leur ont alors refusé de modiques pensions qu'ils accordaient avec profusion à des valets qui n'avaient pas d'autre talent que d'être les instruments de leurs plaisirs et même de leurs débauches. C'est ce que j'ai su de M. Guillaume Sanson et de Pierre Moulart Sanson, qui m'assurèrent que M. de Louvois avait voulu les engager à lever en détail tout le royaume, et même à le toiser, et leur avait offert pour ce travail six cents livres par an, ce qui ne suffisait pas même pour nourrir un de leurs chevaux, et il leur fallait au moins une vingtaine de personnes, sans les secours qu'ils devaient encore prendre sur les lieux. Cependant, me dirent ces savants hommes, en se moquant du ministre, il avait fait accorder quatre-vingt mille livres de rente à M. Du Fresnoy, qui lui servait moins dans son travail que dans ses plaisirs ».

C'est dans le courant du XVIIe siècle que les bases de la géographie astronomique furent posées. L'Académie des sciences fut fondée en 1666, par Colbert. Le célèbre *Picard*, né à La Flèche en 1620, fut désigné comme un des premiers membres de cette Académie. C'est lui qui, le premier, a appliqué les lunettes à la mesure des angles ; déterminé, en 1679, la mesure d'un degré du méridien avec la plus grande exactitude et fait faire à l'astronomie les plus grands progrès. C'est grâce aux données de Picard que Newton reprit ses calculs de 1665 et arriva à ses admirables découvertes sur la gravitation universelle. Ce fut Picard qui proposa à Colbert d'attirer à Paris Dominique Cassini (1668). Maraldi, neveu de ce dernier, ne tarda pas à le rejoindre.

La Hire, célèbre mathématicien, né à Paris en 1640, entra à l'Académie des sciences en 1678. Il avait continué en 1673, au nord de Paris, la méridienne dite de l'Observatoire.

Colbert avait conçu le dessein de faire dresser une carte générale du royaume de France plus exacte que toutes les précédentes. Pour cela, il fallait exécuter des observations célestes. Le roi désigna pour ce travail Picard et La Hire. Ils se rendirent, à cet effet, en 1679, en Bretagne, et l'année suivante en Guyenne. « Ils firent une correction très importante à la côte de Gascogne, en la rendant droite, de courbe qu'elle était auparavant, et en la faisant rentrer dans les terres ; de sorte que le roi eut sujet de dire, en plaisantant, que leur voyage ne lui avoit causé que de la perte. C'étoit une perte qui enrichissoit la géographie et assuroit la navigation ». (*Éloge de La Hire*, par Fontenelle).

Vers la fin du XVIIe siècle, les points principaux de la France étaient fixés sur les cartes. La forme du royaume et ses dimensions étaient mieux déterminées ; mais il restait encore beaucoup à faire pour atteindre la perfection.

Guillaume Delisle, élève de Cassini, apporta, au commencement du XVIIIe siècle, à l'aide des observations astronomiques qui venaient d'être faites, des améliorations immenses dans les cartes géographiques encore défectueuses. Il mourut en 1726. « Il a, dit Fontenelle dans l'éloge de Delisle, il a embrassé la géographie dans toute son étendue, il l'a suivie dans toutes ses branches, et l'a prouvé au public par des cartes de toutes les espèces qui sont au nombre de quatre-vingt-dix ».

Mais le plus célèbre de tous les géographes, *d'Anville,* né à Paris en 1697, a construit l'édifice immense de la géographie de tous les âges. Pour compléter les données de l'astronomie, il eut recours aux mesures itinéraires qui lui permirent d'entreprendre la rectification d'un grand nombre de cartes.

La France doit être fière d'avoir donné naissance à la science géodésique par les travaux de Picard, de La Hire et de Dominique Cassini.

Le petit-fils de ce dernier, Cassini de Tury, aidé de son autre fils Cassini IV, commença, en 1744, la carte topographique de la France à laquelle il a donné son nom. Cette œuvre colossale, composée de 184 feuilles, fut terminée en 1783. Elle a été le modèle de tous les travaux topographiques exécutés depuis chez les autres peuples. L'échelle est d'une ligne pour 100 toises (86,400).

La géographie française doit une grande reconnaissance aux principaux collaborateurs de Cassini : Maraldi, La Caille, Outhier, Beauchamp, La Grive, etc.

Voici la copie d'une lettre adressée au conseiller général par l'intendant de Bordeaux au sujet de la triangulation faite par Cassini sur les côtes de Gascogne :

« *A Monsieur le Conseiller général, le 7 juin 1737.*

« J'ay receu les deux lettres que vous m'aves fait l'hon-
« neur de m'écrire les 19 et 31 du mois passé, au sujet des

« sieurs de Cassini et Maraldi, de l'Académie Royale des
« Sciences, qui sont chargés par le Roy de venir dans ce
« département pour y décrire une ligne méridienne depuis
« Nantes jusqu'à Bayonne et travailler à la description
« des côtes de la mer dans toute cette étendue. Sur votre
« première lettre j'ay écrit à votre subdélégué du Médoc
« et aux officiers de justice qui sont sur les costes depuis
« le lieu de la Teste de Buch jusqu'au païs de Marensin
« où se termine mon département, de faire publier par
« les curés de chaque paroisse qu'on ait à donner aux
« sieurs de Cassini et Meraldi tous les secours, assistance
« et éclaircissemens necessaires pour le sujet de leur
« commission et d'en certifier huitaine après la publica-
« tion. Je verray aparemment ces Mrs en cette ville et je
« conferray avec eux au sujet des piramides et bornes que
« M. de Cassini doit faire poser dans les endroits où se
« rencontrent les angles des triangles qui ne repondent
« point à des clochers ou à d'autres lieux fixes. Je ne
« manquerai point de donner à ce sujet les ordres que
« M. de Cassini me demandera pour l'execution de ce
« qui est contenu dans ses instructions. J'ay l'honneur
« d'être, etc. » (1).

« *L'Intendant de Bordeaux,*

« **BOUCHER** ».

Le curé de Soussan avait répondu à l'intendant la lettre
suivante :

(1) Archives de la Gironde, C, 2411.

« 13 juin 1737.

« Monsieur,

« Quoique nous ne soyons obligés de publier que les
« mandemens de Monseigneur l'archevêque, j'ai néan-
« moins publié au prône de la messe paroissiale, le jour
« de Pentecoste, ce qui concerne les sieurs Cassini et
« Maraldi » (1).

En 1770, l'ingénieur-géographe Flamichon fut envoyé
dans les landes de Gascogne pour en lever la carte géographique. J'extrais du livre *Théorie de la terre* (Pau, 1816),
rédigé par J⁰ Latapie sur les manuscrits de M. Flamichon,
le passage suivant, p. 34 :

« Cependant, vers les côtes de l'Océan, les sables sont
mouvans sur une grande profondeur ; les vents les enlèvent avec facilité dans leurs tourbillons, et en forment,
comme nous l'avons dit, des dunes ambulantes et sans
fixité. M. de Cassini établit, en 1740, une chaîne de triangles pour la mesure de la France sur les côtes de l'Océan,
entre Bayonne et Bordeaux. J'eus occasion, en 1770, de
reprendre, par des opérations trigonométriques, cette
même chaîne de triangles, et je trouvai que plusieurs
dunes, sur lesquelles M. de Cassini avait établi ses
signaux, n'existaient plus à la même place, et qu'il y
en avait d'autres dans les environs, ou plutôt que c'étaient
les mêmes qui avaient changé de place.

« La cause de ce changement n'est pas difficile à expliquer : il suffit, pour qu'il ait lieu, que le vent souffle plus
constamment et avec plus de violence d'un côté que d'un

______
(1) Archives de la Gironde, C, 2411.

autre. Il enlève toujours le sable sur le flanc de la dune
du côté où il souffle, et dépose constamment du côté
opposé ; il est évident, par ce mécanisme, que les dunes
doivent nécessairement changer de place avec le temps... ».
Dans les archives du département de la Gironde (C. 2412),
il est question des difficultés apportées par les paysans
aux opérations géométriques des ingénieurs géographes
chargés de la carte de France.

En 1766, l'intendant de la généralité d'Auch, d'Etigny,
adressa aux communautés l'ordonnance suivante :

« Antoine Megret d'Etigny, — intendant de justice,
« police et finances en Navarre, Béarn et généralité
« d'Auch ;

« Vu l'arrêt du Conseil d'Etat du Roy, du 10 août 1756,
« concernant la carte générale de la France et la commis-
« sion d'ingénieur géographe de Sa Majesté expédiée au
« sieur Moyset pour lever mesurer, dessiner et vérifier
« le détail de la province de Béarn et pays de Labourt,
« nous ordonnons, conformément au dit arrêt du Conseil,
« aux maires, consuls, jurats, syndics et collecteurs des
« villes, bourgs et paroisses de notre généralité, de don-
« ner au dit sieur Moyset tout secours, assistance et
« facilité dont il aura besoin pour ses opérations, le lais-
« ser sûrement et librement entrer dans tous lieux qu'il
« jugera convenables pour ses observations, avec ceux qui
« seront avec luy employés, et notamment de lui fournir
« gratis, dans chaque lieu, des indicateurs suivant qu'il
« le requerra, lesquels seront tenus de lui indiquer les
« noms des lieux voisins et points apparents dont il aura
« besoin pour ses opérations. Enjoignons aux dits officiers
« municipaux et syndics de fournir et faire planter les
« signaux que le dit sieur Moyset jugera nécessaires, de

« tenir la main à ce qu'ils ne soient point arrachés, et de
« punir de prison les contrevenants. Et comme plusieurs
« des dits signaux devront être à demeure, et qu'à cet
« effet il sera nécessaire de planter de jeunes arbres, les
« dits officiers municipaux et syndics seront tenus, au
« dit cas, d'en faire fournir le plant, qui sera garny
« d'épines pour sa conservation ; et dans le cas où le dit
« sieur Moyset aurait besoin de chevaux de selle pour se
« transporter en différents lieux, il lui en sera fourny en
« payant, suivant l'ordonnance, à raison de vingt sols par
« jour pour chaque cheval.
« A Paris, le 13 juillet 1768.

« *Signé :* D'ÉTIGNY » (1).

La belle carte topographique de la Guyenne a été levée
par *Belleyme*, en partie avant la Révolution, par ordre des
États, à une échelle double de la carte de Cassini, au
43,200°.

Les travaux avaient été interrompus par la Révolution
et terminés vers le commencement de notre siècle. En
1810, l'Institut de France avait nommé une commission
composée de Carnot, Cassini et Buache, à l'effet de décer-
ner le deuxième grand prix à l'auteur de l'ouvrage topographique le plus exact et le mieux exécuté. On lit dans
ce rapport :

« Le premier ouvrage mentionné dans le rapport du
jury est une carte topographique de la Guyenne, par
M. Belleyme, composée de 52 planches.

« ..... Le jury en a trouvé l'exécution fort soignée :
il remarque aussi que ce travail suppose un nombre

(1) Archives de Dax, BB, 21.

immense d'opérations faites sur le terrain et des calculs non moins longs..... Les grands triangles fondamentaux de la carte de Guyenne sont donc les mêmes que ceux de la carte de France : ils ont été mesurés par MM. Cassini et Maraldi..... On voit par cet exposé que la carte de Guyenne mérite tous les éloges que le jury a cru devoir lui donner..... »

II

Je donne ici le catalogue des cartes anciennes que j'ai pu me procurer :

1° *La carte de Bourdelois, de Pays de Medoc, et de la Prevosté de Born*. Jean Le Clerc, excudit (1617), in fol. double,
C'est une carte finement gravée.

Près de St-Jean-de-Luz, on y figure une montagne et on lit à côté : « *Rheune, montaigne près Bayonne où il y a une chapelle de laquelle on void quatre Royaumes, France, Espeigne, Navarre et Arragon* ».

Les étangs qui se déversent dans la mer ont leur embouchure trop grande. Le Boucau de Dieu, en face de Capbreton, est figuré, ainsi que l'ancien lit de l'Adour qu'on voit barré au Boucau-Neuf. On sait que l'Adour débouchait à Capbreton et même au Vieux-Boucau. En 1579, Louis de Foix était parvenu à barrer l'Adour au-dessus du Boucau-Neuf pour le faire arriver directement à la mer.

On voit sur la carte le *Port de Canlis* très bien dessiné, ainsi que l'*Estang doux de Medoc*, de cinq lieues de long et une de large. On voit aussi *La Matte*, en face d'Arcachon. C'est une île qui n'existe plus.

2° *Description exacte et particulière des costes et havres de*

*Bayonne, St Jean de Luz, Labour, Funtarabie et lieux cir-
convoisins.* A Paris, chez Iean Boisseau (1625), H. Picart
fecit,, in-fol. double.

Entre le *Port de Canlis*, qui est bien figuré, et le mot
Maurenrin, on lit : *Bois ou croist la Rosine.* A côté, on
remarque la *Description particuliere de La Hage ou barre de
St Jean de Luz.*

A l'embouchure actuelle de l'Adour et en regard de
l'ancien lit qu'on a figuré, on lit le mot : *Pacherre.*

3° *Bordelois, pays de Medoc et la Prévosté de Born. Ams-
terdami excudit Gimbrus Hondius (1630), in-fol. double.

Cette carte diffère très peu de celle de Le Clerc.

4° *Aquitania australis, regno Arelatense cum confiniis,* per
Gerardum Mercatorem (1630), in-fol. double, coloriée.

Cette carte est finement gravée. On y voit les ports
d'*Auchixes*, d'*Arraxon* et de *Cuberlonu, L'herbe fumée, Bou-
hère, S. Anthoin, Harin, Experon, Castels, Malhicque,* pour
Mageseq, etc. En général, les noms des lieux sont mal
écrits et les lieux mal placés, comme dans les autres
cartes.

5° *Carte geographique des postes qui traversent la France.*
A Paris, par Melchior Tauernier, graveur et imprimeur
ordinaire du Roy (1632), in-f° double.

C'est la première carte des postes qui ait paru. Les postes qui se trouvaient sur la route de Bordeaux à Bayonne,
par les Grandes Landes, y figurent.

6° *Carte du Bordelois, du pays de Medoc et de la prevosté de
Born. — Principales Bencarnia. — La principauté de Béarn.
Amsterdam, Guill. Blaeu cecu.* (1635), 2 cartes en une feuille
in-fol. double, coloriée. Thore, dans sa *Promenade sur les
côtes du golphe de Gascogne* (1810), donne la description de
cette précieuse carte, p. 344.

7° *Carte du siege presidial Dax et seneschaucée des Lannes et* des sièges de Bayonne, Sainct-Sever et Tartas qui en dépendent, nouvellement designée par le sieur de Classun. A Paris, chez Jean Boisseau, enlumineur du Roy pour les cartes géographiques (1638), in-fol. double, avec un plan de la ville de Dax. Entre le *Boucal Vieux* et le *Boucal Neuf*, on voit tracé l'ancien canal de la Bour.

« C'est à tort que dans son *Histoire de Notre-Dame-de-Buglose*, M. l'abbé Labarrère, supérieur du Petit Séminaire d'Aire, a dit que la carte du diocèse d'Aire, de 1638, dite carte du chanoine de Classun, a été faite par un prêtre du château de ce nom. De 1620 à 1640, ni plus tard, nous ne trouvons un seul Classun chanoine, prêtre ou religieux. Depuis la prétendue réforme, l'archiprêtre actuel de la cathédrale d'Aire est le seul membre que le château de Classun ait donné à l'Église. Sans doute, Jean de Lucmau est curé de St-Orens en 1638, mais ce curé appartenait à une branche cadette; il ne porte pas le nom de Classun, et nous pouvons croire que si, au fond de son humble presbytère de St-Orens, un curé occupait ses loisirs à tracer une carte du diocèse, travail qui d'ailleurs n'était pas, tel qu'il existe, au-dessus de ses forces, il n'avait sous la main aucun des éléments nécessaires pour tracer en grand ce plan de la ville et des fortifications de Dax, qui vient d'être découvert de nos jours aux Archives Nationales.

« La carte ni le plan ne sont d'un *chanoine* de Classun, mais du *chevalier* de Classun, homme de savoir, l'auteur du Mémoire de 1640..... » (1).

8° *Carte du duché d'Albret*, nouvellement designée par Jean Boisseau excudit (1647), sur le Pont au Change, in-f° double. Dédiée à Monsieur le chevalier de Riuieres, etc.

(1) *Les Castelnau-Tursan*, par l'abbé Légé, t. 1, p. 185 (1887).

9° *L'evesché d'Aire tracé par le sieur Pierre du Val, secretaire de Monseigneur l'Evesque d'Aire,* in-fol. double, coloriée et ornée de gravures.

Pierre du Val, d'Abbeville, géographe du Roi, secrétaire de Msr Gille Boutault, évêque et seigneur d'Aire et de Sainte-Quiterie du Mas, a aussi publié, à Paris, en 1651, chez Ant. de Sommaville, un livre devenu très rare, donnant la description de l'évêché d'Aire, en Gascogne.

10° *Carte maritime depuis la rivière de Bourdeaux jusques à St Sébastien, à l'usage des armées du Roy de la Grande Bretagne.* Dressé sur les Mémoires les plus nouveaux, par le sr R. de Hooge, commissaire de S. M. B. à Amsterdam, chez P. Mortier (1693), in-fol. double, coloriée.

En marge de cette carte on a les vues de *Bourdeaux et chasteau, Bayonne et ses chasteaux* et *Royan.*

11° *L'Eslection de Lomagne, partie de celles d'Armagnac, de Rivière Verdun, de Montauban, de Cahors, et partie de la généralité de Bordeaux.* A Paris, chez l'auteur, le sr Jaillot, géographe du Roy (1695), in-fol. double, avec les délimitations en couleur. Bernard-Antoine Jaillot a publié la carte du gouvernement de Guyenne et Gascogne en quatre feuilles.

12° *Gouvernement general de Guienne et Gascogne et Pays circonsvoisins, où sont la Guienne, la Saintonge, le Limosin, le Perigord, le Rouergue, le Quercy et l'Agenois deçà la Garonne, la Gascogne, les Landes, le Bazadois, l'Albret, le Condomois, l'Armaignac, le Comminges, le Bigorre, le Bearn et le Basque, au-delà de la Garonne,* par N. Sanson, d'Abbeville, géographe du Roy (1699), in-f° double, avec les délimitations en couleur.

13° *Le gouvernement général de Guienne et Gascogne.* Dressé sur les observations de Mrs de l'Académie royale des sciences et quelques autres et sur les mémoires les plus récens. A Amsterdam, chez Jean Covens et Corneille Mortier, in-fol. double (1700). Cette carte de Guill. de l'Isle est la première qui indique quelques routes.

14° *Les généralités de Bourdeaux, de la Rochelle et de Limoges, composez des provinces d'Aunis, de Saintonges, d'Angoumois, de la Marche, du Limosin, du Perigord, Agenois, Bazadois, Gienne, les Landes, Condomois, Vraye Gascogne et les pays de Soule et de Labour avec le gouvernement de la Basse Navarre et de Béarn,* par N. de Fer (1705), in-fol.

15° *Carte du Béarn, de la Bigorre, de l'Armagnac et des pays voisins,* par Guillaume Delisle, premier géographe du Roy (1712), in-fol. double.

Cette carte et celle qui va suivre, du même auteur, indiquent très bien la situation des lieux et des chemins.

16° *Carte du Bordelois, du Périgord et des provinces voisines* (partie septentrionale), par G. Delisle, *de l'Académie royale des sciences* (1714), in-fol. double, délimitations en couleur.

17° *Tabula Aquitaniæ complectens gubernationem Guiennæ et Vasconiæ exhibita a Ioh. Bapt. Hommano, Norimbergæ* (1742). Vues de Bourdeaux et plans de Bayonne et Blaye, in-fol. double, coloriée.

18° *Partie méridionale du gouvernement de Guienne où se trouvent le Condomois, la Chalosse, le pays de Soule, le Labour, l'Armagnac, les Landes, le Cominge, le Bigorre, le Conserens, etc. Gouvernement de Basse-Navarre et Bearn,* par le sr Robert, géographe ordinaire du Roy (1733), in-f° double, délimitations en couleur.

19° *Carte du gouvernement de Guienne et Gascogne avec celui de Bearn et Basse-Navarre,* par Bonne (1771), in-fol. double, coloriée.

III

Il existe encore d'autres cartes, dont voici la liste :

1° Nicolas Tassin, qui vivait sous Louis XIII, a publié les premières cartes marines particulières de toutes les côtes de France sur l'Océan et la Méditerranée (1634) et la carte générale de Guyenne (1635), in-fol. double.

En 1633, il a publié aussi les cartes générales des provinces de France et d'Espagne.

2° Frédéric de Witt a publié, dans le XVII° siècle, à Amsterdam, la carte du gouvernement général de la Guienne et Gascogne.

3° *Gouvernement général de Guienne et Gascogne et pays circonvoisins, etc.* Merian (1660), in-fol. double.

4° *Le royaume d'Aquitaine*, par Du Val (1685), in-fol. double, coloriée.

5° *Le gouvernement général de Guienne et Gascogne*, dédié à Sa Majesté, par J.-B. Nolin, Paris (1700), divisions en couleur, in-fol. double.

6° *Carte de la Guienne, de la Navarre et du Béarn*, par J.-B. Nolin (1759), in-4° double, coloriée.

7° *Carte de la Guienne, du Bordelois, partie du Périgord et pays voisins*, par J.-B. Nolin (1776), à Bourdeaux.

8° *Nouvelle carte géographique de la partie méridionale de France*, contenant le gouvernement de Guienne et Gascogne, etc., par Nicolas Wisscher, à Amsterdam (1741), in-fol. double.

9° *Carte générale des Monts Pyrénées, et partie des royaumes de France et d'Espagne, etc.*, par le sieur Roussel, ingénieur du Roy (1730). Superbe carte en huit feuilles.

Le pays de Labour, la Basse-Navarre et partie de la

Haute, le pays de Soule, le Béarn, la Bigorre et partie du Comminges et de la Guienne, ont été levés sur les lieux par le sieur Roussel. Le Roussillon, la Cerdagne, la conque de Temps, le Conserans, partie du Comminges, le Guipuscoa et la vallée de Bastan ont aussi été levés sur les lieux par le sieur de la Blottière, ingénieur du roi.

10° *Carte particulière des costes de Guyenne, de Gascogne, en France, et de Guipuscoa, en Espagne, depuis la rivière de Bordeaux jusqu'à Galaris*, par Bellin (1760). gr. in-fol. double.

11° *Guyenne et Gascogne et Béarn*, par Bellin (1764), in-4° double.

12° *Guienne et Gascogne, Basse-Navarre et Béarn*, par Robert de Vaugondy (1762), in-4° double, coloriée.

13° *Gouvernement d'Aunis, de Saintonge, de Limousin, avec une partie de celui de Guyenne et le gouvernement de Béarn et Basse-Navarre*. A Paris, chez le sr Desnos (1771), coloriée, in-fol. double.

VOIES ROMAINES

I

En 1878, j'ai donné lecture, à la *Société des Sciences et Arts de Bayonne*, d'une *Description des voies romaines dans les Landes de Gascogne*. Ce travail, accompagné d'une carte, a paru dans le *Bulletin* de cette Société (1878-1879, pp. 1 à 16), et a été accueilli avec bienveillance.

Cédant à de nombreuses sollicitations, je crois devoir en donner une nouvelle édition, qui a été augmentée.

Au cours de la 55e session archéologique tenue à Dax et à Bayonne, en 1888, M. Eugène Dufourcet, président de la *Société de Borda*, a présenté une thèse différente de la mienne et qui n'est que la reproduction de celle qu'il avait déjà émise en 1878 dans le *Bulletin de la Société de Borda*.

Malgré le remarquable talent déployé par M. Dufourcet, je ne partage pas son opinion sur divers points que je me permettrai de réfuter. Du choc de la discussion jaillira peut-être la lumière.

—

Depuis quelque temps on explore avec ardeur la géographie des Gaules ; on fouille le sol avec intelligence et profit. Retracer les divisions politiques et administratives, indiquer les voies qui sillonnaient la Gaule, marquer l'emplacement des centres de populations, c'est là une étude éminemment utile : elle forme la base de l'histoire de notre cher pays ; mais pour reconstituer ce passé, les chroniques et les renseignements font défaut. Les Gaulois, nos vieux pères, n'ont pas laissé d'histoire. Il faut donc se servir de conjectures et de vraisemblances, appeler en aide la tradition, qui a conservé quelque vague souvenir de ce passé.

On a beaucoup écrit sur les voies romaines qui traversaient les Landes de Gascogne. Depuis plus d'un siècle, les auteurs ont indiqué, à leur point de vue, l'assiette et la direction de ces voies. Il faudrait pourtant tâcher de s'entendre et de reconnaître la justesse des hypothèses.

En 1872, dans la *Revue du diocèse d'Aire et de Dax* (3e année, p. 325 et 474), j'ai publié un travail sur l'emplacement de *Cocosa*, chef-lieu des *Cocosates*, et qui s'écrit indifféremment : *Cocosa* ou *Corquosa*.

Après avoir visité les lieux, je viens compléter cette étude et, la carte sous les yeux, le compas à la main, je vais suivre les chemins que les Gaulois et les Romains ont foulés dans notre pays. Je n'ai pas la prétention de renverser les systèmes adoptés par leurs auteurs. J'exprimerai sincèrement et sans parti pris mon opinion sur la direction de ces voies ; je ne me laisserai pas entraîner, dans mes appréciations, par l'amour d'aucun clocher ; je placerai seulement des jalons, des points de repère qui aideront à constater la véritable assiette de ces routes romaines.

L'*Itinéraire*, d'Antonin, est le premier état qui nous fait connaître les chemins de l'Empire romain. Toutefois, cet *Itinéraire* ne mentionne que deux voies qui traversaient les Landes entre Dax et Bordeaux. Il indique les stations qui se trouvaient sur ces voies, où l'on s'arrêtait momentanément, avec les distances d'une station à l'autre.

Ainsi, les deux points extrêmes étant bien connus, il

s'agit de retrouver les traces de ces voies et les stations intermédiaires.

L'une de ces voies partait de Dax pour aboutir directement à Bordeaux ; la seconde partait d'Espagne *(Pampelune)*, passait encore à Dax et aboutissait également à Bordeaux.

Les nombres de l'*Itinéraire* expriment des lieues gauloises et non des milles romains, du moins dans la partie qui nous occupe. Cela a été prouvé d'une manière incontestable, évidente.

La lieue gauloise équivaut à 1,500 pas romains.

Le pas italique comprend 1 mètre 48 centimètres.

La lieue gauloise est donc composée de 2,220 mètres.

Voici les noms des stations mentionnées par l'*Itinéraire*, d'Antonin, avec leurs distances respectives :

Iter ab Aquis Tarbelliris Burdigalam. — M. P. LXIV

			Lieues gauloises	Distances kilométriques
Coquosan. M. P.	XVI		16	35k 520m
Tellorum	XVIII		18	39 960
Salomacum	XII		12	26 640
Burdigalam	XVIII		18	39 960
TOTAUX			64	142k 080m

Iter ab Asturica Burdigalam. Aquas Tarbellicas.

			Lieues gauloises	Distances kilométriques
Mosconum. M. P.	XVI		16	35k 520m
Segosam	XII		12	25 640
Losam	XII		12	25 640
Boios	VII		7	15 540
Burdigalam	XVI		16	35 520
TOTAUX			63	139k 860m

Ces deux routes ont, d'après l'*Itinéraire*, à deux kilomètres près, la même distance. Cependant, il est permis de penser qu'elles ne devaient pas se rapprocher ni s'entrecroiser, qu'un large espace devait exister entr'elles et que la seconde, celle qui passait par Boïos, devait être bien plus longue que la première.

Il est certain que la première de ces voies allait directement de Dax à Bordeaux, qu'elle devait suivre naturellement la ligne droite ou à peu de chose près. D'ailleurs, le pays étant plat, aucun obstacle ne s'y opposait. Après la conquête des Gaules par César, celui-ci avait senti la nécessité de créer des routes stratégiques pour assurer la facilité et la rapidité de ses mouvements, pour prévenir ou réprimer les révoltes.

Les Romains, prudents et habiles, avaient pour principe, dans la construction des routes, d'aller en droite ligne vers le but qu'ils voulaient atteindre ; ils recherchaient les plateaux. « Les Romains, dit saint Isidore, qui vivait dans le VI° siècle, ont établi des routes presque sur toute la surface du globe, pour abréger les trajets et pour occuper les peuples ». Porter rapidement les légions d'une extrémité de l'Empire à l'autre, tel était l'esprit qui les animait.

Rollin, dans son *Histoire ancienne*, 1743, t. xm°, p. 190, parle des Romains en ces termes :

« Leur goût pour l'utilité publique, et même pour la magnificence (car ils embellissoient tout ce qu'ils avoient conquis), leur avoit fait faire dans toute l'Italie de grands chemins, dont Rome étoit le centre, et qui alloient à toutes les principales villes jusqu'aux deux mers. Il y en avoit de pareils dans plusieurs provinces de l'Empire, et il en subsiste encore aujourd'hui des restes admirables par leur construction et par leur solidité. Ces chemins étoient tirés *en ligne droite* et ne se détournoient ni pour les montagnes, ni pour les marais. On mettoit à sec les marais et on perçoit les montagnes. Des pierres étoient placées de mille en mille et portoient leur *numéro*. Cette rectitude des lignes, et ces divisions en partie assez petites par rapport à la longueur totale, rendoient les mesures itinéraires fort sûres..... ».

« Non-seulement le peuple romain, dit M. Alfred Maury (1), voulut avoir des routes qui rendissent les transports aussi rapides que faciles et les mouvements des troupes toujours praticables ; mais, avare d'un temps qu'il savait si bien utiliser, et apportant dans tout ce qu'il exécutait la régularité et la méthode, il eut l'idée d'indiquer au voyageur la longueur du chemin en faisant dresser de mille en mille une stèle ou borne, sur laquelle étaient inscrites les distances des localités voisines. Ces bornes, de forme cylindrique ou quadrangulaire, hautes de deux mètres environ, reposaient sur un piédestal et étaient en pierre, quelquefois en marbre. On en doit l'introduction au célèbre Caïus Gracchus.

« ..... Quelques-unes de ces bornes romaines ont été retrouvées encore en place. Plusieurs, par le soin apporté dans l'exécution et la beauté des caractères qui y sont gravés, constituent de véritables monuments.

« ..... C'était depuis Caïus Gracchus que les Romains étaient entrés dans le système des grands travaux de viabilité, et que le véritable art de l'ingénieur avait pris la place de l'exécution grossière des chemins dont on se contentait auparavant. Ce grand homme, écrit Plutarq^{ue},

(1) *Revue des Deux Mondes.* — *Les voies romaines en Italie et en Gaule,* par Alfred Maury, 1er juillet 1855.

fit tirer les voies en *ligne droite* à travers les terres ; il les fit daller et renforcer sur les côtés par une couche de gravier et de sable battus..... ».

Il était donc très facile aux Romains de tracer, à travers les Landes, une ligne droite entre Dax et Bordeaux. Ils avaient tout intérêt à relier directement la capitale de la deuxième Aquitaine avec la cité de Dax, ville très importante, même avant la conquête, et dont ils appréciaient les sources thermales. Ils en comprenaient tellement l'importance qu'ils avaient établi une autre voie de communication entre Dax et Toulouse.

Toutes ces routes stratégiques étaient faites avec le plus grand soin. Vitruve a décrit de quelle façon elles étaient construites. Après avoir creusé deux sillons parallèles, qui indiquaient la largeur que l'on se proposait de donner à la route, on enlevait tout le terrain meuble entre ces deux sillons et on le remplaçait par une couche nommée *pavimentum*, qui se composait de matériaux de choix ; on affermissait ce sol en le battant avec des pilons ferrés : c'étaient là les fondements de la route, on posait dessus une première couche de pierres et de moellons, noyés dans du mortier ou rangés à sec, les uns à côté des autres, avec une certaine régularité. Sur cette couche on en mettait une autre faite de deux parties de chaux contre cinq de pierrailles, puis venait un troisième lit, formé d'un mélange de chaux, de craie, de brique, de tuiles broyées et de terre, ainsi que de chaux, le tout battu et fondu ensemble. Venait enfin la couche dorsale, composée de cailloux, de pierres taillées, de grandes dalles, de béton ou de briques, ou même de terre foulée avec des pilons de fer.

Comment se fait-il qu'on ne rencontre pas plus de vestiges ? Malheureusement, les traces ont disparu en grande partie, par suite du bouleversement qu'a subi le sol des Landes. Les sables, emportés par les vents, ont dû recouvrir ces voies. Il se pourrait encore que les matériaux aient été enlevés, il y a des siècles, et qu'ils aient servi à la construction des églises des Landes et du Marensin, pays dépourvu de carrières de pierre.

L'autre voie romaine passait en partie le long du littoral. Les Romains se trouvaient ainsi en communication directe avec la mer. Leur armée et leur flotte se prêtaient un mutuel appui. « Les Romains, dit Thore (1), qui ne faisaient qu'une navigation côtière, plaçaient, autant qu'ils le pouvaient, leurs voies militaires sur les côtes, pour être à portée de convoyer leurs flottes et de les protéger contre les forbans. Celle-ci était d'autant plus nécessaire que, dans ce temps, le pays que cette route traversait était infesté de peuples qui ne vivaient que de brigandages et de piraterie ».

Il est certain qu'une troisième voie, bien qu'elle ne figure pas dans l'*Itinéraire*, d'Antonin, partait de *Lapurdum* (Bayonne), longeait le littoral et venait rejoindre sur un point la voie de Dax à Bordeaux. Après Boïos, elle se dirigeait vers Soulac et Cordouan. Les étangs et les dunes recouvrent cette voie romaine.

Comme je l'ai expliqué, la route par le littoral était la plus longue, et comme la différence sur les distances n'est que de deux kilomètres environ, il doit exister certainement une erreur dans les données de l'*Itinéraire*. On a été amené à faire des suppositions pour lever ces difficultés. Il faut admettre des erreurs commises par les copistes de

(1) *Promenade sur les côtes de Gascogne*, 1810, p. 51.

l'*Itinéraire*. Ont-ils oublié une station ? Quelque chiffre concernant la voie du littoral a-t-il été altéré ?

Dans le *Résumé du travail de la commission des Gaules*, par Alexandre Bertrand (1863), on lit : « Les deux embranchements de Dax à Bordeaux, à travers les Landes, n'ont toutefois pas encore été suffisamment étudiés..... Si l'on ne veut pas que les stations tombent en plein champ, il faut supposer que les distances ne sont comptées qu'à partir du point où la voie de Mimizan se sépare de la voie directe, c'est-à-dire à partir de Castets. La voie, à cette condition, s'établit d'une manière vraisemblable ».

D'après la commission, il faut admettre que, depuis Dax jusqu'à Castets, les deux voies se confondaient, suivaient la même direction et qu'elles se séparaient à Castets.

La même commission demande si les localités suivantes n'occuperaient pas les stations de l'*Itinéraire* :

DE DAX A BORDEAUX :

1. *Aquæ Tarbellicæ*	Dax.
2. *Mosconum*	Petit Bouscat ?
3. *Segosa*	Labouheyre ?
4. *Losa*	Le Muret ?
5. *Boïos*	L'Hospitalat ?
6. *Burdigala*	Bordeaux.

VARIANTE *(à partir de Castets)* :

1. *Aquæ Tarbellicæ*	Castets ?
2. *Corquosa*	Mimizan ?
3. *Telonum*	Cuzan ?
4. *Salomaco*	Lamothe ?
5. *Burdigala*	Bordeaux,

Parmi les études qui ont paru sur les voies romaines dans les Landes, il en est deux des plus intéressantes. L'auteur de la première, M. le docteur Auguste Vielle, de Castets, est décédé en 1869, à l'âge de vingt-sept ans, regretté de tous ceux qui l'ont connu. Il donnait les plus belles espérances, mais la mort l'a enlevé à la science.

M. de Caumont, dans le *Bulletin monumental*, de Caen, rend compte en ces termes de la savante notice de M. Vielle :

« Sous le titre de *Voies romaines dans les Landes de Gascogne*, la *Revue d'Aquitaine* (décembre 1865), dirigée par M. Noulens, publie un remarquable article qui discute les opinions émises par MM. Lapie et de Walckénaer, sur les positions des localités romaines indiquées dans les itinéraires, et rectifie ces opinions sur plusieurs points par des observations qui paraissent péremptoires. L'auteur de cet article est M. Auguste Vielle ; il mérite d'être lu par ceux qui étudient la géographie ancienne du Sud-Ouest de la France ».

La seconde notice, qui a paru dans l'*Annuaire des Landes* (1872), est de M. Tartière, le savant archiviste du département des Landes.

M. Vielle croit que la première voie, passant par *Coeosa, Telonum* et *Salomacum*, est la voie directe, et que la seconde suit le littoral. M. Tartière, d'accord avec la commission des Gaules, fait confondre les deux voies jusqu'à Castets. Là, elles se séparaient. La première se dirigeait vers Lesperon en suivant la route nationale n° 132, et il placerait *Corpnosa* à Souquet, se basant sur une certaine analogie des noms.

« Nous pensons, dit M. Vielle, que la route qui passait à *Coeosa* est celle des Grandes Landes, et nous croyons nous rapprocher beaucoup de la vérité en fixant l'emplacement de cette station au voisinage de Morcenx ou de Rion. On trouve encore des traces de tumulus dans ce dernier village ».

Le colonel Lapie, dans son *Recueil des Itinéraires anciens*, place *Cocosa* à Tartas ; « mais, comme le fait observer M. Vielle, la distance qui sépare cette ville de Dax ne s'accorde point avec celle de l'*Itinéraire*, et je dois ajouter que, d'après quelques savants, la fondation de Tartas est postérieure au cinquième siècle ».

M. Dompnier de Sauviac, l'auteur des *Chroniques de la cité et du diocèse d'Acqs*, et M. Eugène Dufourcet, président de la *Société de Borda*, guidés encore par l'analogie des noms, placent *Cocosa*, le premier à Castets, et le second au lieu dit de *Sescousse*, maison d'un hameau de Castets, situé à six kilomètres au Sud du bourg de cette commune, vers Magescq. Cette maison de *Sescousse* porte le nom d'une ancienne et très-honorable famille de Castets. Ce nom était, du reste, répandu dans les communes environnantes.

Placer *Cocosa* au quartier de *Sescousse* et même au bourg de Castets, c'est tomber dans l'arbitraire. De Dax au premier endroit, il n'y a que 16 kilomètres et demi en ligne droite. De Dax au bourg de Castets, il y a 21 kilomètres. Or, d'après l'*Itinéraire*, nous devrions avoir 35 kilomètres et demi ! Par ailleurs, Castets, situé au centre du Marensin, se rapproche du littoral. Suivant Gosselin, les *Tarbelli* occupaient les bords de l'Océan ; leurs terres sablonneuses ne produisaient que du millet (*Strabon*, IV, 299). Ils devaient donc s'étendre aux alentours de Dax et le long du littoral sur une assez grande zone. Il faut donc supposer *Cocosa* capitale des *Cocosates*, petit peuple mentionné par Pline et César, vaincu par Crassus, assez éloigné des bords de l'Océan pour ne pas être enveloppé par les *Tarbelli.*

Certes, si le savant docteur Vielle avait cru que *Cocosa* dût être déterminé par Castets, il n'eût pas manqué de le mentionner, lui qui est né et qui a passé ses trop courts jours dans cette localité.

Je ne puis accepter la version de M. Dufourcet qui place *Cocosa* au lieu dit de Sescousse, sans tenir aucun compte de la distance portée dans l'*Itinéraire.* Je conteste cette analogie des noms. M. Dufourcet admet que Lipostey représente *Tellorum.*

En cela, je suis de son avis : Lipostey forme un point intermédiaire, un repère précieux qui se trouve sur la ligne droite de Dax à Bordeaux et à 68 kilomètres de la première ville. Mais, pour arriver de Dax à Lipostey, pourquoi prend-il le chemin de l'école ? Pourquoi fait-il dévier si fortement le chemin à gauche et lui fait-il faire, à l'endroit de Sescousse, un angle de 125 degrés pour lui donner un parcours de 77 kilomètres ? C'est un allongement inutile de neuf kilomètres qui n'a pas sa raison d'être. Les Romains étaient des hommes pratiques, et il est plus naturel de croire qu'ils ont exécuté leur route par la ligne la plus courte.

M. Desbiey, dans un *Mémoire sur la meilleure manière de tirer parti des Landes de Bordeaux,* publié en 1776, parle en ces termes de *Cocosa,* p. 18 :

« La partie seule de l'Aquitaine, connue depuis longtemps par l'unique dénomination de Grandes Landes, était traversée par plusieurs de ces voies romaines. L'*Itinéraire* qui porte le nom de l'empereur Antonin, ce modèle des souverains, en rappelle deux différentes qui, partant de la même ville de Dax, conduisaient l'une et l'autre à Bordeaux. La première tendait directement depuis Pampelune, en passant par Dax, vers le chef-lieu des Boyens, aujourd'hui la Teste de Buch, et de cet endroit, par une déviation presque en équerre, directement à Bordeaux. La seconde, par une déviation plus courte et plus rapprochée du point de départ, conduisait d'abord de la ville de Dax à celle de *Coecosa*, capitale des *Corosales*, selon M. Danville, et dont la situation, en rigueur géométrique, peut être fixée dans le comté d'Uza, au château même de ce nom, ou dans le fief d'Escouasse qui en dépend, qui en est très peu éloigné, et qui se trouve sur la route du Vignacq à Mézos ».

Cette hypothèse n'est pas vraisemblable. D'abord la distance qui sépare le château d'Uza de Dax, en ligne directe, est de 38 kilomètres, ce qui ne concorde pas avec l'*Itinéraire*. Ensuite, Uza se trouvant à 21 kilomètres de la ligne droite qui conduit de Dax à Bordeaux, se rapprocherait trop de la voie du littoral.

Walckénaer (1) tombe dans la même erreur en plaçant *Coesa* près du bourg de Lévignacq, dans une métairie appelée *Caussèque*.

M. Joseph Dudon (2) dit encore : « Quelle direction suivait cette voie, que nous pouvons appeler orientale, et, par conséquent, où placer la première station, *Cocosa*? M. Tartière indique le quartier de Souquet, dans la commune de Lesperon ; il se fonde sur la consonnance des noms et sur les exigences du tracé qu'il suppose. M. Vielle, d'un avis différent, mettrait *Cocosa* à Rion ou à Morcenx.

<hr>

(1) *Géographie ancienne des Gaules*, t. 1er, p. 303.
(2) *Revue du diocèse d'Aire et de Dax*, mars 1872, p. 115.

Ce dernier sentiment ne me semble pas inacceptable ; je me demande seulement s'il n'y aurait pas lieu de le corriger un peu en substituant, avec Du Mège, à Rion ou à Morcenx, une localité voisine, Ousse, qui, d'après l'auteur du *Voyage pittoresque et littéraire dans l'Aquitaine*, s'appelait autrefois *Cousse* ».

Mais Ousse se trouve à 12 kilomètres à droite d'une ligne allant directement de Dax à Bordeaux, de même que Souquet se trouve à cette même distance, au couchant.

MM. Desbiey, Walckénaer, Tartière, Dudon, Dompnier et Dufourcet raisonnent par analogie. Mais l'analogie des noms n'est pas une règle sûre ; elle est souvent trompeuse. C'est comme l'étymologie, qui est aussi souvent fausse. Que peut-on fonder sur une simple ressemblance des mots ? Qu'est-ce que cette étymologie bizarre d'un nom tiré de la langue vulgaire du pays ? « En fait d'étymologie, les mots sont comme les cloches, auxquelles on fait dire tout ce que l'on veut ».

Selon moi, je crois que l'opinion qui a été émise par M. le docteur Vielle est la préférable, que *Cocosa* devait exister aux environs du bourg de Rion ou sur le territoire de cette commune. Or, si l'on tire une ligne droite de Dax à Bordeaux, cette ligne passera près du bourg de Rion. On remarque encore, à cinq kilomètres au nord de ce bourg et dans la direction de Bordeaux, sur une lande qui vient d'être concédée par la commune, un espace assez grand, aujourd'hui désert, rempli de mamelons, tertres, traces d'anciens fossés, débris de briques, etc. Tous ces travaux ont été exécutés par la main de l'homme dans des temps bien reculés. Les anciens de l'endroit désignent l'emplacement d'un cimetière. Dans les rigoles nouvelles que l'on vient d'établir, on a encore trouvé enfouis dans le sol des troncs de chênes. La tradition a conservé à ces lieux les noms de *Loc du Bourg, Tuc de Pouy Tauzin.*

Ce *Tuc de Pouy Tauzin* est très élevé sur le plateau de la lande, aujourd'hui plantée de pins. Il existe dans l'intérieur du mamelon une dépression très marquée présentant la forme d'un petit camp d'une superficie de 10 ares environ.

Il se pourrait très bien que *Cocosa* existât sur ces points, et avec d'autant plus de raison que la distance qui les sépare de Dax concorde avec celle qui est indiquée dans l'*Itinéraire.*

Il y a une cinquantaine d'années, en fouillant au pied d'un tumulus qui existait près du moulin du bourg de Rion, on découvrit plusieurs cercueils en pierre de taille, renfermant des squelettes d'hommes d'une très haute taille.

Il est regrettable que le propriétaire voisin ait détruit ces trésors archéologiques et qu'il ait brisé ces cercueils pour faire servir la pierre à la construction de la maison du moulin. Ces sarcophages monolithes en granit, que j'ai vus, avec tous les anciens de la commune de Rion, appartenaient sans nul doute aux premiers siècles de notre ère et sont des témoins irrécusables de l'antiquité. On sait que les Romains ensevelissaient leurs officiers au pied des mamelons ou tumulus et que les lieux destinés à la sépulture étaient situés près des grands chemins. L'usage de brûler les corps se perdit insensiblement chez les Romains, et les cercueils en marbre, en pierre, en terre cuite, remplacèrent les urnes qui renfermaient les cendres.

Ainsi, cet autre point intermédiaire, situé sur la ligne droite de Dax à Bordeaux, forme un jalon, une preuve matérielle du tracé de la voie romaine.

Dans cette même direction et à trois kilomètres de Buglose, en remontant vers Bordeaux, assez près du chemin de fer, on trouve les *castra de Balambils*. On sait aussi que les Romains établissaient leurs campements à côté de leurs routes.

Les camps permanents, c'est-à-dire fixes ou à demeure, étaient toujours établis dans le voisinage ou sur les lisières mêmes des voies romaines ; ils servaient à protéger ces voies.

« Les *castra de Balambils* forment un grand plateau ovale, de cinq hectares environ, au-dessus du cours d'un ruisseau affluent de l'Adour. En examinant de près le tertre ordinaire qui le ceint, on lui trouve une largeur inusitée à la base ; puis on y remarque un double fossé. Ces observations, jointes à d'autres signes caractéristiques, ne permettent pas de douter qu'on a devant soi un *vallum* détruit par le temps » (1).

« D'après Polybe, les camps de la République étaient carrés..... On croit que c'est à partir de Septime Sévère (de 375 à 423) que les camps perdirent leur régularité et leur forme primitives, et devinrent ovales ou demi-circulaires ou triangulaires, c'est à-dire qu'ils subordonnèrent leur périmètre aux contours des promontoires où ils furent établis » (2).

Sur la carte de Belleyme, nº 51, on voit écrit, à côté de la maison *Balambils*, le nom d'une autre maison, *Castera*. La maison *Castrals* existe aussi sur la carte de Cassini, feuille 106.

Après avoir dépassé le camp de Balambits et en suivant

(1) *Chroniques de la cité et du diocèse d'Acqs*, par Dompnier de Sauviac, liv. i, ii et iii, p. 61.
(2) *Chroniques*, idem, p. 51.

le tracé direct, je trouve sur la carte de Belleyme, à peu de distance du chemin de fer de Dax à Bordeaux, une maison portant le nom de *La Peyre*, à côté de celle de *Pelaux*, qui existe encore, et à trois kilomètres à l'Est du quartier du *Cos*, de Laluque.

La maison *La Peyre* n'existe plus aujourd'hui ; mais son nom et son origine ne prêtent à aucune discussion, à aucune équivoque ; il est caractéristique et signifie bien qu'une borne milliaire a dû être placée sur ce point. Ce nom a survécu au monument qu'il rappelle encore.

Toujours sur la même ligne directe, je trouve, sur la carte de Belleyme, n° 31, après avoir dépassé le bourg de Rion et avant d'arriver à *Cocosa*, la maison dite de *Perroy*, qu'on voit encore. Ce mot de Perroy (en vieux gascon *peyre-roye*, pierre rouge), indique encore qu'une borne milliaire a dû exister dans le voisinage. L'orthographe du mot a pu s'écarter un peu du type primitif, mais il a conservé sa forme originelle.

Dans la même direction de Dax à Bordeaux et au delà de *Cocosa*, je remarque, sur la carte de Cassini et sur celle de Belleyme, dans le territoire de Morceux, le vieux château de *Mores* et, à côté, la maison de *Piroque* et, plus loin, dans le quartier de Cornac, toujours dans la même direction et tout près de la maison appelée *Cozac*, les maisons de *Perret* et *Pierret*. Ces noms, formant des diminutifs du mot pierre, dérivent aussi probablement de quelque borne milliaire, car dans tout ce parcours, le sol de ce pays est entièrement dépourvu de carrières de pierre.

Les Mores (on écrit indifféremment Mores ou Maures) ont certainement donné leur nom au château de Morès (1)

___

(1) *Morè*, maison noble, située dans la commune de Morceux, appartenait, en 1761, à Madame de Caupène d'Amou, et en 1784, au sieur Jean Laney, juge de la baronnie de Laharie.

et à la localité de Morcenx. On sait que les Maures ont
traversé les Landes en suivant la voie romaine. Il se pourrait très bien qu'après leur défaite, ils aient occupé ce
pays. Je suis, en cela, de l'avis de M. Dompnier de Sauviac (1).

« Ce fut en ce temps que les Sarasins pour se maintenir
en cette conqueste se fortifierent en diuers quartiers de
Bearn prosches des montagnes, et encore aux comtés de
Bigorre et de Comenge, dont la mémoire est si recente
parmi les peuples, que dans l'ignorance de toutes choses
ils retiennent la connoissance de la tyrannie des Mores et
de leurs forts ; ausquels pourtant on attribüe abusive-
ment la fortification de tous les tertres qui sont fossoyés,
et maintenant abandonnés, les guerres ciuiles et domestiques depuis six cens ans ayans fourni le sujet d'en
dresser une bonne partie. La fureur de ces perfides, qui
n'espargna Bourdeaux, ni la ville de Poictiers, s'estoit
desia repeuë dans le Béarn, ayant saccagé les villes d'Oloron et de Lascar.... » (2).

Tous ces noms qu'on rencontre sur les cartes anciennes
indiquent évidemment certains points du tracé direct, qui
sont aujourd'hui matériellement effacés.

Tellonum est la seconde station. Desbiey, Walckénaer et,
dans ces derniers temps, MM. Tartière, Dompnier et
Dufourcet, sont unanimes pour placer *Tellonum* à Lipostey.
Seulement, pour y arriver, ils font faire à la route un long
détour. Lipostey est presque sur la ligne droite qui conduit de Dax à Bordeaux. Or, de *Cocosa* à *Tellonum* la distance est de 39 kilomètres 900 mètres. En ligne droite, il

---

(1) *Chronique de la cité et du diocèse d'Acqs*, liv. 1, 2, 3, p. 101.
(2) *Histoire de Béarn*, par Marca, liv. second, p. 141 (1640).

y a, de l'endroit que j'ai désigné comme emplacement de *Coxxu*, jusqu'à Lipostey, 39 kilomètres.

À Morcenx, qui se trouve à peu près dans la direction, on a trouvé, il y a quelques années, des monnaies romaines. Lorsqu'on a établi la gare de Solférino, on a également trouvé des monnaies romaines. Cette gare se trouve encore sur la même ligne droite.

La troisième station est *Salomacum*. De *Tellonum* à *Salomacum*, il y a 26 kilomètres 640 mètres. D'Anville, Walckénaer, MM. Jouannet, Vielle, Tartière et Dompnier s'accordent pour placer *Salomacum* à Salles.

Je lis dans la *Statistique de la Gironde*, par M. Jouannet : « D'Anville observe-t-il avec raison que la voie antique s'éloigna de la direction la plus courte, sans doute en faveur de quelque endroit important. Salles, *Salomacum*, nommé aujourd'hui le *Paradis des Landes*, méritait cette préférence. Sa situation au bord d'une rivière, ses ombrages, ses prairies naturelles, ses excellentes eaux, bienfaits si rares dans les Landes, ont dû, dans tous les temps, donner à l'endroit une assez grande importance.

« ..... Enfin, *Salomacum*, dont quelques personnes révoquaient en doute l'antiquité, parce qu'on n'y connaissait encore aucun monument, nous a fourni des marbres de placage, des ciments, des pierres de revêtement, des tuiles parementées, de jolies mosaïques qui se prolongent sous l'église, sous le cimetière et sous plusieurs habitations ».

De Salles à Bordeaux, la distance en ligne droite est de 38 kilomètres 100 mètres. D'après l'*Itinéraire*, nous devrions avoir 39 kilomètres 960 mètres. Jouannet explique cette légère différence en faisant faire à la voie quelque petit détour.

« Si nous cherchons, dit-il, la voie entre Salles et Bordeaux, nous avons pour point de repère une portion considérable de la voie elle-même et le lieu de Cestas, que l'on devrait écrire Sestas, suivant d'Anville, comme tirant son nom de l'indication latine *ad sextum (lapidem)*. La portion de la voie antique existant encore porte les noms de *Lebade, Levade, Camin Roumau*. Or, une ligne presque droite, menée de Salles à Bordeaux par le Barp, la Lebade, Cestas et le vieux château d'Ornon, autour duquel nous avons reconnu plusieurs tumulus, nous donne un développement de 20,200 toises, mesure à peu près correspondante aux dix-huit lieues gauloises de l'*Itinéraire*.

« Sur cet alignement, la sixième borne, en partant de Bordeaux, dut être effectivement près de Cestas ; le compas l'indique. Peut-être la onzième fut-elle à l'endroit qui porte aujourd'hui le nom de *Saroc de la Peyre*. A Cestas, nous avons découvert une très belle meule en lave et de fabrique romaine ; au Barp, nous avons reconnu d'autres vestiges antiques...... ».

Le *Musée d'Aquitaine*, t. II, p. 270 (1823), ajoute : « Suivant M. d'Anville, le nom même de Sestas n'est qu'une corruption des mots *ad sextum* (sous-entendu *lapidem*), et l'endroit devait se trouver à la sixième borne milliaire sur la route de Dax. L'étymologie que nous fournit d'Anville n'a rien de forcé, nous l'admettons volontiers ; mais nous ne croyons pas avec lui qu'il faille en conclure que Sestas fût à six mille pas de Bordeaux. En effet, six mille pas ou brasses romaines, les estimant avec Paucton à quatre pieds six pouces cinq lignes, fournissent seulement un total de 8,937 mètres, quand la distance par la grande route est de 13,812 mètres ; ne serait-il pas alors plus naturel de penser que, chez les Biturges-Vivisques.

comme dans le nord de la Gaule, les Romains comptèrent
par lieues gauloises?

« Ces lieues, suivant Ammien Marcellin, étaient de
1,500 pas romains ; ainsi, à la sixième borne, la distance
parcourue se trouvait de 13,277 mètres, mesure assez
rapprochée de la mesure actuelle pour n'attribuer leur
différence qu'à la direction plus ou moins droite de la
route..... ».

En jetant un coup d'œil sur la carte, on remarquera
que le bourg de Salles ne se trouve pas sur la ligne
droite allant de Lipostey à Bordeaux. Il se pourrait
que *Salomacum* existât sur quelque autre point plus au
levant de la commune de Salles. En suivant la ligne
droite, on passerait plutôt par Belin et Beliet. A quelques kilomètres au delà et sur la même direction, on
rencontre le quartier de *Larignole*, situé sur le territoire
de la commune de Salles. Or, entre *Larignole* et la
maison de *Marquil*, la tradition montre encore l'assiette
d'une voie romaine que j'ai parcourue. Les parcelles
de terre touchant à cette voie portent dans les documents cadastraux, comme lieux dits, les noms de *Chemins reunions*. Jouannet prétend qu'un embranchement
de voie romaine devait exister entre Salles et Belin. On
aperçoit entre ces deux localités une antique levée qui
a conservé le nom de *Camin Roumen* (chemin romain).
A Belin « elle aboutissait à un point dont les ruines
s'appellent encore le *Pont Romain*. Ces ruines, à moitié
ensevelies au milieu d'un bois très fourré, annoncent
un ouvrage solide et régulier ; les arches étaient à
plein cintre, et le ciment employé à leur construction
est aussi dur que les pierres qu'il unit. On voit un reste
de culée au milieu de la rivière, mais on ne trouve

aucun vestige du monument sur l'autre rive, la Leyre s'étant jetée plus a « Sud ».

M. Vielle croit qu'il est plus rationnel de supposer que les Romains auront pu faire décrire un circuit à la route entre *Telonum* et *Salomacum* en faveur des *Belendi*, peuplade dont Pline a conservé le nom et qui aurait eu pour chef-lieu Belin.

Si la voie a passé par Belin, pourquoi ne l'aurait-on pas continuée directement sur Bordeaux ? Alors les traces que l'on remarque dans le quartier de *Lavignole* auraient leur raison d'être.

Enfin, M. Camille Jullian, dans ses *Inscriptions romaines de Bordeaux*, t. II (1890), exprime son opinion en ces termes :

« *Telonum* me paraît être justement cherché dans la commune de Lipostey.....

« *Salomacum* ne peut guère être placé qu'à Salles, moins à cause de la similitude des noms qu'à cause de la situation de la localité (dans le pays de Buch : *Salae* dans les documents du XIV° siècle) ; c'est là que la route traversait la Leyre. On sait que l'on a découvert et que l'on découvre constamment des ruines romaines à Salles ; sa situation exceptionnelle aux bords de la Leyre, qui l'a fait appeler « *le Paradis des Landes* », a dû provoquer de très bonne heure la formation d'un centre important de population.

« On remarquera que, si notre hypothèse est justifiée, la route romaine faisait un léger coude pour passer par Salles. Le chemin le plus direct eût été par Belin, où on croit avoir reconnu des vestiges d'un chemin ancien (Jouannet, *St.*, 1, p. 225). J'incline à penser qu'il y avait, en effet, une route un peu plus directe par Belin, et que cette route, secondaire dans l'antiquité, est devenue la route principale au moyen âge, la route des pèlerins d'Espagne, celle par laquelle le faux Turpin fit revenir Charlemagne (Cf. 138) ».

SECONDE VOIE VENANT D'ESPAGNE, JOIGNANT DAX A BORDEAUX

I

La route du littoral partait de Dax et la première station est *Mosconum*. Il existe une grande incertitude sur l'emplacement de cette station qui devait se trouver à 33 kilomètres 520 mètres de Dax.

Thore (1) porte *Mosconum* à Mageseq. Cette opinion n'est pas admissible, Mageseq n'étant éloigné de Dax que de 16 kilomètres.

Le colonel Lapie indique Saint-Julien-en-Born, ce qui ne peut être non plus : il y a de Dax à Saint-Julien, en ligne droite, 41 kilomètres. M. Dufourcet (2) désigne un quartier de Laluque, connu sous le nom de *Cos*, situé à 800 mètres de ce bourg, dans la direction de Boos. C'est dans ce quartier qu'on a découvert, il y a quelques années, une urne contenant un grand nombre de pièces romaines. M. Dufourcet se base encore sur les restes mutilés du nom lui même. « Ne pourrait-on pas voir, dit-il, dans cette appellation *(au Cos)* la consonnance saillante du mot *Mosconum*, raccourci et altéré comme les noms que j'ai déjà cités ? »

Cette hypothèse est inacceptable. Le mot *Cos* figure dans d'autres endroits. Sur la carte de la Guyenne, par Bel-

(1) *Promenade sur le golfe de Gascogne*, p. 51.
(2) *Bulletin de la Société de Borda* (1878) et *Congrès Archéologique de France*, 55ᵉ session, 1888.

leyme, n° 51, je vois écrit : *Le Cos* dans la commune de Laluque, et *Cos* dans celle de Rion. Ce mot désigne une maison, située au nord du bourg de Rion, à 800 mètres du chemin de fer de Bordeaux à Bayonne, côté droit, presque en regard du lieu que j'ai indiqué comme emplacement de *Coroza*. Sur la carte de Cassini, feuille 106, je remarque que *Cos* ne figure pas dans la commune de Laluque, tandis qu'il figure dans celle de Rion.

Le Cos de Laluque n'est qu'à 17 kilomètres de Dax, tandis qu'il faudrait une distance double pour arriver à *Mosconum*. Mais ce qu'il y a de particulier, c'est que ce quartier, où l'on a découvert en 1877 des pièces romaines, se trouve assez près de la ligne droite de Dax à Bordeaux.

La première voie romaine directe que je viens de décrire traversait la commune de Laluque. Mais on a bien découvert sur d'autres points des Landes, au Leuy, à Donzacq, etc., des trésors composés de monnaies romaines.

M. Vielle partage l'opinion de Walckénaer, qui représente *Mosconum* par Mixe. M. Tartière place *Mosconum* à Saint-Girons ou à Mixe, localités voisines. De Dax à Mixe, passant par Castets, on ne s'éloigne pas beaucoup de la ligne droite et on parcourt une distance de 36 kilomètres 400 mètres, soit la distance, à 1 kilomètre près, mentionnée par l'*Itinéraire*. Mixe n'est séparé de Contis que par quelques dunes. Or, sous la période romaine, il existait un petit port à Contis, connu du moyen âge, où l'on pouvait s'abriter pendant les tempêtes. Nul doute que les Romains aient choisi une station à Mixe.

La voie partant de Dax devait traverser d'abord le quartier de Piye (*Pius*), situé dans Saint-Paul, où l'on aperçoit encore les fondations d'une ancienne chapelle et la maison de *Peyrou*, où coule le ruisseau de *Peyre*, ce qui semble

indiquer, d'après la distance réelle, qu'il devait y avoir
sur ce point la troisième pierre milliaire. Ensuite, elle
traversait la commune de Gourbera, entre les maisons de
Sausou et de *Chicke*, et se dirigeait vers Castets, comme
l'indique la tradition, qui a conservé à ce tronçon le nom
de *Camin Roumiou*. Son passage à Castets expliquerait le
nom de *Castrum*, lieu fortifié. Ainsi que le fait remarquer
M. Dufourcet, il existe près du bourg de Castets un oppi-
dum connu sous le nom de *Tuc dous bœufs* (des ogres), sur
une dune formant un promontoire où il a été découvert
des antiquités romaines.

C'est à cette station de *Mosconum* que la voie romaine
venant de *Lapurdum*, longeant le littoral, venait s'embrancher.

Segosa est la seconde station ; elle devait se trouver à
35 kilomètres 640 mètres de *Mosconum*. D'Anville et
Walckénaer placent *Segosa* à Escource ; le colonel Lapie,
à Parentis-en-Born. Aucune de ces hypothèses n'est vraisemblable. Il est vrai qu'il existe entre Mixe et Escource,
en ligne droite, une distance de 37 kilomètres 360 mètres,
mesure assez rapprochée de celle portée dans l'*Itinéraire*.
Mais on obliquerait trop à droite, on s'éloignerait beaucoup du littoral et on se rapprocherait trop de la première
voie directe qui passe par Labouheyre.

Par ailleurs, la distance de Mixe à Parentis-en-Born est
de 44 kilomètres ; elle est loin de concorder avec celle de
l'*Itinéraire*. M. Dufourcet place *Segosa* à Lévignacq, après
avoir fait un détour considérable en passant par *Le Cos* de
Laluque et fait croiser cette voie avec la première au *Tuc
de Lamothe*, situé entre Lesperon et Lévignacq. On ne
s'explique pas ce croisement. Tout cela me paraît bien
hypothétique, bien arbitraire. En additionnant les distan-

res des deux stations intermédiaires, il devrait exister entre Dax et *Segosa* 63 kilomètres 160 mètres. Or, en ligne droite il n'existe réellement entre ces deux points que 53 kilomètres 500 mètres. Ce n'est donc pas à Lévignacq qu'il faut chercher *Segosa*, pas plus que *Coyuosa*, ainsi que l'indiquait Walckénaer.

Toutefois, il est vrai de dire que près de la limite des communes de Lesperon et de Lévignacq, il existe, dans cette dernière commune, sur les bords d'un ruisseau et non loin de la maison de *Meysouel*, un tumulus qui figure sur la carte d'état-major, connu sous le nom de *Tuc de Lamothe*. Il s'élève à 20 mètres au-dessus du lit du ruisseau et semble présenter la configuration d'un camp romain. On trouve d'ailleurs, dans les Landes, plusieurs *tumuli* ou *castra* échelonnés sur divers points.

MM. Vielle et Tartière, avec plus de raison, placent *Segosa* à Mimizan qui, en ligne droite, est à 24 kilomètres de Mixe. La voie passait par Lit et probablement au milieu de l'étang, qui n'existait pas à cette époque. Dans une carte du Béarn, etc., par Delile (1712), je remarque dans l'étang de Lit un point avec la désignation : *Château de Marensin*. On a dû démolir ce château avant l'arrivée des eaux de l'étang.

La route traversait ensuite le quartier de Sarles dans Saint-Julien-en-Born. En 1823, on a découvert, en faisant des fouilles pour l'extraction des minerais de fer, près du bourg de Saint-Julien, côté nord, à deux mètres de profondeur, de grandes murailles indiquant les fondations d'une vaste caserne et des monnaies à l'effigie de l'empereur Adrien. Au lieu dit de *Chambres*, situé près de la chapelle de Malthe, figurée sur la carte de Cassini, on aperçoit encore des traces visibles de la voie. La tradition donne à ces tronçons le nom de *Camin Roumiou* (route romaine), ou celui de *Camin Hariou* (route frayée).

Dans ce quartier dit d'*Orrignac*, on a encore découvert, en 1818, à la même profondeur, une espèce d'autel romain construit avec du ciment et couvert d'un grand et large carreau convexe en terre cuite.

Un peu plus loin, au delà de Bias, la voie passait à la maison d'*Arkus*, nom évidemment romain, qui figure dans les anciennes cartes.

Mimizan, on le sait, a une grande antiquité. C'était un port considérable. Il est permis de croire que les Romains ont dû y établir une station. C'est à Mimizan qu'eut lieu, en 507, une bataille entre les populations catholiques et les Visigoths ariens. Les Visigoths furent vainqueurs et ils massacrèrent saint Galactoire, évêque de Lescar. Les Normands détruisirent plus tard Mimizan, et les sables ont recouvert le port. Vers le XIIe siècle, le bourg a été rebâti plus à l'Est. On remarque encore autour du bourg actuel de Mimizan, comme à Saint-Girons, des débris des colonnes ou obélisques formés de pierres ferrugineuses qui marquaient le périmètre de quelque enceinte. Sur la carte de Belleyme, n° 38, je compte sept de ces petites pyramides. La carte de Cassini, feuille 137, n'en fait figurer que cinq. On n'est pas d'accord sur la signification de ces hautes bornes. Les uns croient qu'elles indiquaient les limites d'un camp romain ; les autres supposent, d'après la tradition, que ces colonnes formaient le périmètre d'un lieu de refuge ou de sauvetats, qui jouissait d'un droit d'asile pour les criminels.

De *Segosa* à *Losa*, troisième station, l'*Itinéraire* porte 26 kilomètres 640 mètres. D'Anville place *Losa* au quartier de *Lerh*, commune de Saint-Paul-en-Born. Son erreur est grande, car la distance qui sépare Mimizan de Saint Paul n'est que de 7 kilomètres. Le colonel Lapie croit qu'il faut placer *Losa* à Sanguinet. MM. Vielle et Tartière sont plus précis. Ils indiquent un quartier de Sanguinet, situé au Sud de ce bourg, connu sous le nom de Lousse. Il y a, en effet, analogie dans les noms ; les distances concordent également. On retrouve encore les traces de la voie au delà de l'étang de Gastes.

Boios, qui forme la quatrième station, laisse le champ libre aux conjectures. D'Anville, Walckénaer, le colonel Lapie, sont d'avis que *Boios* devait exister à la *Teste de Buch*. Mais cette ville est éloignée de Bordeaux de 50 kilomètres et il ne devrait y avoir entre ces deux villes, d'après l'*Itinéraire*, que 35 kilomètres 529 mètres. M. Jouannet croit, avec M. Vielle, qu'il est infiniment probable que *Boios* était situé à la partie orientale du bassin d'Arcachon, entre *Lamothe* et *Les Argenleyres*. Le voisinage des forêts et la proximité du bassin, qui pouvaient fournir des ressources abondantes, rendaient ce point éminemment favorable à l'emplacement d'une ville.

M. Tartière partage aussi cette opinion. C'est donc vers Puyau-Mongrand, entre Lamothe et *Les Argenleyres*, qu'il faut placer *Boios*. Il existe dans les alentours plusieurs *tumuli*. Je trouve dans le *Musée d'Aquitaine*, t. II, p. 149 (1823), la description suivante sur un tumulus de Lamothe :

« Sur la rive droite de la Leyre, entre Lamothe et Biganos, canton de la Teste, en travaillant à la route de Bordeaux à la Teste, on vient d'aplanir un de ces petits tumulus si communs dans nos landes, et que l'on y désigne, comme nous l'avons souvent remarqué, sous les noms génériques de *puyau*, *puyol* et *puyolet*, suivant qu'ils sont plus ou moins considérables. Celui-ci était un simple *puyolet*, partie naturel, partie de main d'homme et très déprimé. Sur son revers méridional, à mi-pente et à un pied de profondeur, on a trouvé rassemblés sans ordre, dans un petit espace carré, environ cinquante urnules cylindriques, d'argile, hautes de six à sept pouces, sur un diamètre de trois pouces, à rebord pour la plupart, de couleur grise, et quelques-unes de couleur jaune. Elles contenaient des cendres et des débris d'ossements, rien de plus. Une petite médaille de bronze, fruste, à l'effigie de Néron, a été rencontrée dans la fouille, au milieu des sables ; mais l'ancienne voie romaine passait dans le voisinage, et nous ne voyons pas que cette pièce ait un rapport nécessaire avec ces antiques sépultures. Il serait à désirer que plusieurs tumulus peu éloignés de celui-ci, et entr'autres le *puyau* de la *potence*, fussent fouillés avec soin. Déjà dans ce dernier, qui est assez considérable, on a trouvé d'antiques armures ».

De Bordeaux à Puyau-Mongrand la distance est bien de 35 kilomètres, mais de ce dernier point à Louse, il y a 26 kilomètres. L'*Itinéraire* ne porte que 15 kilomètres 540 mètres. M. Tartière explique l'erreur en ces termes :

« Ne pourrait-on pas admettre une erreur de copiste très facile à expliquer et qui, si on l'admet, lève toute difficulté ? Au lieu de vii mettez xii, en supposant effacée la moitié inférieure de x dont il ne serait resté que la partie supérieure v, et dès lors, toute difficulté disparaît ; avec xii la distance est de 26 kilomètres 640 mètres, juste la distance réelle. On peut d'autant mieux admettre cette explication, que les stations sont séparées partout ailleurs par de plus grandes distances ; et ces stations étant pour ainsi dire des étapes militaires, on ne comprend guère une étape de 15 kilomètres, quand les autres sont de 26 à 35 kilomètres, alors surtout que rien dans l'aspect du pays ne semble commander cette exception ».

Entre Boïos et Bordeaux la voie était directe. M. Jouannet l'a reconnue sur plusieurs points, dans Biganos, à Hinx et à Pessac. J'extrais du *Musée d'Aquitaine*, t. II, p. 270 (1823), le passage suivant :

« Sur l'autre voie romaine qui passe dans Sestas, à l'Ouest et presque aux limites de la commune, au lieu de Heins, loin de toute carrière, on déterra, il y a plus de cinquante ans, une grande pierre en forme de borne, portant une inscription ; c'était probablement un milliaire. Cette pierre resta longtemps abandonnée sur le sol ; enfin, les habitants voisins la brisèrent et l'employèrent dans leurs constructions rurales. Nous n'avons pu en retrouver aucun vestige. Mais à quelques pas de Heins, en suivant la voie vers Bordeaux, nous avons reconnu les traces d'un antique établissement. La route et les terres voisines sont jonchées de tuiles brisées et de fragments de vases de toutes les formes. Le propriétaire de l'endroit y a trouvé plusieurs médailles du Haut-Empire et quelques figurines d'un style gracieux ».

L'*Itinéraire*, d'Antonin, ne mentionne aucune voie romaine passant par *Lapurdum*. Cependant, du temps des Romains, le port de *Lapurdum* existait et était connu d'eux. Ils y avaient établi une forteresse. C'est là que tenaient garnison les cohortes de la Novempopulanie. Bien certainement une voie romaine, longeant le littoral, existait entre *Lapurdum*, *Boïos*, *Soulac* et *Cordouan*, et bien qu'elle n'ait pas été signalée dans l'*Itinéraire*, on en trouve encore des traces. Cet embranchement venait se rattacher à la seconde route allant de Dax à Bordeaux, celle du littoral, et le point de jonction était Mosconum (Mixe).

De Bayonne, l'ancienne voie romaine du littoral se dirigeait vers Capbreton, peut-être parallèlement à l'Adour, car il est permis de croire qu'à cette époque l'Adour passait par Capbreton.

M. l'ingénieur Aubé, dans le *Bulletin de la Société de Borda* (séance du 4 novembre 1876), a donné la description de deux vases d'origine romaine trouvés dans le puits de *Chachie*, près de l'étang d'Ossegor et du chemin bayonnais ou *Camin Roumiou*. Il serait à désirer qu'on creusât davantage ce puits. Ce pourrait bien être un puits funéraire gallo-romain. On vient de découvrir dans plusieurs parties de la France plusieurs de ces puits funéraires constatant un mode d'inhumation dans la Gaule à l'époque de la domination romaine. On trouve dans ces puits des vases, des débris d'ossements calcinés, des ustensiles de ménage, des armes, des médailles, des figures en pierre, etc. Les vases semblent avoir contenu des boissons destinées aux morts, d'après une ancienne coutume.

A l'ouest de Soustons, il existe un mamelon appelé *Tuc de la Mothe*, dont la formation a été attribuée aux Romains qui en auraient fait un poste fortifié destiné à protéger les voyageurs. La voie romaine passait près de ce monticule et traversait les terrains occupés aujourd'hui par l'étang de Léon.

« Dans l'emplacement de l'étang de Léon, dit M. Tassin (1802) (1), se trouvait autrefois un grand chemin des Romains qui conduisait de Bayonne à Bordeaux ; cette route était encore visible dans les basses eaux, il n'y a pas vingt ans ».

Le service hydraulique du département, ayant en vue

(1) *Rapport sur les dunes.*

les améliorations agricoles et la santé publique, s'occupe
du dessèchement des étangs. Si celui de Léon peut être
desséché, on découvrira l'assiette de cette voie romaine et
peut-être aussi quelque colonne milliaire.

La voie traversait ensuite Saint-Girons-du-Camp, et l'on
en montre encore la direction. Il existe à Saint-Girons,
comme à Mimizan, quatre pyramides formant un carré
parfait de 250 mètres de côté et servant de ceinture au
centre paroissial. On croit généralement que cet espace
renfermait un camp romain ; voilà pourquoi on a donné
à Saint-Girons le surnom *du Camp*. De là, la voie venait
aboutir à Mixe et se confondait avec celle venant de Dax.

J'ai essayé de décrire les voies romaines traversant les
Landes de Gascogne. Toutefois, pour arriver à un bon
résultat, il serait à désirer que l'on fît des recherches
locales, que les Sociétés savantes de Bordeaux, Dax et
Bayonne s'entendissent pour faire des explorations et
fouiller le sol avec intelligence et profit. On pourrait suivre pas à pas les traces de ces voies en se guidant sur
l'aspect des lieux et la configuration du sol. On découvrirait certainement de nouveaux vestiges, de nouvelles
richesses archéologiques, et l'on obtiendrait ainsi des
réponses décisives.

Dans son *Histoire de Sore* (1), M. l'abbé Mengelatte parle
de trois autres voies romaines qui ne figurent pas dans
l'*Itinéraire*, d'Antonin.

« ..... En attendant, dit-il, il est permis de constater
l'existence de trois grandes voies romaines qui venaient
aboutir à notre ville et qui lui donnaient une importance
des plus remarquables. Elles portent encore le nom signi

___
(1) *Bulletin de la Société de Borda*, avril-juin 1870.

ficatif *d'Estrade*. N'est-ce pas la traduction véritable et fidèle de *stratum publicum*, ou simplement stratum des Romains? Certainement oui.

« La principale, et certainement la première faite, partait de Bazas et arrivait à Sore en face de la porte de l'ancienne ville. De ce point, elle contournait les fossés du Nord, allait traverser la Leyre sur un pont en pierre, construit à près de 1.500 mètres de la place, et, par Moustey, rejoignait, à Lipostey, la grande voie romaine de Bordeaux à Bayonne.....

« ..... La seconde de ces routes, en effet, nous conduit, par les quartiers de Micheou et de Pinot, vers Villandraut, localité de la Gironde importante.....

« ..... La troisième de ces voies conduisait en droite ligne à la ville de Bordeaux et se trouve encore indiquée sur la carte de notre état-major. Elle passait devant le quartier de Hargas et venait aboutir à la route de Bazas à Lipostey, à quelques centaines de mètres de la ville de ., au point que l'on appelle *la Boumbe* ».

INVASION DES BARBARES, DES VASCONS,
DES SARRASINS, DES NORMANDS
DOMINATION DES GOTHS, DES FRANCS

I

Il est certain qu'il a existé, du temps des Romains, plusieurs autres voies secondaires dans les Landes de Gascogne et qui ne sont pas mentionnées dans l'*Itinéraire*. La tradition rapporte qu'il existait une voie antique de Bordeaux au port de Noviomagus et une autre de Bordeaux à Mont-de-Marsan. D'autres chemins se soudaient aux grandes voies qui finirent elles-mêmes par disparaître, par suite du manque d'entretien.

Les Vandales, les Alains et les Suèves ont, en 409, traversé nos Landes pour se rendre en Espagne dont on leur avait vanté les richesses. Il est probable qu'ils ont suivi les voies romaines. Arrêtés au pied des Pyrénées, ils revinrent sur leurs pas et ils restèrent deux ans dans la Novempopulanie, qu'ils ravagèrent entièrement. Bordeaux, Dax et plusieurs autres villes furent incendiées.

Vers 420, les Wisigoths (ou Goths) s'y établirent et l'occupèrent pendant près de quatre-vingt-dix ans.

« Er cherchant les traces de ce peuple (les Goths), au couchant de Dax, nous avons trouvé le *Tuc* et le *Chemin d'Alaric*, dans la paroisse de Saubrigues. Il y avait, à cette époque, une route de Dax, par le lieu de *Maonhourat* (1),

(1) *Maonhourat*, de deux mots vulgaires : *maou*, mauvais, et *hourat*, trou (lieu dangereux).

vers Bayonne, passant au-dessus de Saubusse, non loin de ce port, et se dirigeant de là vers Saubrigues. Il en existe encore çà et là de notables parties. A partir du bas Saubrigues, ce chemin remontait jusqu'aux derniers mamelons qui forment la baronnie de Gosse. Le dernier, celui qui domine le marais de Burret, est le point le plus élevé de cette baronnie et présente la forme d'un cône tronqué : on l'appelle le *Tuc d'Alaric*. Le sommet est un plateau oblong, régulièrement nivelé, défendu par un épais bourrelet de terre flanqué d'un fossé ; une dépression de terrain y indique, dit-on, une ancienne citerne. Les versants Est, Sud, Ouest, affleurent les marais de Burret et d'Orx. A la base de la colline, un second fossé la circonscrit, descendant en droite ligne, sur une longueur de 70 mètres environ, vers le marais et se courbant, à partir de ce point, comme pour servir de défense à un camp inférieur. En étudiant avec soin le terrain opposé, on y découvre la continuité du fossé. Il a pour appui, vers le Nord, un rempart en terre de six mètres de haut ; au Midi, ce rempart est presque effacé. Le *Tuc d'Alaric* n'a, à proprement parler, que quatre hectares ; mais l'ensemble des défenses, que circonscrivent remparts et fossés, offre une superficie de 20 hectares sur son versant occidental et méridional. Ce qu'on appelle le *Chemin d'Alaric* traverse ce poste inférieur, qui défendait l'entrée de la chaussée de Burret. De trois côtés on ne pouvait arriver autrefois au *Tuc d'Alaric* que par cette chaussée, qui conduit à Saint-André-de-Seignanx : c'était donc un point stratégique et qui a pu servir à cantonner les tribus gothes pendant qu'elles occupaient ces contrées » (1).

---

(1) *Chronique de la cité et du diocèse d'Acqs*, par Dompnier de Sauviac, liv. i, ii et iii, p. 8).

En 508, Clovis, roi des Francs, après avoir tué Alaric à la bataille de *Vouillé*, près de Poitiers, et chassé les Goths, s'empara de la Novempopulanie qui resta plusieurs années à ses descendants. Mais les Vascons, qui occupaient les deux versants des Pyrénées occidentales, envahirent, à leur tour, cette contrée (588) et finirent par la dominer.

« Les Gascons, dit Grégoire de Tours, s'élançant du haut des montagnes, descendent dans les plaines, ravagent les vignes et les terres labourées, livrent les maisons aux flammes et amènent des captifs et des troupeaux..... ».

Dax, Oloron et d'autres villes furent aussi ravagées. Ce fut vers 626 que la Novempopulanie prit le nom de *Vasconie*, qui se transforma en celui de *Gascogne*. Toutefois, malgré la domination des Vascons, il a toujours existé deux nations distinctes : les Vascons qui habitaient leurs montagnes et les Novempopulaniens qui sont devenus les Gascons.

« Gardons-nous de confondre les Gascons et les Vascons, dit M. l'abbé Menjoulet, vicaire-général de Bayonne (1). Les premiers sont des Aquitains ou Novempopulaniens, sous un nom nouveau ; les autres sont les *Vaccéens* de saint Isidore de Séville, l'une des tribus de l'ancienne confédération cantabrique ou euskarienne, installée dès le temps d'Annibal sur le versant méridional des Pyrénées, et en guerre depuis plus d'un siècle avec les Visigoths d'Espagne.

« La distinction que je signale a été parfaitement saisie par un docte écrivain du XVIe siècle : « On a conservé « jusqu'ici, dit Vinet, dans les Pyrénées et aux environs

____

(1) *Saint Amand, apôtre des Basques, Revue de Gascogne*, juillet 1869.

« de Bayonne, le nom de *Vascons* que nous appelons les
« *Basques* (1)..... Quant à ceux de l'Aquitaine, qu'on appelle
« *Gascons*, ils tirent leur nom de ces *Vascons Pyrénéens* qui,
« après avoir quitté leurs forêts, suivant le témoignage
« de Grégoire de Tours, s'établirent au centre de l'Aqui-
« taine, à laquelle, à cause d'eux, on donne le nom de
« Gascogne » (2).

« Il ne peut plus rester aucun doute sur l'identité des
Vascons et des Basques, à l'époque de saint Amand. On
aurait beau insister sur l'étendue politique du duché de
Vasconie et nous montrer ce duché portant ses frontières
jusqu'à la Garonne, il ne découlera jamais de là qu'une
conséquence : c'est que les diverses populations de la
Novempopulanie formèrent un même état féodal avec les
Vascons pyrénéens, dont elles reçurent un nouveau nom,
sans toutefois s'identifier avec eux. Les Gascons sont les
fils des Gallo-Romains de la Novempopulanie, de vrais
Aquitains, depuis longtemps convertis au christianisme
et dont on connaît suffisamment l'histoire religieuse pour
savoir que saint Amand n'avait pas à combattre chez eux
le moindre reste d'idolâtrie. D'ailleurs, les Gascons sont
les habitants de la plaine, et on a vu que les Vascons occupaient la montagne. Enfin, la langue des Vascons d'Espagne ne s'est conservée, en deçà des Pyrénées, que dans
notre Pays Basque, où elle est intacte, entière, absolue,
tandis qu'elle n'a laissé aucune trace dans les patois de la

(1) Le mot français *Basque*, en patois *Bascou*, vient du latin *Vasco* ; car, selon
l'usage de l'Espagne et du Midi de la France, le V se prononce B ; ce qui faisait
dire à Scaliger : *Felices populi, quibus vivere est bibere.* — Quant au changement
de *Wasconia* en *Gasconia*, il a son analogue dans *Willelmus* dont on a fait *Guillel-*
mus, Guillaume.

(2) Vinetus, *in epistol. Ausonii.*

Gascogne. Que peut-on désirer de plus pour conclure que les Vascons et les Gascons sont deux nations différentes ayant vécu quelque temps sous la même autorité, mais sans se mêler et se confondre ? ».

II

Les Sarrasins ou Maures, maîtres de l'Afrique, traversèrent, en 714, le détroit, et s'emparèrent de l'Espagne occupée par les Goths. Ils ne tardèrent pas à franchir les Pyrénées pour venir dévaster les riches plaines traversées par l'Adour et la Garonne. Ils pénétrèrent en Gascogne par l'ancienne route de Carrasa et descendirent dans la vallée de la Bidouse. Lapurdum et Beneharnum (Bayonne et Lescar) furent rasées et perdirent leur nom. Oloron, Dax et Aire furent ruinées entièrement.

Cependant, le 11 mai 721, les Sarrasins assaillirent Toulouse. Eudes, duc d'Aquitaine, les attendit de pied ferme et parvint à les envelopper. Leur chef, El Samah, mourut sur le champ de bataille avec les deux tiers de son armée. Cette grande bataille eut lieu sur la voie romaine de Toulouse à Carcassonne, que les Arabes surnommèrent la *Chaussée des martyrs (Balat al chouda)*. On prétend que trois cent soixante-quinze mille Sarrasins périrent dans cette journée, mais il est probable que beaucoup d'historiens ont confondu la bataille de Toulouse avec celle de Poitiers, qui eut lieu onze ans plus tard.

Les Sarrasins, animés par une haine mortelle et résolus de tirer vengeance, revinrent, après quelques années de répit, dans les Gaules et envahirent toute la Gascogne.

Une partie de l'armée entra par la Catalogne et le Roussillon. Abd-El-Rahman, leur chef, passa par Pampelune, Roncevaux et la vallée de la Bidouse, dans le mois de juin 732, détruisit les villes, les églises et les monastères, traversa les Landes et se porta directement sur Bordeaux qu'il prit d'assaut et saccagea ; il se dirigea vers le Nord de l'Aquitaine en mettant tout à feu et à sang. Le malheureux Eudes, battu sur les rives de la Dordogne, rejoignit, avec le reste de son armée, Charles-Martel qui venait à la rencontre des Sarrasins. Les deux armées se rencontrèrent sur une plaine, entre Tours et Poitiers, dans le courant du mois d'octobre 732. Le choc fut terrible. Abd-El-Rahman, l'élite de ses compagnons et la plus grande partie de son armée restèrent sur le champ de bataille. C'est à Eudes qu'on dut le succès de la journée. Par une habile manœuvre, il enveloppa les Sarrasins et envahit leur camp, ce qui apporta chez ces derniers une confusion générale.

Les débris de cette armée refluèrent vers l'Espagne. Les Sarrasins traversèrent une seconde fois les Landes en suivant la voie romaine de Bordeaux à Dax.

La contrée des Landes, comprise entre la Garonne et l'Adour, n'avait pas encore fini de souffrir. Une nouvelle invasion, plus redoutable encore que les précédentes, vint porter la terreur et la ruine dans ce malheureux pays. Les pirates du Nord, les Normands, embarqués sur leurs barques légères, remontaient le cours des fleuves, pénétraient dans les terres, pillant et incendiant les villes et les villages. Ils envahirent la Gascogne en 841. Pendant plusieurs années, les Normands renouvelèrent périodiquement leurs déprédations. Bordeaux fut livré à l'incendie et au pillage ; Bazas, Sos, Lectoure, Dax, Bayonne,

Oloron et Lescar subirent le même sort. Entrant par les ports de Capbreton ou de Bayonne, ils se répandaient dans les Landes et les pays voisins, portant partout la désolation et la mort. Charlemagne fit construire sur les côtes de la Gascogne des tours et des forteresses, à l'embouchure des rivières, pour donner la chasse à ces pirates, et il versait des larmes de rage en pensant au mal que les Normands feraient un jour à la France. « Si malgré ma vigilance, disait-il, ils insultent les côtes de mes états, que sera-ce donc après ma mort ? ».

Ce fut en 778 que Charlemagne traversa la Gascogne pour aller combattre les Sarrasins en Espagne. Vainqueur devant Pampelune, il échoua devant Saragosse, et il prit le parti de revenir en France. Son arrière-garde fut surprise et égorgée par les Vascons ou Basques, dans la vallée de Roncevaux. Ce fut un grand désastre : c'est là que périrent Roland et tant d'autres valeureux guerriers.

Triste et abattu, Charlemagne traversa les Landes et se dirigea sur Bordeaux en suivant la voie romaine qui passait par Dax.

« Arrivé à Belin (l'ancienne *Belindi* de Pline), près Bordeaux), il y fait enterrer, selon l'archevêque Turpin, Oger le Danois, Guérin de Lorraine et Araston ou Arastagny, duc de Bretagne » (1).

Je ne m'appuierai pas, ainsi que cela a été fait par quelques historiens, sur les *chartes de la ville de Mont-de-Marsan*, publiées en 1850, qui mentionnent quelques localités des Landes ravagées par les Normands. Ces chartes ont été démontrées fausses par M. Bladé (2). D'après M. Bladé,

(1) *Histoire complète de Bordeaux*, par O'Reilly (1853), t. 1er, p. 192.
(2) *Pierre de Labanner et les quatre chartes de Mont-de-Marsan*. Paris, Dumoulin, 1851.

ces chartes ont été fabriquées vers les premières années de notre siècle. Le faussaire a eu recours à Marca et aux historiens du Languedoc. Toutefois, je me permettrai de relever un passage de M. Bladé, p. 49 de sa brochure :

« Les dunes du golfe de Gascogne, dit-il, — *arenas de all*, — les sables rejetés par la mer, fixés par Charlemagne en même temps qu'il fortifie les côtes contre les Normands, ne manquent pas non plus, ce nous semble, d'une certaine gaîté. Cette facétie suffirait seule à prouver le faux et à en déterminer la date dans une limite fort restreinte. Tout le monde croyait jusqu'à présent que l'honneur d'avoir fixé les dunes du Sud-Ouest par des semis de pins maritimes appartenait principalement à Brémontier. Cet ingénieur, qui commença ses opérations à la fin du siècle dernier, les continuait sous l'Empire. La première charte lui dit son fait et le remet à sa place en quatre mots. La gloire de la découverte remonte au règne de Charlemagne, cet archétype de la monarchie impériale de Napoléon Ier. De par les chartes de 1810, nous savons que cet empereur disposait d'un corps nombreux des ponts et chaussées et d'une armée de terrassiers qui consolidèrent en un tour de main des terrains mouvants dont la fixation est encore à terminer, malgré plus de soixante ans de travaux. Pourquoi faut-il que les chartes soient muettes sur le secret de ce procédé expéditif ? ».

J'ai prouvé moi-même (1) que cent cinquante ans avant les travaux de Brémontier, on connaissait les mêmes moyens employés par lui pour fixer les dunes de Gascogne et qui avaient été mis en pratique sur les côtes de la mer entre Bayonne et le Vieux-Boucau, en 1622.

---

(1) *Le Pin maritime des Landes de Gascogne.* Bayonne, Lasserre, 188.).

Ces moyens pouvaient donc être connus antérieurement et même du temps de Charlemagne. Ce prince, en traversant les Landes, avait dû être frappé du danger que couraient les localités du littoral. Il a donc pu essayer de les protéger en y employant de nombreux ouvriers dont les efforts restèrent, d'ailleurs, impuissants.

« ..... Charlemagne, qui reprenait sur tant de points la tradition des Romains, employa comme eux les soldats de ses armées à la réparation des routes » (1).

Le fils de Charlemagne, Louis-le-Débonnaire, se rendit aussi en Espagne en 810, après s'être arrêté à Dax où il convoqua une Assemblée nationale. Son intention était de faire la guerre aux Sarrasins ; mais, dès son arrivée à Pampelune, il reprit la route de l'Aquitaine par la vallée d'Aspe. Les Vascons voulurent renouveler le massacre de Roncevaux, mais la victoire demeura aux Franco-Aquitains qui avaient pris toutes leurs précautions.

Au commencement du dixième siècle, saint Léon, né en Normandie, que l'on considère comme le premier évêque de Bayonne, fut envoyé par le Pape à Lapurdum (Bayonne) pour prêcher l'Evangile dans ce diocèse qui était alors plongé dans l'idolàtrie. Ses deux frères, Philippe et Gervais, voulurent l'accompagner et ils partirent à pied de Rouen. Arrivés à Bordeaux, ils suivirent la voie romaine et ils s'arrêtèrent dans les Landes, à Labouheyre *(Herbe-Pacerie)*, où saint Léon convertit le seigneur Argar (Argarus). Ils se dirigèrent ensuite directement sur Bayonne en rejoignant la voie qui longeait la mer, connue sous le nom de *Camin Roumiou.* Après avoir converti le Labourd et les

(1) *Revue des Deux Mondes,* 1er juillet 1866. *Les voies romaines en Italie et en Gaule,* par Alfred Maury.

vallées espagnoles, saint Léon revint à Bayonne où il fut mis à mort par les pirates normands.

En 980, Guillaume Sanche, duc de Gascogne, avant de fonder l'abbaye de Saint-Sever, défit les Normands, d'après la version de plusieurs historiens. M. l'abbé Gabarra (1) croit que c'était sur les Sarrasins que Guillaume Sanche remporta cette grande victoire. « En effet, dit-il, 1° nous trouvons dans Hauteserre (*Rer. Aquit.*, vol. II, lib. VIII, c. XV, p. 123) que le duc de Gascogne, avant de jeter les fondations de son monastère, défit les Sarrasins commandés par Almanzor, et non point les Normands. C'était en 980. Or, juste vers cette époque, les Sarrasins d'Espagne étaient en guerre, sur les frontières pyrénéennes, avec des seigneurs français ; il fut très facile aux Musulmans vainqueurs de lancer sur notre pays une de leurs bandes qu'arrêta le courage de Guillaume Sanche, soutenu par l'intercession de saint Sever ; 2° en 980, il y avait déjà près de 70 ans que les Normands faisaient partie de la grande famille française ; notre contrée n'était plus alors sous le coup de leurs incursions. Mais comme on ne pouvait oublier de sitôt cette époque lamentable où ils avaient fait tant de ruines encore visibles partout, il ne faut pas s'étonner qu'on prît pour des Normands toutes sortes d'envahisseurs..... ».

On n'est pas d'accord sur l'endroit où a eu lieu cette grande bataille.

Marca, dans son *Histoire du Béarn* (1640), p. 215, parle bien de la victoire remportée par Guillaume Sanche sur les Normands descendus, dit-il, vers Capbreton, mais il n'indique pas le lieu de la rencontre. L'abbé Menjou

(1) *Pontonx-sur-l'Adour*, introduction, IX, note (1873).

let (1), l'abbé Monlezun (2), le chanoine O'Reilly (3), l'abbé Haristoy (4), qui se sont copiés les uns les autres, mentionnent la plaine de *Taleras,* chez les Tarusates (Aire), ou Cazères.

D'autres auteurs croient que cette bataille a été livrée à Taller, près Castets (Landes).

M. Tartière, archiviste des Landes, dans l'*Annuaire* de 1867, dit au sujet de Taller :

« Cette commune fut, si l'on en croit la tradition, le théâtre de la bataille livrée par Guillaume Sanche, duc d'Aquitaine, aux Normands qui avaient débarqué à Capbreton et au Vieux-Boucau. Ce qui donne quelque vraisemblance à cette tradition, c'est l'établissement, dans un des quartiers de Taller, d'un hôpital appelé Fosse-Guimbaud. Il aurait été créé par Guimbaud, frère de Guillaume Sanche, et nous le voyons encore, au XVIIIe siècle, servir de station aux pèlerins qui allaient à Saint-Jacques-de-Compostelle ».

J'extrais d'un article sur les pays de *Marensin, Born et Maremne,* par M. l'abbé Légé, inséré dans la *Revue catholique d'Aire* (1872), p. 24, les passages suivants :

« Le nom de Taller *(taliare),* emprunté à la basse latinité, est venu de l'affreux carnage qui se fit dans ses plaines. Non loin de l'église de ce village, au point d'intersection des arrondissements actuels de Mont-de-Marsan, Saint-Sever et Dax, on voyait encore, il n'y a pas cent ans, un hôpital connu sous le nom de Fosse-Guimbaud ou Fosse-Guibaud, détruit aujourd'hui jusqu'aux fondements.

(1) *Chronique du diocèse et du pays d'Oloron* (1852), t. 1er, p. 115.
(2) *Histoire de la Gascogne* (1845), t. 1er, p. 378.
(3) *Histoire complète de Bordeaux* (1863), t. 1er, p. 224.
(4) *Recherches historiques sur le Pays Basque* (1883), t. 1er, p. 73.

Cet hôpital avait, dans les siècles passés, un revenu considérable. En 1690, il est encore assez riche. En 1716, à cette époque où les terres du Marensin n'avaient presque plus de valeur vénale, les revenus de Fosse-Guimbaud sont mis en afferme pour un trienne. Le prieur de Taller offre 750 livres ; de Castéra, 900 ; Jean de Labat, 950 ; Dominique de Marsan, 1,000 ; Dugert, habitant de Bos, 1,200. Là s'arrête l'enchère. Ne voit-on pas clairement dans ce nom de Fosse Guimbaud celui de Gombaud, frère de Guillaume Sanche, avec un autre nom préfixe qui désigne ici, comme en tant d'autres dénominations, l'aspect du lieu où les Barbares ont succombé ? Gombaud avait dû fonder cet établissement, le doter richement, pour offrir un asile aux malheureux du pays. Les derniers vestiges de la maison de charité et de prière ont disparu ; le lieu où elle s'éleva n'est plus connu sur les registres de Taller que sous le nom de *Quio, Kio,* dérivation corrompue de Fosse-Guibaud dont on avait retranché la première partie pour altérer ensuite profondément la seconde.

« Notre excellent ami, le docteur Auguste Vielle, de si pieuse mémoire, avait fait, durant son séjour à Paris, des recherches sur nos contrées, dans la Bibliothèque nationale ; il trouva sur l'hospice de Fosse-Guimbaud les notes suivantes que nous reproduisons intégralement, telles qu'il voulut bien nous les communiquer :

« Il y a un hôpital dans la vicomté de Tartas, appelé de
« Fosse-Guibaut, fondé par la piété de saint Louis, qui
« en avait établi plusieurs autres sur la grande route des
« Landes, pour servir de retraite aux pèlerins qui allaient
« à Saint-Jacques-de-Compostelle.

« Comme les pèlerins trouvent de plus grandes charités
« en passant par les villes qui sont à la gauche des Gran-

« des Landes, ils ont entièrement abandonné cette pre-
« mière route, de sorte que les hôpitaux établis par saint
« Louis dans cette contrée, entre autres celui de Fosse-
« Guibaut, sont entièrement abandonnés, sans aucune
« hospitalité, et les habitants des lieux, de concert avec
« le curé, en convertissent le revenu à leurs propres usa-
« ges, avec cette circonstance que, n'y ayant aucun revenu
« dans le dit hôpital de Fosse-Guibaut, les habitants de
« Taller envoient tous leurs pauvres à l'hôpital de la ville
« de Tartas, et qu'actuellement il y a, dans le dit hôpital
« de Tartas, depuis 5 à 6 ans, un enfant paralytique de
« Taller, et que depuis dix ans, il est mort dans le dit
« hôpital de Tartas plus de quinze personnes de la dite
« paroisse de Taller où le dit hôpital de Fosse-Guibaut
« est situé. Il y a dans Tartas, qui est la capitale de la
« contrée, un hôpital d'un très petit revenu par rapport
« aux grandes dépenses qu'il est obligé de supporter,
« se trouvant situé sur la grande route de Bordeaux à
« Bayonne, où les troupes en passant laissent un grand
« nombre d'infirmes et de blessés.

« M. de Chambre, lieutenant de vaisseau et chevalier
« de l'ordre de Saint-Louis, de concert avec les directeurs
« de l'hôpital de Tartas, ont fait des tentatives en divers
« temps pour faire réunir l'hôpital de Fosse-Guibaut à
« celui de Tartas. Ils ont envoyé des placets à M. de
« La Vrilière, secrétaire d'Etat de la province ; ils ont
« demandé une visite à l'évêque diocésain qui, ayant
« reconnu l'abus que les habitants et le curé faisaient des
« revenus du dit hôpital de Fosse-Guibaut, a été d'avis de
« la réunion. Ils ont même eu l'honneur de présenter des
« placets à V. A. qui a eu la bonté d'écrire à M. de Lesse-
« ville, intendant de cette généralité, pour le prier de

« donner son avis sur cette affaire, lequel m'a répondu
« qu'il ne le pouvait sans un ordre exprès de M. de Vri-
« lière. On supplie V. A. de vouloir obtenir cet ordre.

« CHAMBRE ».

« Ce mémoire n'est pas daté, ajoute M. Vielle ; je ne
sais par conséquent s'il est antérieur ou postérieur à la
lettre qui suit, écrite par le même Chambre au duc de
Bouillon :

« *Tartas, le 12 février 1723.*

« Sur l'avis que j'eus il y a quelque temps que les
« directeurs de l'hôpital de Dax voulaient faire réunir
« l'hôpital de Fosse-Guibaud, situé dans votre vicomté de
« Tartas, au leur, j'y formai opposition en qualité de pro-
« cureur constitué de S. A. Mgr. votre père, et j'eus
« l'honneur de lui en donner avis, ne croyant pas qu'il
« convient à ses intérêts de laisser réunir les revenus d'un
« hôpital situé dans ses terres à un hôpital étranger. Il
« eut la bonté d'approuver ma conduite..... Comme les
« directeurs de l'hôpital de Dax font de nouvelles ten-
« tatives pour parvenir à leur but, je prends la liberté
« d'adresser à V. A. un mémoire pour conserver par sa
« protection un bien qui est naturellement à l'hôpital de
« la ville de Tartas.....

« CHAMBRE ».

« La lecture de cette lettre montre qu'elle fut adressée
au duc de Bouillon avec le mémoire qui précède.

« A. VIELLE ».

(Archives nationales. — Papiers de Bouillon).

« Les mémoires et suppliques de M. de Chambre ne
purent empêcher la réunion de l')pital de Fosse-Guimbaud à celui de Saint-Eutrope, de Dax. Dès 1728, ce
dernier afferme les biens de Fosse-Guimbaud pour une
somme annuelle de 565 livres (voir Archives de l'hôpital
de Dax). D'ailleurs, nous ne pouvons accepter les raisons
diverses que M. de Chambre veut faire valoir. Que saint
Louis ait fondé en ces contrées quelques hôpitaux pour
les pèlerins de Saint-Jacques-de-Compostelle, soit ; mais
que parmi ces hôpitaux on doive compter celui de Fosse-
Guimbaud, cela n'est guère possible. D'après les vieux
manuscrits, les stations dans la Grande Lande des pèlerins de Saint-Jacques-de-Compostelle sont aujourd'hui
connues. De Belin à Bayonne, on trouve les stations du
Haut-Muret, de Lipostey, Boheyre, Janquillet, la Hairie,
l'Esperon, Castets, Mayasc, Saint-Vincent-de-Tyrosse,
Barat de Labenne, Saint-Martin, Bayonne ; l'itinéraire
direct des pèlerins laisse donc à sa gauche l'hôpital de
Fosse-Guimbaud, tout à fait inutile pour eux.

« Nous persistons à croire que Fosse-Guimbaud est
antérieur au XIIIe siècle, qu'il est du Xe, destiné par
Gombaud à perpétuer le souvenir d'une victoire, à servir
d'asile aux pauvres de la contrée et que, dès les temps les
plus reculés, un ordre militaire ou religieux, possesseur
de l'hospice et de la cure, a bâti non loin de là l'église
actuelle de Taller ».

Voici maintenant l'opinion de M. Dompnier de Sauviac (1) :

« Malgré cette succession de malheurs, la foi en l'intercession de saint Sever était encore si ardente que le duc

(1) *Chronique de la cité et du diocèse d'Acqs*, liv. I, II et III, p. 112 (1874).

Sanche, avant de réunir ses troupes pour les mener contre les Normands, se rendit à cet oratoire où, se prosternant devant les reliques du saint vandale, il implora son assistance et les faveurs de Dieu. Il fit vœu, si ses armes sortaient victorieuses de cette mêlée, de mettre toutes ses terres sous la protection du saint et d'ériger en son honneur un magnifique monastère sur l'emplacement de la petite chapelle. Dès lors, comptant sur l'efficacité de ses armes spirituelles, son cœur se remplit de confiance, et, après avoir mortifié son armée par le jeûne, il marche vers les Normands, qu'il rencontre dans les plaines de *Talleyras*, et les attaque avec vigueur. Gaston Ier de Béarn combattit à ses côtés dans cette journée mémorable. Sanche certifia que saint Sever était apparu dans la mêlée sur un cheval blanc, revêtu de belles armes, abattant tous les corsaires qu'il pouvait atteindre et en faisant un affreux carnage. Les Normands furent rompus, défaits et tués par milliers. D'après le cartulaire de Condom, le carnage *fut si grand que, près d'un siècle après, on trouvait dans les plaines de Talleyras plus d'ossements blanchis que d'herbes verdoyantes.* Cette description semblerait donner quelque créance au *super ossa*, étymologie de Souprosse ; mais rien dans ces contrées ne rappelle le nom de Talleyras ; d'un autre côté, le passage d'Oihénart indique que la rencontre eut lieu dans une lande rase « *victis acie in planitie Talleyras dicta* », et que les bords de l'Adour offraient plutôt des forêts que des landes à cette époque. Plusieurs auteurs prétendent que Guillaume se rendit à la tête de ses troupes vers l'Océan. Qu'on n'oublie pas que les Normands avaient débarqué à Cap-Breton, et que le duc n'avait pas attendu qu'ils eussent pénétré bien avant dans le duché pour se porter contre eux. Le cartulaire de Condom précise que le combat s'engagea dans un lieu *solitaire*, ce qui confirme le mot *planities*. Mais dans quelle lande ? La similitude des noms ferait décider en faveur des landes de Taller *(Tallegras)*; mais il faudrait dès lors admettre que les Normands se fussent d'abord engagés sur la voie romaine qui traversait les landes, et que de Castets ils eussent pris vers le Sud-Est, pour se rapprocher de l'Adour. Malheureusement pour l'histoire, il n'est que trop de suppositions qui puissent être faites sur le véritable lieu de ce combat, qui, probablement, demeurera toujours incertain. On a prétendu dernièrement que l'ancien hôpital de Taller, qu'on nomme « fosse Guimbaud », donnerait quelque vraisemblance à l'opinion plus haut énoncée et qui est la nôtre, parce que le frère de Guillaume Sanche s'appelait « Guimbaud ». Ici, deux erreurs sont à relever : la première est que cet antique prieuré était appelé « fosse Gibaud », et que le frère de Guillaume Sanche avait nom Gombaud et non Gibaud. A-t-on voulu faire entendre que ce Gombaud fut tué dans cette bataille et enseveli dans la « fosse Gibaud », sur laquelle on construisit un prieuré qui porte à peu près ce nom. L'erreur serait autrement manifeste, car ce Gombaud étant venu plus tard à posséder tous les évêchés de la Gascogne, figure à son rang dans la série des évêques de Dax, preuve qu'il ne fut pas inhumé dans la fosse Guimbaud. Les Normands n'effectuèrent plus de nouveaux débarquements en Gascogne, avec de mauvais desseins du moins ; s'ils atterrirent encore à Capbreton, ce fut comme à un port d'échanges, où leurs ancêtres s'étaient primitivement établis ».

Je fournirai plus loin, dans le prochain chapitre, quelques nouveaux renseignements sur l'hôpital de Kiyo.

J'ai trouvé dans un ancien registre, déposé à la mairie de Taller, la délibération suivante :

« Aujourd'hui 27 janvier 1793, se sont assemblés les membres du Conseil municipal, sur la convocation qui a été faite par le citoyen maire de cette paroisse et sur la réquisition du procureur de la commune, à l'effet de procéder et déclarer ceux qui ont pris pierre à l'ancien monastère appelé de la fosse Guibaud, situé dans la dite paroisse de Taller, savoir : premièrement, de la paroisse de Lesperon, Jean Lalanne, dit Charbonnier, et Jean Demarcq, dit Laborde ; secondement, de la paroisse de Taller, Jean Maisonnave, dit Yé, Jean Linmaret, dit Bouroq, et feu Castera et la veuve aussi. Voilà tous ceux qui en ont pris depuis la formation de la Constitution ; il y en a d'autres qui en ont pris auparavant, de sorte qu'il n'y en a plus. Fait et délibéré dans notre paroisse de Taller, dans la maison commune, au lieu de nos séances, le même jour et an cy dessus. Ont signé : Barrère, secrétaire greffier, Lagoeyte, procureur, Ducasse, maire ».

LES CHEMINS DE SAINT-JACQUES

I

On croyait généralement que la fin du monde devait arriver le premier de l'an 1000. Aussi, pendant le cours de la dernière année du Xe siècle, tout travail avait cessé. « Pourquoi, se disait-on, songer à un avenir qui ne sera pas ? Songeons à l'éternité, qui commence demain ! ».

« On se contentait de pourvoir aux besoins les plus immédiats : on léguait ses terres, ses châteaux aux églises, aux monastères, pour s'acquérir des protecteurs dans ce royaume des cieux où l'on allait entrer. Beaucoup de chartes de donations aux églises commencent par ces mots : « La fin du monde approchant, et sa ruine étant « imminente, etc. » (1).

On attendait partout le jour fatal avec la plus grande frayeur. Mais, dès que l'on vit, après la venue de l'an 1000, que rien n'était changé dans l'univers, que le soleil éclairait encore les vivants, il n'y eut plus dans la population qu'un immense cri de joie. Le besoin de voyager, de rebâtir les basiliques se fit sentir dans la société chrétienne. Les uns allaient à Jérusalem, les autres à Rome et à Saint-Jacques-de-Compostelle, animés par leur ferveur religieuse. Certains entreprenaient ces voyages lointains pour demander le pardon de leurs crimes. Le pèlerinage de Saint-Jacques était surtout en vogue pendant le moyen

(1) *Histoire de France*, par Henri Martin, 4e édit., t. III, p. 37.

âge. Le Midi de la France et surtout les Grandes Landes étaient traversés tous les jours par de milliers de pèlerins.

Les anciennes voies romaines, usées et abandonnées par les voyageurs, finirent par disparaître. D'autres chemins directs furent tracés et bordés d'auberges, de chapelles et d'hospices. C'est dans ces hôpitaux gratuits que les mendiants, les malades et les voyageurs trouvaient un asile. Les noms de *Roumiou, estrade*, s'appliquaient aussi à tous les chemins suivis par les pèlerins. Les Romains appelaient *stratum* une route pavée ou cailloutée. Ce mot s'est altéré dans le Midi en celui d'*estrade*.

Au début du XIe siècle (1100), Notre Dame de Cagnotte, de l'ordre des Bénédictins, fut fondée dans le diocèse de Dax. Pendant ce même siècle, et dans le même diocèse, on établit l'abbaye de *Villadei* ou *Divirilla* (Duvielle), de l'ordre des Prémontrés.

Vers 1079, saint Gérard fut le fondateur de l'abbaye de la Grande-Sauve, près de Bordeaux, dans l'Entre-deux-Mers.

« Il fit de son abbaye le point de départ de tous les pèlerinages, mais surtout de celui de Saint-Jacques-de-Compostelle. Les pèlerins venaient à la Sauve se confesser, faire leur testament et recevoir des mains de l'abbé le bâton et la panetière bénits. On leur donnait même souvent un cheval ou un âne pour leur voyage. Puis, ils partaient en suivant les chemins et en se reposant dans les hôpitaux que saint Gérard avait préparés dans cet itinéraire de Compostelle, soit par lui-même, soit par sa correspondance avec d'autres monastères. Leur piété satisfaite, les pèlerins revenaient à l'abbaye remercier Dieu de leur heureux retour et reprendre les titres et choses précieuses qu'ils y laissaient, pour l'ordinaire, en dépôt, pendant le temps de leur absence ». (1).

Guillaume X, dernier duc d'Aquitaine, père d'Éléonore de Guyenne, après s'être converti, fit bâtir, dans la ville de Bordeaux, l'hôpital Saint-Jacques, destiné pour les pèlerins qui passeraient par Bordeaux pour se rendre à Saint-Jacques-de-Compostelle. Il prit lui-même l'habit de pèlerin et, accompagné de trois ou quatre serviteurs, il traversa les Grandes Landes et se rendit en Galice, en 1137, où il mourut dès son arrivée à Saint-Jacques. En passant à Bayonne, il accorda aux habitants toute liberté sur terre et sur mer, « dans le rayon *extra muros* qu'un homme de pied, en allant et en revenant, pourrait parcourir en un jour : *quantum per diem possit ire et redire* ». (Archives de Bayonne).

Le roi de France Louis VII, dit le *Jeune*, qui venait de répudier la reine Éléonore en 1152, épousa peu de temps après Constance, fille d'Alphonse VII, roi de Castille et d'Aragon. Il traversa aussi les Grandes Landes en 1154 pour aller en pèlerinage à Saint-Jacques. Les conséquences de ce divorce furent fatales : toute l'Aquitaine passa sous la domination anglaise. Après trois siècles de guerres désastreuses, cette belle province revint à la France.

Le pays des Landes, qui s'était révolté, fut traversé quelques années après (1176), par Richard, fils de Henri

(1) *Histoire de l'abbaye et congrégation de Notre-Dame de la Grande-Sauve*, par M. l'abbé Cirot de la Ville, t. 1er, p. 320.

Une *abbaye* est un couvent de premier ordre, dont le supérieur porte le nom d'abbé. Le *prieuré* forme un petit monastère dépendant d'un autre plus grand et dont le supérieur, nommé par l'abbé, porte le nom de *prieur*. La *commanderie* est un bien de campagne ou domaine appartenant à un couvent et administré par un commandeur.

Plantagenet. Les Anglais assiégèrent Dax et Bayonne, dont ils se rendirent maîtres.

Les chevaliers de l'ordre de *Saint-Jacques-de-l'Épée* protégeaient les pèlerins et veillaient à la sûreté des chemins, car les voyageurs étaient tous les jours exposés à des dangers, surtout dans les Pyrénées et sur les terres d'Espagne. Les Templiers, les Hospitaliers de l'ordre de Malte avaient aussi établi des hospices sur les chemins de Saint-Jacques.

Parmi les écrivains qui ont décrit les chemins de Saint-Jacques en Gascogne, je citerai tout d'abord M. Adrien Lavergne (1). Son étude est remarquable. Il donne, d'une manière savante, les divers itinéraires des chemins et complète un premier travail sur la matière qu'il avait déjà fait insérer dans la *Revue de Gascogne*, t. xx, p. 363.

M. l'abbé Cirot de la Ville (2) indique deux voies de pèlerinage de l'abbaye de la Grande Sauve à Saint-Jacques-de-Compostelle.

M. l'abbé Pardiac a publié en 1863 (Bordeaux, Codere), son *Histoire de Saint-Jacques-le-Majeur et du pèlerinage de Compostelle*. Il indique, p. 182, un itinéraire de Compostelle à Bordeaux.

M. Francisque Michel (3) a consacré, dans son *Histoire du commerce et de la navigation à Bordeaux*, un intéressant chapitre sur le pèlerinage de Saint-Jacques.

M. Eugène Dufourcet, président de la *Société de Borda*, a présenté au Congrès archéologique de France, 55° ses-

____

(1) *Les chemins de Saint-Jacques en Gascogne*, par Adrien Lavergne, Bordeaux, Chollet, 1887.

(2) *Histoire de l'abbaye et congrégation de Notre-Dame de la Grande-Sauve*, t. 1er, p. 104.

(3) Chapitre xxv, p. 503 (1867).

sion, tenue à Dax et à Bayonne en 1888, un travail sur les voies romaines et les chemins de Saint-Jacques dans l'ancienne Novempopulanie.

M. le baron de Bonnault d'Houët, archiviste paléographe, a publié en 1890 (Montdidier, Radenez), le *Pèlerinage d'un paysan picard* (Manier) *à Saint-Jacques-de-Compostelle au commencement du XVIIIe siècle*, qu'il a annoté.

Le voyage de Manier date de 1726 et sa relation a été écrite en 1736.

Le plus ancien itinéraire, qui donne des renseignements précieux, est le *Codex* de Saint-Jacques-de-Compostelle, livre IV, publié en 1882 (Paris, Maisonneuve), par le Père Fita, avec le concours de M. Julien Vinson. C'est le récit d'un voyage fait par le poitevin Aimery Picaud, vers l'an 1140.

Vient ensuite l'itinéraire extrait de la *Nouvelle Guide des chemins*, par Nicolas Bonfons, Paris, 1583.

On trouve un autre itinéraire à la fin d'un petit livre intitulé : *Les Chansons des Pèlerins de Saint-Jacques (à Troyes, ce 7 Août 1718)*.

L'auteur du *Codex* indique quatre chemins conduisant de France à Saint-Jacques, qui se réunissaient tous à *Puente-la-Reyna*. Les trois derniers qu'il cite se réunissaient à Ostabat. De là, les voyageurs passaient à Roncevaux où existait un hôpital fondé par Charlemagne, et atteignaient Pampelune et Puente-la-Reyna.

Je ne m'occuperai que du quatrième chemin du *Codex*, celui de Paris à Saint-Jacques, passant par Bordeaux.

Le *Codex* mentionne les étapes, les localités intermédiaires, le nom des provinces et le caractère des habitants. Certains passages, que je me permettrai de reproduire, ont été traduits par M. Adrien Lavergne.

L'auteur va de Blaye à Bordeaux en bateau. De Bordeaux, le pèlerin du XIIe siècle passe par Belin, se rend à Ostabat, ensuite à Roncevaux, etc.

Il a dû suivre les traces de la voie romaine directe de Bordeaux à Dax.

Mais peut-être qu'à cette époque, la voie directe, passant par *Coeoso*, dont j'ai indiqué l'emplacement, n'existait plus. « Les riverains, dit M. Alfred Maury (1), ne se faisaient pas faute d'arracher du pavé romain, encore subsistant, les pierres dont ils avaient besoin..... Les plus osés allaient jusqu'à intercepter complétement la route qui, déviée forcément de son ancienne direction, était rejetée dans des parties parfois inaccessibles et inutilement allongée. C'est ce qui explique les courbes, qui ne tardèrent pas à faire d'anciennes voies originairement rectilignes. Ce déplorable état de choses se continua pendant des siècles..... ».

De Labouheyre, un autre chemin se dirigeait directement vers Bayonne.

D'après l'itinéraire de la *Nouvelle Guide* (1583), la route par Ostabat et Roncevaux, indiquée par le *Codex*, avait été abandonnée pour celle de Bayonne.

On lit dans l'*Itinéraire de la Chanson des Pèlerins* : « *A l'Eperon, qui veut tirer à Navarre, faut prendre à main gauche et passer la Biscaye* ».

C'est donc à partir de Lesperon qu'on se rendait encore vers Roncevaux en passant par Dax. Il existait à Lesperon, sur le bord de la route, en face du château Dubedout, où se trouvait l'ancienne poste, une chapelle des pèlerins dont j'ai vu les ruines du temps de ma jeunesse, et qui

<hr>

(1) *Revue des Deux Mondes. Les voies romaines en Italie et en Gaule*, 1er juillet 1855.

figure sur la carte de Cassini, feuille 138. Sur cette carte, on voit que c'est sur ce point que les deux routes se séparaient, que l'une se dirigeait sur Castets, et l'autre, en ligne droite, sur Taller, Gourbera et Dax. L'hôpital de Kiyo se trouvait sur ce chemin, et Cassini y figure sur sa carte la *chapelle ruinée* (1).

(1) En 1351, Sancho Lopez d'Uriz, sergent d'armes du roi de Navarre, Charles le Mauvais, était parti de Pampelune pour se rendre à Bordeaux, où il avait été envoyé en mission. Il suivit le même itinéraire. J'extrais des *Documents des Archives de la Chambre des comptes de la Navarre*, publiés et annotés par un jeune savant landais, M. Jean-Auguste Brutails, archiviste de la Giro: (1890), p. 75 et 75, les passages suivants de l'itinéraire suivi par Sancho Lopez.

COMPTE DES DÉPENSES D'UN MESSAGER ENVOYÉ A BORDEAUX

« Mercredi, darrenier jour de mars, l'an LXI, partit Sancho Lopis d'Uriz de Pampelune, pour aler à Bordeaux savoir nouvelles certaines de la venue de monseigneur de Navarre et ylluec atendre sa dicte venue et faire la assavoir à monseigneur le cardenal et à monseigneur l'infant, et dire à mon dit seigneur le Roy plusieurs choses de bouche que ce par eulx ly avoient esté enchargés et avoit le dit Sancho, avec soy 1 vallet, 11 chevaulx.

« Receut le dit Sancho pour le dit voyage faire, par la main du trésorier de Navarre, L florins.

DESPENSE :

« Le dit mercredi pour ferrer les deux chevauls, vi sols carlins.

« Item, pour appareller les selles et les brides et 11 seangles nueves, vi s.

« Item, à la disnée à la Rrassoigne : pain, 111 d. ; item, vin, 1111 d. ;

« Item, 1 quartier de chevrel, x 1 d. ; item, item *(sic)*, les chevauls, c'est assavoir à chascun deux mesures d'avoine...... *(effacé)* ; item, au giste à Roncevaulx, pain 111 d. ; item, vin, x11 d. ; item, char, x11 d. ; item, les chevauls, vi s. ; item, bele chère, 111 d.

« Somme du jour : xxvi s. x d. carlins ; valent 11 florins, 11 sous, x deniers.

« Jeudi, premier jour d'avril, disnée et giste à Saint-Jehan : pain tout le jour, x11 d. ; item, vin tout le jour, 1111 s. ; item, char tout le jour, 1111 s. ; item, les chevauls jour et nuit, v111 s.

« Somme du jour : xv11 s. x d. carlins : valent 1 florin et v s. carlins.

« *Le deux avril, Sanche Lopez dîna à Ostabat, où il mangea « troites » ; c'est à Sordes qu'il s'arrêta pour coucher ; il y mangea encore des truites (c'était un vendredi).*

« Samedi, 111ᵉ jour d'avril, disner à Aqs en Gascoigne : le passage des 11 bateaux,

En remontant plus haut, je vois sur la carte du Béarn, de la Bigorre, etc., par Guillaume Delisle (1712), plusieurs chemins qui sillonnaient les Landes. A Lesperon, je remarque que le chemin qui vient de Bordeaux se dirige presque en ligne droite vers Bayonne, et qu'un embranchement, partant de ce lieu de Lesperon, passait par Taller, *Cassiets ?* et Dax. C'était l'ancien chemin des pèlerins. Du lieu de Cassiets, qui se trouvait sur le territoire de Gourbera et près de la chapelle de Piye, un autre chemin se dirigeait vers Laluque, Bos, Rion, etc.

Le même chemin direct de Lesperon à Dax, par Taller, figure sur la carte de France par Charles Inselin (Jaillot, 1713, sur la carte des postes de France, par de Fer (1788), sur la carte de France de Lorent (1787).

Enfin, sur une carte du département des Landes, décrété le 15 février 1790 par l'Assemblée nationale, divisé en quatre districts et vingt-cinq cantons (1791), on voit la route partant de Lesperon (poste), passant par Taller (poste), et arrivant à Dax.

Si l'on trace sur la carte d'état-major, qui est la plus

a gros de Flandre ; item, pain au disner, ii gros ; item, vin, vi gros ; item, poisson, demi-merluz fres, vi gros ; item, noisettes, ii gros ; item, bele chère, ii gros ; item, les chevaulx, iii mesures, ix gros.

« *Il passa la nuit à Laharie, qu'il appelle* « la Harine ». *Le 5 avril, dimanche, il continua son voyage, dîna à Lipostey, couchant au Barp, qu'il appelle* « le Barberel » ; *le lendemain, il arrivait à Bordeaux.....*

« ..... *Au retour, Sanche Lopez suivit le même itinéraire ; il partit le 10 mai et passa au Barp et à Lipostey ; le 11 à la Tale, où il compte trois gros* « que j'avoie beu..... pour la chaleur », *à Laharie et à Dax ; le 12 à Sorde, à Ostabat ; le 13 à Saint-Jean et à Roncevaux ; le 14 à Larrasoaña et à Pampelune ; il dîna dans cette ville le 15 et alla coucher à Olite. Il avait dépensé, outre les cinquante florins reçus au départ, quarante-six florins et quatre sous ».*

M. A. Brutails pense que le lieu dit *la Tale* devait se trouver aux environs de Laboubeyre. Ce nom ne figure pas sur la carte de Cassini ni sur celle de Belleyme. Je remarque le lieu de *la Boire*, situé aux abords du bourg de Laboubeyre.

détaillée et la plus exacte, une ligne droite entre le châ
teau Dubedout et la ville de Dax, cette ligne passera par
la métairie de *Kiyo*, où se trouvait l'hôpital.

Le paysan picard Manier avait suivi ce chemin en 1726
pour aller visiter Dax. De Lesperon, il est passé par *Talin*
(Taller), *Gorberat* (Gourbera) et par *Erm* (Herm).

Comme le fait remarquer M. de Bonnault d'Houët, en
allant de Gourbera à Herm il faisait un détour inutile
pour revenir à Dax, mais il a voulu sans doute parler
d'une partie du territoire de la paroisse d'Herm qui se
rapproche du chemin des pèlerins.

De Dax à Bayonne, il a suivi le chemin d'Alaric, par
Mées, Rivière, Saubusse, Saint-Jean-de-Marsacq, Saubrigues, Saint-André et Saint-Martin-de-Seignanx. Ce che
min est indiqué sur la carte du Béarn par Delisle (1711).

Je ne puis dire si, sur la plaine de Taller et aux alen
tours de la Fosse-Guimbaud (Kiyo), Guillaume Sanche a
remporté sa victoire ; mais s'il faut en croire la tradition,
le fait paraîtrait vraisemblable.

Le chemin direct de Lesperon à Dax, passant par Kiyo
et Taller, était encore fréquenté vers le commencement du
XVIIIᵉ siècle. Je trouve dans les Archives de Dax (BB, 15),
la relation suivante relative à la première entrée en ville
de Mgr Dandigné, évêque de Dax (16 mars 1734) :

« Le sixième mars mil sept cent trente-quatre, messire
François Dandigné, seigneur eveque Dax, fit son entrée
en cette ville. Les magistrats députèrent le jour avant
devers luy, en la paroisse de Lesperon, maison de M. Dus-
sault, conseiller au Parlement, les sieurs Galin, 1ᵉʳ jurat
et Ducasse, syndic, pour luy présenter les respects de la
communauté. Et le lendemain étant partis avec le prélat,
ils prirent le devant à Taller pour assister avec les autres

magistrats à la cérémonie de sa réception à la porte Notre-Dame, où ils se rendirent en corps revêtus de leurs robbes et chaperons, precedez du greffier aussy en robbe et des sergens de ville avec leurs casaques, banderolières et hallebardes qui y attendirent le prélat, lequel étant arrivé dans une cheze revetu de son camail, rochet et bonnet carré, mit pied à terre pour recevoir le compliment des magistrats, M. Dargoubet, maire, le harangua et le prelat y repondit par un discours trez éloquent.....

« ..... Il sera observé que les magistrats avoient fait mettre la trouppe bourgeoise sous les armes puis la porte Notre-Dame jusqu'au palais épiscopal, qu'à l'entrée du prélat le canon tira et les cloches des églises et de l'hôtel de ville sonnèrent, et avant son arrivée M. St-Pée, lieutetenant du Roy, à la tête de la noblesse et des jeunes gens de la ville, au nombre d'une trentaine ou davantage, feut au devant du prelat jusqu'à la lande de Saint Paul, prez Gourbera, ou ayant rencontré le prelat, mirent tous pied à terre pour le saluer; le prelat ayant descendu de sa cheze pour recevoir le compliment et y etant remonté, toute la cavalerie marcha au devant de sa cheze jusqu'à l'entrée de la ville..... » (1).

Je reprends mes itinéraires à partir de Bordeaux. Ce passage des pèlerins faisait fructifier le commerce de Bordeaux, mais les Anglais exigeaient des voyageurs des

(1) D'autres évêques et hauts personnages suivaient la même route pour se rendre de Bordeaux à Dax. C'est ainsi que l'évêque Guillaume Le Boux, du diocèse d'Angers, arriva à Dax le 24 juillet 1630. Bertran de Compaigne lui dédia, en 1631, son *Diptiche des evesques Dacqz*, dont je possède un exemplaire. Guillaume Le Boux permuta, en 1657, l'évêché de Dax contre celui de Périgueux. A propos de cette permutation, ses amis disaient que Le Boux était né gueux, qu'il avait vécu gueux et qu'il voulait Périgueux (périr gueux) (*Histoire de la Gascogne*, par Monlezun, t. VI, p. 538).

droits très forts. Il arrivait souvent que de Bordeaux les pèlerins se rendaient à la Grande-Sauve pour recevoir des mains de l'abbé le bâton et la panetière bénits.

Le *Codex* de Compostelle vante les environs de Bordeaux, où l'on a en abondance d'excellent vin et du poisson. Mais, ajoute t-il, la langue est rude, plus rude que celle de la Saintonge (1).

Des Landes, les *Chansons des Pèlerins* et le *Codex* nous font un tableau bien différent. Il semble que l'auteur des chansons ait traversé ce pays pendant les temps humides de l'hiver, et l'auteur du *Codex* pendant un été sec.

Voici le quatrième couplet de la *Grande Chanson des Pèlerins de Saint-Jacques :*

> Quand nous fûmes dedans les Landes,
> Bien étonnés,
> Nous avions de l'eau jusqu'à mi-jambes,
> De tous côtés,
> Compagnons nous faut cheminer,
> En grandes journées,
> Pour nous tirer de ce pays
> De si grandes rosées.

De son côté, le *Codex* s'exprime ainsi :

« Puis viennent les landes de Bordeaux. Pour les traverser, il faut trois jours de grandes fatigues. Cette terre est dépourvue de toutes bonnes choses : on n'y trouve ni pain, ni vin, ni viande, ni poisson, ni fontaines ; les habitations sont rares ; c'est une plaine de sable. Cependant, elle produit en abondance du miel, du millet, du panis et des porcs à bois. Si vous traversez ce pays en été, protégez soigneusement votre visage contre les mauvaises mouches,

(1) *Codex*, p. 11.

les guêpes et les taons, qui abondent dans la contrée. Il faut prendre garde aussi à bien poser son pied sur le sable marin qui couvre le sol, pour ne pas enfoncer jusqu'au genou » (1).

Voici l'itinéraire de la *Nouvelle Gaide* (1583), reproduit par M. le baron de Bonnault d'Houët :

Bordeaux, v. arch.................... i l. R. *Repeue.*
Port de mer........................
Le petit Bordeaux.................... ii l.
L'hospital *(L'Hospitalet, prieuré peu avant Belin)*.................... iiij l. R.
La Tricherie *(poste à 2 kilomètres au delà de Belin)*.................... ii l.
Le Mutat *(le Muret)*.................... ii l.
Pontet *(Liposley)*.................... ii g. (giste).
Herbe-fanée *(sic)* *(Labouheyre)*.................... ii l.
L'hospital sainct Antoine *(chapelle Saint-Antoine)*.................... ii l.
La Ferme *(La Harie)*.................... ii l. R.
L'esperon *(Lesperon)*.................... ii l.
Castel *(Castets)*.................... ii l.
Mattieque *(Magescq)*.................... ii l.
Sainct Vincent *(de Tyrosse)*.................... iiij l.
Hondres *(Ondres)*.................... iiij l.
Bayonne, v. ch.................... ii l. R.
Sainct Jean de Lux.................... v l. g.

Voici maintenant l'itinéraire de la *Chanson des Pèlerins*, depuis Bordeaux jusqu'à la frontière espagnole, que M. Adrien Lavergne a trouvé imprimé à la suite d'un recueil de cantiques daté de 1718 :

(1) *Codex*, p. 11. — *Les chemins de Saint-Jacques*, par Adrien Lavergne, p. 37-38.

Ici est la fin du Royaume de Frances.

M. l'abbé Cirot de la Ville indique les premières étapes de la manière suivante :

Bardanac. — A cinq kilomètres de Bordeaux, hôpital pour les pèlerins.

L'abbé Beaurein dit, en parlant de l'hôpital de Bardanac, établi dans Talence : « Le chemin de la poste de Bordeaux à Bayonne, anciennement appelé le chemin Romiu, c'est--à-dire des pèlerins, borde cet ancien hôpital ».

Cayac. — A cinq kilomètres de Bordeaux. Hôpital situé sur le chemin de Bordeaux à Saint Jacques-de-Compostelle, tenu par les chevaliers de Saint Lazare au XIII° siècle, et plus tard devenu prieuré des Chartreux. — *Var. Bordelaises*, t. 4, p. 146. — *Notice sur le prieuré de Cayac*, par Ferd. Leroy.

Le Barp. — A 23 kilomètres de Cayac, hôpital de Saint-

Jacques, doté au XIII° siècle par les seigneurs d'Albret et autres, devenu plus tard prieuré des Feuillants. — *Place de l'Ancienne*, où tous les pèlerins recevaient *la passade*. Chapelle du prieuré, aujourd'hui église paroissiale, voûtes en briques et à plein cintre. Toujours sur le chemin de Saint-Jacques, et à peu de distance, une chapelle de Notre Dame, maintenant détruite. — *Var. Bordelaises*, t. 3, p. 343. — *Notice* de M. Dutauzin, juge de paix à Belin (1).

Tous les pèlerins ne passaient pas par Bordeaux pour se rendre à Saint Jacques.

« Il y avait autrefois, dit Francisque Michel (2), un passage très fréquenté entre la côte de Saintonge et le Médoc. Une multitude de pèlerins faisait cette traversée pour se rendre, par la route des Landes, à Saint Jacques de Compostelle. On voit, par un titre du 8 septembre 1343, qu'à l'occasion du passage des pèlerins qui s'embarquaient pour la Saintonge, soit à Talais, soit à Soulac, communes limitrophes, il y eut entre les habitants de ces deux localités des conflits sanglants, dans lesquels plusieurs d'entre eux perdirent la vie. Il se trouvait, sur le bord du fleuve, au lieu de la Rundre, un hospice destiné à recevoir les pèlerins dès leur débarquement, et une autre maison de la même espèce dans la commune de l'Hôpital-de-Grayan, réunie aujourd'hui à celle de Grayan, dont elle a retenu le nom, paroisses placées au Midi des communes de Soulac et de Talais, et qui confrontent à l'Océan. Tout près de l'Hôpital, on rencontre encore un petit hameau nommé *Les Pèlerins*. De là, les pieuses caravanes de Saint Jacques se dirigeaient du côté des Landes,

(1) *Histoire de l'abbaye de la Grande-Sauve*, t, p. 408.
(2) *Histoire du commerce et de la navigation à Bordeaux*, t. 1er, chap. XXV, pp. 506 et 510.

par le Sercins, Vendays et Naujac, dans la commune de Gaillan. Ils continuaient leur route par Hourtin, Sainte-Hélène de l'Étang et Carcans. Arrivés en cet endroit ils pouvaient, par Brach, Sainte-Hélène-de-la-Lande et Saumos, gagner le Temple ou Saint-Sauveur, s'ils ne préféraient, toutefois, suivre la route de Lacanau et du Porge.

« De Saint Sauveur-du-Temple, ils se rendaient à Martignas, puis à Illac. Ils arrivaient bientôt au Barp, où ils trouvaient un abri dans un hospice fondé pour les pèlerins de Saint-Jacques, puis à Belin, qui leur présentait la même commodité dans une maison administrée par des frères sous l'autorité d'un prieur ».

M. l'abbé Baurein, dans ses *Variétés Bordeloises* (t. v^e, p. 343, 1785), parle en ces termes de la cure du Barp : « Les PP. Feuillans de Bordeaux, au monastère desquels le prieuré du Barp a été uni, sont curés primitifs et gros décimateurs de cette paroisse. Cette dîme fut donnée pour la dotation d'un ancien hôpital fondé en ce lieu, pour servir d'hospice aux pèlerins qui allaient à Saint-Jacques-de-Compostelle. Ces pèlerinages ont pris fin depuis longtemps. Quelque usités qu'ils aient été par le passé, on a enfin compris qu'ils n'étoient pas de l'essence de la vraie piété, surtout depuis cette sentence prononcée par un auteur des plus éclairés dans la vie spirituelle, *qui peregrinantur, raro sanctificantur* ».

M. l'abbé Cirot de la Ville parle ainsi des autres stations :

« *Hospitalet de Beliet*. — A près d'un myriamètre de Barp, hôpital et chapelle de Saint Antoine. — *Var. Bordelaises* et *Notice* de M. Dutauzin ».

« *Belin*. — A un kilomètre et demi de Beliet, prieuré du Passage, chapelle et hôpital. *Acte original de Grégoire de*

Saint-Sauveur, évêque de Bazas, en 1762, cédant au sieur Dupuy les restes de ce prieuré, entre les mains de M. Cazauvieilh, propriétaire actuel. Ruines d'un vieux pont sur la Leyre, entre le prieuré et l'hôpital, construit pour le passage des pèlerins. *Autre acte de Joseph de Gourgues, évêque de Bazas*, constatant l'existence de cette même chapelle de l'hôpital. — *Var. Bordelaises*, 5, 354. — *Notice de* M. Dulauzin ».

Le *Codex de Compostelle* parle de Belin et des reliques des guerriers de Roncevaux qu'on y vénérait :

« Dans les landes de Bordeaux se trouve un bourg appelé Belin ; on y doit visiter les corps des saints martyrs Olivier Gaidebod, roi de Frise (*Oliveri Gaidebodi, regis Phrisiæ*), Otger, roi de Dacie (*Otgerii, regis Daciæ*), Arastagne, roi de Bretagne (*Arastagni, regis Britanniæ*), Garin, duc de Lorraine (*Garini, ducis Lotheringiæ*), et de plusieurs autres guerriers de Charlemagne qui, après avoir vaincu les armées des païens en Espagne, furent massacrés pour la foi du Christ. Leurs compagnons d'armes portèrent leurs corps précieux jusqu'à Belin, où ils les ensevelirent pieusement. Ces reliques reposent dans le même tombeau ; il s'en dégage une odeur très suave qui guérit les malades » (1).

Jouannet (2) et l'abbé O'Reilly (3) font naître Éléonore de Guyenne, qui fut reine de France et d'Angleterre, au château de Belin, vers le commencement du XIIe siècle. Ils ont été guidés par la tradition.

Dans le *Compte rendu des travaux de la commission des monuments historiques du département de la Gironde, pendant l'année*

(1) *Codex*, pp. 43-44.
(2) *Statistique de la Gironde*, t, 1er, p. 213.
(3) *Histoire de Bordeaux*, t. 1er, p. 268.

1847-1848, p. 44, on reproduit trois chartes de Belin qui avaient été communiquées par M. Dulauzin, juge de paix.

Les priviléges de Belin étaient très anciens : « Les habitants duel, loc et juridiction de Belin sont franz et liberaux de totas questas, tailhas, manobres (corvées), de totas servitutz et subsides, ne a aucune exception ».

La fin de la charte d'Aliénor se trouve remplacée par les dernières lignes d'une confirmation que le roi Jean dut donner à Wesminster, le 30 mars 1200, l'an 1er de son règne, d'après le comput anglais qui faisait commencer l'année à Noël.

La seconde charte est une confirmation donnée par Édouard II, pendant la guerre de Galles, à Caernarvon, le jour de la fête de saint Pierre et saint Paul, qui était un jeudi, l'an 1284.

La troisième est une confirmation donnée par Philippe-le-Bel, pendant l'occupation de la Guyenne, le 9 mars 1302. Cette pièce est importante, en ce qu'elle complète la charte d'Aliénor, et fait connaître le cens annuel que la commune devait payer et qui se réduisait à un droit de onze livres bordelaises et six deniers.

Après Belin, M. l'abbé Cirot de la Ville (1) arrive à Mons :

« *Mons*. — A 3 kilomètres de Belin. Prieuré et chapelle. Ruines moitié romanes, moitié ogivales. — *Lettre de M. Dulauzin*. — *Variétés Bordelaises* ».

C'est en face de Mons et sur le bord de la route que se trouve *La Tricherie*, endroit indiqué par l'itinéraire des *Chansons*. Sur les cartes de Cassini et de Belleyme figurent l'*Hospitalet-Prieuré*, un peu avant d'arriver à Beliet, le

---

(1) *Histoire de l'abbaye de la Grande-Sauve*, 1, p. 509.

Prieuré après Belin, tout près de la Leyre, et *La Tricherie* en regard de Mons.

« *Muret.* — A un myriamètre et demi de Mons. Chapelle de construction ogivale. — *Idem, idem* ».

La cloche actuelle de Muret, annexe de Saugnac, porte l'inscription suivante : *Patrono divo Jacobo ecclesiæ parrochiarum sumtibus (sumptibus) confecta anno domini. 1779. Loulange fecit.*

« *Moustey.* — A 7 kilomètres de Muret, en s'éloignant un peu de la route actuelle des Grandes Landes et en regagnant les bords de la Leyre. Deux églises de construction ogivale dans le même cimetière. Ce fait singulier, qui indique un grand concours de pèlerins, est rendu par ces vers patois conservés, comme tradition, par les habitants du pays :

> « *Qu'ei tant courrut, tant birat,*
> « *Et n'ey troubat dus églises en un ségrat.*

« J'ai tant couru, tant tourné, et jamais je n'ai trouvé deux églises dans un cimetière ».

« De ces deux églises, l'une dédiée à saint Martin, en forme de croix latine, avec deux collatéraux, est l'église paroissiale ; l'autre, dite des *Pèlerins*, consacrée à la Sainte-Vierge, n'a qu'un bas-côté, 20 mètres de longueur sur 14 de largeur. Hôpital annexé à cette dernière église pour les pèlerins de Saint Jacques et léproserie. On y vient avec grand concours encore, le 29 mai, invoquer saint Yves qui y a un autel. — Lettres de MM. *Pondiq*, curé de Moustey, et *Desquerre*, curé de Magescq ».

M. Adrien Lavergne (1) dit que c'est à tort que M. Cirot de la Ville fait passer les pèlerins de Muret à Moustey

______
(1) *Les chemins de Saint-Jacques*, p. 43.

pour les faire revenir à Lipostey (*Le Porter* de l'itinéraire des *Chansons*). Il est vrai qu'on allonge de 7 kilomètres en faisant ce détour, mais il est probable que la deuxième église de Moustey, dite des *Pèlerins*, devait attirer un grand nombre de ces derniers.

M. l'abbé Mengelatte, dans son *Histoire de Sore* (1), prétend qu'une voie romaine partait de Bazas, passait par Sore et Moustey et allait rejoindre la grande voie romaine de Bordeaux à Bayonne à Lipostey.

Plus tard, les pèlerins suivaient cette même voie pour aller à Compostelle. On voit encore à Sore une maison qui porte le nom de l'*Hospital*, attenante à l'ancienne chapelle de Saint-Remy.

« *Lipostey* (2). — A près d'un myriamètre de Moustey, en revenant sur la route actuelle. Chapelle ogivale, annexe de Pissos, fondée sur des substructions romanes d'une église plus spacieuse ; tombeaux et médailles romaines ; cloche de 1210 ; statue en bois du XVe siècle. — *Var. Bordelaises*, t. v, p. 343. — *Notice de M. Dulauzin.* — *Lettre de M. Cazade*, curé de Pissos.

« *Labouheyre*. — A onze kilomètres de Lipostey, autrefois ville connue sous le nom d'*Herbefacerie*, avec remparts et portes ; elle portait encore ce dernier nom en 1523. — Couvent hospitalier de Carmes, dont une partie existe encore, fondé après 1150 pour les pèlerins de Saint-Jacques. — *Notice sur la Bouheyre*, par Saintourens. — *Lettre de M. Dulzon*, curé de Labouheyre ».

D'après la tradition, l'évêché de Dax aurait été transporté, vers 900, à Labouheyre. C'est à cette époque que saint Léon, passant par Labouheyre, y convertit le sei-

(1) *Bulletin de la Société de Borda*, octobre-décembre 1890.
(2) *Histoire de l'abbaye de la Gr. -de-Sauve*, i, p. 510.

gneur *Argorus*. On aperçoit quelques vestiges de la voie romaine aux abords du bourg.

M. l'abbé Cirot de la Ville fait passer ensuite la voie par Mimizan, se basant sans doute sur la note de Baylac qui fait suivre ce chemin à saint Léon par le long de la mer, « chemin qui, dit Baylac (1), quoique non indiqué dans l'*Itinéraire*, d'Antonin, existait certainement du temps des Romains. Il est encore connu dans le pays sous le nom de *Camin Roumiou*. Il passait par Magescq, Linxe, Saint-Julien, Mimizan, et de là se dirigeait par deux branches, à l'Ouest sur la Bouheyre, au Nord sur la Teste-de-Buch ».

Alors même qu'un embranchement ait existé entre Labouheyre et Mimizan, les pèlerins, qui venaient de Bordeaux, n'avaient aucune raison pour faire un angle droit à Labouheyre et d'allonger leur parcours de 25 kilomètres. Il est plus naturel de croire qu'ils suivaient ordinairement la ligne droite pour arriver à Bayonne, c'est-à-dire la voie tracée par l'itinéraire des *Chansons*.

Pendant l'occupation anglaise, la Guyenne eut à souffrir beaucoup des sénéchaux : « Quand les réclamations étaient trop pressantes, les monarques anglais, craignant que les contrées ainsi pressurées ne finissent par leur échapper, intervenaient soit directement, soit par des commissaires spéciaux, pour réparer les injustices trop criantes et donnaient aux opprimés quelques satisfactions passagères. C'est ainsi que, le 16 septembre 1220, Philippe Uletot fut envoyé par Henri III pour faire rendre compte aux divers officiers qui administraient le duché (2). et le gardien de Labouheyre *(Herbe Faure)* reçut l'ordre de lui livrer le

---

(1) *Nouvelle chronique de la ville de Bayonne*, t. 1ᵉʳ, p. 14.
(2) Rymer, *Fœdera*, 1, p. 83, col. 2.

château de cette localité. Pour augmenter l'autorité de son représentant, le roi l'avait nommé sénéchal de Gascogne ; mais comme Philippe n'avait pas de force militaire à sa disposition, sa mission n'aboutit à rien, et il se vit remplacer par H. de Viven (1221) » (1).

Dans les Archives des Landes (AA. 1) on trouve les priviléges des habitants de la baronnie de *Herbafeyre des Lannes* (Labouheyre) concédés en 1437 par le sire d'Albret et la confirmation de ces priviléges par Henri, roi de Navarre.

Après Labouheyre, on trouvait l'*Hôpital Saint-Antoine*, situé dans la paroisse d'Escource, à deux kilomètres environ de la route actuelle. C'était le siége d'une commanderie. La chapelle Saint-Antoine figure sur les cartes de Cassini et de Belleyme.

On arrivait ensuite à La Harie et à Lesperon. C'est à Lesperon, comme je l'ai dit, que le chemin prenait deux directions différentes : celle de Dax et celle directe, qui se continuait vers Bayonne.

L'itinéraire de la *Nouvelle Guide* cite ensuite comme station *Castel* (Castels), et l'itinéraire des pèlerins, qui est plus récent, indique un endroit portant le nom d'*Orly*. Ce nom d'Orly ne figure ni sur la carte de Cassini ni sur celle de Belleyme. On a cherché à identifier le nom d'Orly avec celui d'Orliac, métairie située au nord du bourg de Castels et à 1,700 mètres environ de la route qui, de Lesperon à Castels, est tout à fait rectiligne. Mais je suis de l'avis de M. l'abbé Foix (2) ; je n'approuve pas cette identification. Orly doit être inventé par quelque étranger de passage.

---

(1) Rymer, *Fœdera*, 1, p. 85, col. 1. — *Revue de Gascogne*, mai 1891. — *Les sénéchaux anglais en Guyenne*, par M. l'abbé Tauzin.

(2) *Les chemins de Saint-Jacques*, par M. Adrien Lavergne, p. 45, note 3.

Le nom d'Orliac appartenait à une famille qui n'était point de ce pays. Sur l'*Annuaire de la noblesse* (1868, p. 217), je lis qu'une dame Orliac, de la Magistère (Tarn-et-Garonne), a demandé d'ajouter à son nom et à celui de ses enfants le nom de son père, afin de s'appeler à l'avenir Orliac de Labastide.

Le chemin des pèlerins passait ensuite à Magescq, désigné sous le nom de *Mattirque* par la *Nouvelle Gride* et par l'itinéraire des *Chansons*. Au lieu de Magescq, je vois écrit le nom de *Mathieque*, sur la carte *Aquitania australis*, par Gerard Mercator (1630).

Il existait à Magescq un hôpital pour les pèlerins de Saint-Jacques, ainsi que la chapelle. Sur leurs ruines on a élevé une *croix de l'hôpital* (1).

M. l'abbé Foix déclare que l'hospice n'existait plus au XVIIe siècle et qu'à la croix de l'hôpital se trouve le cimetière actuel (2).

Les pèlerins passaient à Saint-Vincent de-Tyrosse, où existait encore un hôpital, et allaient rejoindre à Ondres le chemin du littoral. Ils arrivaient ensuite à Bayonne.

---

(1) *Histoire de l'abbaye de la Grande-Sauve*, I, p. 511.
(2) *Les chemins de Saint-Jacques*, p. 45.

CHEMIN DU LITTORAL

I

Comme je l'ai déjà dit, il existait une ancienne voie romaine bordant le littoral de *Lapurdum* (Bayonne), à *Noviomagus* (Soulac), passant par *Boïos* et rencontrant la voie de Dax à *Mosconum* (Mixe).

Les pèlerins de Saint-Jacques ont dû suivre plus tard cette voie du littoral qui a pu être déplacée à cause de la transformation des dunes et des étangs.

M. Francisque Michel (1) fait arriver le chemin des pèlerins, qui part de Soulac, au Barp. Il est très probable que les pèlerins suivaient plutôt, à partir de Carcans, la route qui passe par Lacanau, le Porge, Lège, Arès, Andernos, Audenge, Biganos et La Teste (Boïos), où ils rejoignaient la voie romaine allant sur Bordeaux. Sur la carte de Belleyme on voit, près d'Audenge, la *chapelle Saint-Yves* et, entre Audenge et Biganos, *Comprian, Prieuré*, et plus en deçà, *la Tour de la Mothe ruinée.*

Avant d'arriver à *Losa* (Louse), quartier de Sanguinet, on voit figurer, sur les cartes de Cassini et de Belleyme, une maison dite des *Pélegrins*, et sur le bord de l'étang de Parentis, le *quartier de la Hille.*

La carte de Belleyme indique près de Sainte Eulalie « *le Pourjeau où étoit anciennement le bourg* », et près d'Aureilhan, le « *lieu où étoit anciennement l'église* ».

(1) *Histoire du Commerce et de la Navigation à Bordeaux*, t. 1er, pp. 507-510.

Entre Sainte-Eulalie et Aureilhan, M. l'abbé Départ (1) signale des groupes de mottes entourées de fossés, qui semblent avoir servi de postes pour surveiller et protéger la voie.

On arrivait ensuite à Mimizan *(Segosa).*

J'ai déjà parlé de l'antiquité de Mimizan. Je vais encore ajouter quelques nouveaux renseignements.

Mimizan a eu une grande importance pendant tout le moyen âge. Dans le *Compte rendu des travaux de la commission des monuments et documents historiques pendant l'année 1849-50,* on trouve insérés les priviléges de Mimizan. Cette ville avait son établissement municipal, ses coutumes et ses franchises.

On trouve encore dans les *Ordonnances des rois de France,* par le comte de Pastoret, t. xv, pp. 630-631 : *Approbation et confirmation des ordonnances et coutumes de la ville de Mimizan ; autorisation de retranscrire, en forme authentique, celles qui se trouvent déchirées ou effacées par défaut de soin ou par le temps,* consenties à Acqs, par Louis XI, en mars 1462, à la suite desquelles on trouve celles de 1271 (2).

---

(1) *Bulletin de la Société de Borda,* 1884, pp. 147-148.

(2) Voici le texte de cette ordonnance :

« Edouard Ier, Roi d'Angleterre, à Lesperon, le 14 décembre 1271 :

« Edwardus, Dei gracia, Rex Anglie, dominus Hibernie et Dux Acquitanie,
« omnibus ad quos presentes lictere pervenerint, salutem. Noverit universitas
« vestra quod cùm nos a burgensibus communitatis de Mimisano exercitum contra
« Gastonem vicecomitem Bearnensem, sive ab aliis locis Vas... : peteremus,
« ipsi se non teneri ad exercitum pretendentes, nobis, ad susten...onem guerre
« quam contra dictum Gastonem haberemus, ducentas libras Burdegaleases et
« mera sua liberalitate et gracia concesserint : nos itaque volentes quod de dicta
« liberalitate nullum debeant incommodum futuris temporibus reportare, pro
« nobis et heredibus nostris eisdem concessimus quod hujus modi concessio eis vel
« eorum heredibus ad consequenciam non trahatur, dum tamen ad exercitum de
« jure vel de consuetudine minime tenerentur ; in cujus rei testimonium has
« presentes licteras fieri fecimus patentes. *Datum apud Lesperon xiiij, die decembris,*

On lit dans la *Notice d'un manuscrit de la Bibliothèque de Wolfenbüttel,* par MM. Martial et Jules Delpit (Paris, imprimerie royale, 1841, p. 76, le passage suivant :

« Les habitants de la commune de Mimizan (Landes) comparaissent le 22 avril 1273 devant les commissaires royaux et reconnaissent qu'ils tiennent en fief, du roi. la ville de Mimizan et toutes leurs possessions, et lui doivent à raison de ce fief trois cents sous d'or morlants de rente. Le chiffre élevé de cette rente, rapproché des renseignements contenus dans un autre acte de notre manuscrit, peut servir à donner une idée du changement opéré dans l'état de la commune de Mimizan depuis le XIIIᵉ siècle. Aujourd'hui petite ville du département des Landes, perdue au milieu de sables impraticables, elle devait être alors riche, peuplée et visitée par de nombreux étrangers, puisque non-seulement elle pouvait payer au roi une rente de trois cents sous d'or morlants, mais encore que les redevances dues par les jongleurs qui la traversaient avaient été jugées assez considérables pour être données en fief. Dans l'acte auquel nous voulons faire

« anno regni nostri secundo ». — (Edouard Iᵉʳ monta sur le trône d'Angleterre l'an 1271. Philippe III était monté sur celui de France en 1270).

Il est question dans cette ordonnance, datée de Lesperon (Landes), du vicomte de Béarn, Gaston VII, lequel bâtit le château de Moncade, à Orthez. Il guerroya longtemps contre Henri III et Edouard Iᵉʳ, rois d'Angleterre ; mais, vaincu en 1275, il fut obligé de se rendre à la cour de ce dernier, lui demander pardon la corde au cou. — (*Les Anglais en Guyenne,* par Brissaud, 1875, p. 38).

On sait que la Gascogne eut à souffrir beaucoup de la cruauté et de la tyrannie de Simon de Leicester. Elle se souleva et Gaston VII devint le chef de l'insurrection. Amanieu VI, sire d'Albret, qui habitait Labrit (Landes), prit le parti des révoltés. Il fut puni, car, à deux reprises différentes, 1250 et 1251, Simon de Leicester traversa avec ses troupes toute la contrée des Landes qu'il réduisit et s'empara du château de *la Crotte,* situé entre Tressac et Pissos. — (*Notice sur les origines de la maison d'Albret,* par Luchaire, 1873, p. 24).

allusion, W. de Monos énumère au nombre de ses fiefs la jonglerie de Mimizan ; c'est-à-dire, selon nous, le droit de percevoir certaines redevances sur les jongleurs qui passaient dans cette ville. Aux termes de l'acte, le sire de Monos n'avait que la quatrième partie de ces redevances, pour lesquelles il devait au roi le serment de fidélité, l'hommage et un épervier de cens, payable à la fête de l'Assomption, ou, s'il n'avait pas d'épervier, dix livres de cire. Ce document, l'un des plus anciens que l'on puisse citer sur l'inféodation des droits de jonglerie, atteste le développement que cette institution avait pris dans le Midi de la France dès le milieu du XIII⁰ siècle. Il fallait, en effet, que les jongleurs s'y fussent déjà multipliés d'une manière remarquable, pour que le quart des redevances qu'ils étaient obligés de payer en traversant Mimizan eût été donné en fief par le roi ».

Dans la foule des pèlerins, il se trouvait donc en quantité des jongleurs, auxiliaires du commerce. C'étaient des joueurs d'instruments qui se joignaient aux troubadours et qui étaient soumis à des droits de parcours. Ils étaient mieux traités à Paris, suivant le droit qui leur avait été octroyé par Louis IX. Ils pouvaient payer le péage du petit Pont avec un couplet de chanson.

Le 25 juillet 1281, le roi d'Angleterre donnait à Pierre Analh de Podensac la permission de faire construire sur l'étang de Mimizan, ou ailleurs, entre l'étang et la mer, un moulin avec autant de roues que Pierre Analh le voudrait (1).

De Mimizan à Bias, le chemin portait, dans les vieux actes, le nom de *Chemin de Notre-Dame, chemin qui va à*

____

(1) Archives de la Gironde, t. VII, p. 35.

Bordeaux. Sur la carte de Belleyme, on remarque sur le bord du chemin, après *Archus* et tout près de Bias, l'emplacement d'une *chapelle.*

Les Hospitaliers de l'Ordre de Malte possédaient dans la paroisse de Lit la seigneurie de *Cunelis* (Contis) ; dans celle de Sainte-Eulalie, le territoire de *Gessis.* Ils percevaient aussi les dîmes de Parentis et de Sanguinet. Au sujet de la paroisse de Lit, le commandeur avait intenté un procès. « Il prétendait que sur ce territoire l'hôpital possédait la chapelle de *Chiquemine* et que le curé devait venir y dire tous les ans la messe, le jour de la Sainte-Madeleine. L'enquête prouva que la chapelle dont parlait le commandeur n'était plus qu'une ruine où il était impossible de célébrer les offices ; les vassaux consentirent à ne pas obliger le commandeur à la reconstruction de cette chapelle et à se rendre, pour le service divin, à l'église paroissiale de Lit, *devant l'autel où est l'image de sainte Magdelaine* (1589) » (1).

Arrivés à Mixe *(Moscanum)*, lieu où s'embranchait la voie romaine qui se dirigeait sur Dax, les pélerins traversaient Saint-Girons, Vielle, Léon, Maa, Moliets, Messanges, le Vieux-Boucau, Soorts, Capbreton et Ondres, où ils rencontraient la route qui se dirigeait directement de Bordeaux sur Bayonne. Ensuite, les deux routes se confondaient jusqu'à Bayonne et traversaient Tarnos.

Parmi les possessions des Hospitaliers de l'ordre de Saint-Jean, dépendant de la commanderie de Bayonne, on remarque les paroisses de Saint-Jean-de-Marsacq, de Saint-Jean-d'Azur. Tarnos avait aussi un hôpital de l'ordre

(1) *Histoire du Grand Prieuré de Toulouse,* par M. A. Du Bourg, 1883, p. 435. — Arch. Lit. L. 1.

de Malte et payait les dimes à la commanderie de Saint-Esprit (1).

L'église du *Bourel*, près Capbreton, était encore possédée par les chevaliers de Malte. Sur la carte de Cassini, feuille 139, on voit écrit *Bourelle commanderie*.

M. l'abbé Foix, curé de Laurède (Landes), après avoir fait des recherches dans les vieux actes et parcouru les lieux, pense que le chemin du littoral ne passait plus par Léon vers les XVII⁽ᵉ⁾ et XVIII⁽ᵉ⁾ siècles ; qu'il avait abandonné le tracé de la voie romaine pour prendre la direction d'Escalus et de Saint-Michel. De ce dernier point, il se dirigeait sur Azur, le tuc de la Mothe, contournait l'étang de Soustons, pour revenir au pont de *Roubin*, près du Vieux-Boucau, rejoindre le *chemin Bayonnais*, marqué, sur le plan cadastral de Soustons, passant par Capbreton.

Je remarque que le chemin de Saint-Michel-Escalus à Azur figure sur la carte de Cassini, feuille 138, et que sur le bord de ce chemin se trouvent l'*Espurant* (probablement l'*Espiton*, suivant un acte de 1380), l'*Angelus* et d'autres maisons dont les noms ne figurent pas sur la carte d'état-major.

————◆∔✳∔◆————

(1) *Histoire du Grand Prieuré de Toulouse*, par A. Du Bourg, p. 435.

VOIE DE LA SAUVE A CAPBRETON

I

On sait que l'*Abbaye de La Sauve* était le point de départ pour les pèlerins qui se rendaient à Saint-Jacques et qui venaient d'une partie de la France et de l'étranger. Il arrivait très souvent que les pèlerins s'embarquaient à Capbreton, ou bien, au retour, ils débarquaient à Capbreton, port très fréquenté formant l'embouchure de l'Adour, où ils pouvaient se reposer à l'hôpital du Bouret.

M. l'abbé Cirot de la Ville (1) décrit les principales étapes qui se trouvaient sur cette voie. Il cite Langoiran, le Port de Tourne, Portets, Saint-Selve, Saint-Michel de Bourideys, Captieux. Je vais le suivre à partir de Captieux vers Capbreton. Les stations qu'il mentionne et qui ont été également décrites par M. l'abbé Parliac (2) sont les suivantes : Captieux, l'Hôpital, Lucbardès, Mont de Marsan, Rion, Gourbera, Saint-Vincent-de-Xaintes, Saint-Jean-de-Marsacq et Capbreton.

« *Captieux*. — A deux myriamètres de Saint-Michel de Bourideys : prieuré et hospice ; maison bâtie sur les ruines du prieuré et qui paye une rente annuelle à l'hôpital de Bazas ; Captieux commence le chemin que les habitants du pays appellent *lou Laussal* ou *lou camin dous Saints Jacques*. C'est une chaussée de trois mètres au moins de largeur, s'élevant à un mètre au-dessus du sol de la lande

(1) *Histoire de l'abbaye de la Grande-Sauve*, t. Ier, p. 505.

(2) *Histoire de Saint-Jacques*, etc., p. 187.

aride qu'elle traverse pendant un espace de trois myriamètres. Nous l'avons suivie et reconnue avec soin dans toute sa longueur. — *Lettre de M. Labarrère,* curé de Sore ».

« *L'Hôpital.* — Dans le diocèse d'Aire, paroisse de Lencouacq, à un myriamètre de Captieux. Le chemin dont nous venons de parler y aboutit. Restes d'une grande chapelle voûtée, ogivale, construite en pierre ferrugineuse et en tuile, avec de la pierre de Brocas à la base et aux angles ; hôpital et prieuré. Restes de tours romaines. — *Idem* ».

C'est à l'Hôpital, situé à l'extrémité de la paroisse de Lencouacq, que se trouvait l'importante commanderie de Bessaut, de l'ordre de Saint-Jacques-de-l'Épée. Amanieu, archevêque d'Auch, institua, en 1228, cet ordre militaire pour assurer les chemins et pour protéger les pèlerins qui se rendaient à Compostelle. La commanderie de Bessaut date du XII° siècle. On aperçoit encore les ruines de l'hôpital et de la chapelle.

Exgarcie de Navailles, qui s'illustra par ses exploits contre les Maures d'Espagne, sous la conduite de Sanche Abarca, roi de Navarre, nomma pour son exécuteur testamentaire Centulle, vicomte de Béarn, en 984. Ce sont les exploits d'Exgarcie et de ses successeurs qui ont fondé dans la maison de Navailles l'hérédité de la commanderie de Bessaut, dans les Landes, de l'ordre de Saint Jacquesde-l'Épée, pour services rendus à la religion et à l'État (1).

La chaussée qu'on avait établie entre Captieux et l'Hôpital, pour éviter les eaux stagnantes qui couvraient le sol des Landes, est encore visible sur une assez grande étendue.

(1) *Annuaire de la pairie et de la noblesse de France,* de Borel d'Hauterive, 1845, p. 220.

Près de l'église de Lencouacq, les pèlerins avaient bâti une petite chapelle dédiée à saint Loup, qui n'existe plus. Au pied des ruines de cette chapelle se trouve une fontaine. C'est encore un lieu de dévotion, et les populations voisines vont la visiter le jour de la fête de saint Loup.

Sur la *Carte d'une partie de la généralité de Bordeaux*, par Jaillot (1695), je vois écrit, entre *Capcioux* et *Lencoac*, le mot *Besseau*. Sur la *Carte du gouvernement de la Guyenne*, par Sanson (1699), c'est marqué *Bessault*. Sur la carte de Cassini, n° 106 et sur l'atlas de Belleyme, feuille 46, je remarque l'Hôpital et, à côté, le nom de *Bessaut*, et près de l'église de Lencouacq, le lieu de *Saint-Loup*.

« *Lucbardès*. — A deux myriamètres de l'Hôpital, chapelle et prieuré dépendants de la Sauve, dont les possessions s'étendaient dans Lencouacq, Belis, Maillères, etc. — *Mss. du P. Du Laura*, p. 617.

C'est dans un manuscrit du Père Du Laura que M. l'abbé Cirot de la Ville a puisé plusieurs renseignements. Le Père Du Laura était un religieux de la congrégation de Saint-Maur. Il a écrit, en 1683, l'*Histoire de l'abbaye de la Sauve-Majour Entre-deux-Mers, divisée en cinq livres et comprenant la Vie de saint Gérard*. Ce manuscrit in-4° était la propriété de Mgr l'archevêque de Bordeaux (1).

« *Mont-de-Marsan*. — A un myriamètre de Lucbardès, hôpital de Saint-Jacques, fondation des vicomtes de Marsan, très ancien et dépendant de la Sauve. — *Gallia Christ.*, t. 1, *Eccl. Adurensis*, col. 1187 ».

A partir de Mont-de-Marsan, il existait une autre voie de terre pour les pèlerins de Saint-Jacques qui allaient rejoindre les autres voies à Ostabat. Ce chemin traversait

____

(1) *Histoire de la Grande-Sauve*, t. 1er, xxvii.

Saint-Sever, Hagetmau, Sault-de-Navailles, Orthez, etc.
Mais pour ceux qui voulaient aller s'embarquer à Capbreton, M. Cirot de la Ville fixe l'autre étape à Rion, d'après le manuscrit du Père Du Laura.

« *Rion*. — Près de Tartas, à 2 myriamètres et demi de Mont-de-Marsan. — Chapelle de la Sainte Vierge, dépendante de la Sauve. — *Mss. du P. Du Laura*, p. 618 ».

La distance de Mont-de-Marsan à Rion dépasse de beaucoup celle portée dans l'itinéraire. Il devait certainement y avoir une station intermédiaire et cette station ne saurait être que Saint-Yaguen, qui se trouve sur la ligne droite entre Mont-de-Marsan et Rion. Saint-Yaguen (*Santiago*, nom de Saint-Jacques de Compostelle) a pour patron Saint-Jacques Majeur. Les pèlerins devaient s'y arrêter.

D'après la tradition, l'église, fort ancienne, qui a été incendiée par les huguenots, avait appartenu à une abbaye ou prieuré. Il existe trois fontaines qui ont chacune leur légende et un culte particulier. La plus importante se trouve du côté de Suzan. Chaque année, la paroisse de Saint-Yaguen va en procession vénérer cette fontaine; elle est aussi fréquentée par les habitants des autres communes depuis un temps immémorial.

Après avoir traversé Beylongue, les pèlerins arrivaient à Rion.

Rion (*Arions*, d'après les anciennes cartes), formait une baronnie enclavée dans la vicomté de Tartas. *Lo Loc d'Arrions et la Gleysa* sont désignés dans un acte portant trêve, en date du 22 avril 1407 et qu'on trouvera plus loin. L'église gothique, sous le vocable de saint Barthélemy, est très ancienne. Le portail surtout est remarquable.

Dans la séance du 4 mai 1889, M. Dufourcet, président de la Société de Borda, a rendu compte à cette Société d'une excursion archéologique qu'il a faite à Rion-des-Landes en compagnie de MM. Taillebois, Georges Camiade et l'abbé Beaurredon.

« L'église Saint-Barthélemy, dit-il, comme toutes celles de la contrée, a été romane avant de devenir gothique. Il reste de la première un portail très remarquable, auquel un architecte bordelais a ajouté un porche et un clocher dont le style, chose rare, est en parfaite harmonie avec celui de la partie conservée. La nef et l'un des bas côtés sont du XV⁰ siècle ; l'autre côté est de construction récente, mais très correcte.....

« Le portail de l'église Saint-Barthélemy de Rion est d'un type très en honneur au commencement du XII⁰ siècle. Trois rangées de pieds droits, séparées par deux colonnes, de chaque côté, supportent un égal nombre de voussures ornées de torsades, de palmettes, de bandelettes, d'étoiles et de tores ; toutes ces moulures classiques entourent un tympan, plus classique encore, sur lequel est sculpté le Christ docteur dans un médaillon, ayant à ses côtés les quatre Évangélistes, représentés par les quatre animaux de l'Apocalypse, appuyés chacun sur un *volumen*. Seulement, comme cela arrive souvent, le sculpteur a transformé le lion de saint Marc et le bœuf de saint Luc en deux dragons ailés ; l'ange de saint Mathieu et l'aigle de saint Jean ont conservé leur forme traditionnelle.

« Le soubassement et les bases des colonnes sont conformes aux règles architecturales de l'époque, et les quatre chapiteaux sont des plus remarquables. Le premier, à gauche en regardant le portail, représente *Daniel dans la fosse aux lions*, et celui qui est à côté, le *Massacre des Innocents* et la *Fuite en Égypte*. Les deux qui se voient à droite sont encore mieux traités : sur l'un est figurée la *Présen-*

latins au temple avec le vieillard Siméon et Anne la prophé-
tesse ; sur l'autre se trouve un personnage assis sur un
banc, rompant une galette et paraissant manger ; à sa
droite, deux jeunes gens semblent prendre la fuite, poursuivis par une bête féroce ; à sa gauche, une femme
assise tient sur ses genoux un vase ; un dragon lui parle
à l'oreille. M. Beaurredon a vu avec raison dans ce groupe
le prophète Elisée, les enfants qui l'insultaient dévorés
par des ourses, et la femme de Sunam qui lui donna à
manger et dont il renouvela miraculeusement la provision
d'huile. M. l'abbé Pédegert croyait y voir une scène de la
vie de Tobie, et le P. Labat trouvait dans l'ensemble des
quatre chapiteaux la représentation des vertus par lesquelles on va à Dieu et des vices qui en éloignent. Pour
lui, le vieillard assis du quatrième chapiteau ne serait ni
Tobie, ni Elisée, mais simplement la personnification de
la prudence *« qui sedens computat »*, dit l'Ecriture. L'opinion de M. Beaurredon paraît plus acceptable (1).

« La cloche est une des plus anciennes du diocèse,
après celle de Sarbazan, décrite récemment par M. l'abbé
Besselière. Elle est contemporaine de celle de la cathédrale
de Dax, qui malheureusement a été refondue dernièrement, et son inscription, en caractères gothiques du XVe
siècle, contient la première phrase de la salutation angéli-
que *« Ave, Maria gratia plena »* avec les trois initiales S. N. C.
Celle de Dax avait tout l'*Ave, Maria,* plus ces mots : *« Te
Deum laudamus »* quatre fois répétés..... ».

(1) Il y a des sculptures de bas-reliefs et de chapiteaux qui, même sous le
rapport de la forme, ne sont pas à dédaigner. On peut mettre de ce nombre les
sculptures du tombeau de sainte Quitterie, à Aire, et celles des chapiteaux des
vieilles églises de Rion, dans les Landes, et de Saint-Sever-sur-l'Adour. (Quelques
notes sur les sculptures des chapiteaux de l'époque romane, etc., par l'abbé Besselière.
— *Bulletin de la Société de Borda,* 1889, p. 335, note).

L'église de Rion a dû servir de forteresse sous la domination anglaise et pendant les guerres religieuses. Un mur d'enceinte très épais et percé de créneaux formait le cimetière qui entourait l'église et à côté duquel était adossé un monument très élevé qui existait encore il y a une cinquantaine d'années.

A une centaine de mètres plus au midi de l'église, il existe encore un petit monument gothique religieux composé de quatre arcades ogivales du même style que celles de l'église et ayant la forme d'un porche. On s'y rend tous les ans en procession, le jour des Rameaux. Sous ce porche existe une simple croix en bois qu'on appelle *Crouts arresmivo*. On a pratiqué des fouilles dans l'intérieur et on n'a trouvé que des pierres de taille superposées formant un piédestal.

M. Dufourcet pense que c'était le porche d'un cimetière et que ce cimetière entourait une église, aujourd'hui disparue, placée sous le patronage de saint Martin.

Non loin de là existait un tumulus qui se trouvait près de Cocosa, sur la voie romaine directe allant de Bordeaux à Dax, dans lequel on a découvert des sarcophages.

Le patron de l'église de Rion a été, je crois, de tout temps, saint Barthélemy. J'ai en mains deux testaments libellés à deux époques très rapprochées. L'un porte la date du 3 novembre 1646. Le notaire s'était transporté « en la paroisse de Rion, quartier de Saint-Martin, lieu appelé *Coucbey* », pour recevoir le testament d'un sieur de Bellegarde.....

Il débute par les formes ordinaires de l'époque :

« Par devant moi, notaire royal..... a esté en sa personne Jean de Bellegarde..... lequel estant en son lict malade toutesfois en ses bons sens, mémoire et parfait entendement, considérant la brieveté de ceste vie et qu'il ny a chose au monde plus certaine que la mort ni incertaine que l'heure d'icelle, voulant pourvoir au salut de son ame et a la disposition quil a plu a Dieu lui donner en ce monde a voulu faire son testament non cupatif en la forme suivante. Premierement a recommandé son ame a Dieu le pere tout puissant luy suppliant tres humblement que par la mort et passion de son filz Jesus Chrispt, Nostre Seigneur il lui plaise faire misericorde et apres quil luy aura plu sepparer son ame daverq le cors la colloquer au royaume celeste de paradis avec les bien heureux. Implorant a ses fins les suffrages et intercessions de la benoiste vierge Marie et la dicte separation ainsi faicte de sa dicte ame et corps voult et entend le dit testateur que son dict cors et quadavre soit inhumé et ensepvelly dans le sepmittiere de leglise saint Martin du dict Rion au lieu ou ses predecessours ont accoustumé detre inhumés et ensepvellys...,. ».

L'un des temoins était « Maistre Bernard de Caveres prestre et vicaire du dict Rion ».

Il existe bien encore, dans la commune de Rion, le qu..... de Saint-Martin, mais on n'aperçoit aucune ru..... aucun vestige d'église ou de chapelle.

Peut-être bien existait-il à cette époque dans l'église actuelle un autel dédié à saint Martin et qu'une partie du cimetière était destinée à ensevelir les morts de ce quartier Les maisons principales de cette paroisse possédaient, d'ailleurs, dans l'enceinte du cimetière, des concessions, des endroits reconnus et marqués, servant de sépulture à leurs membres.

Le second testament est du 27 décembre 1658. Le notaire s'était transporté « ... 'n paroisse de Rion, quartier de

Saint-Martin, au lieu appelé *A Herbé* » pour recevoir le testament de Catherine de Lasserre, habitante du dit Rion. « ..... veut et entend la dite testatresse que son corps ou cadavre soit mis et ensépullié dans le cepmitiere de l'église de Saint-Bartholomy du dict Rion..... donne, laisse, lègue la dite testatresse à la chapelle de Nostre-Dame de l'église du dit Rion quatre livres pour être employées à la réparation d'icelle ».

Cette chapelle de Notra-Dame, qui dépendait de la Sauve, d'après le manuscrit du Père Du Laura, existait-elle dans ce monument séparé de l'église actuelle et qui a été démoli il y a cinquante ans, ou bien près du porche qu'on remarque encore aux abords du bourg ?

On voyait autrefois des porches détachés des églises. On ne voit dans l'ancien bas-côté de l'église que l'autel de la Sainte-Vierge. Ce bas-côté a une porte particulière et communique à la nef par de grandes arcades. Était-ce ce bas-côté qui formait la chapelle ? Je l'ignore et ne puis découvrir la clef du mystère » (1).

(1) Voici le contrat de fondation d'une mission pour la paroisse de Rion, de quinze ans en quinze ans, 22 octobre 1715 :

« L'an 1715, le 22 octobre, au bourg de la paroisse de Rion et dans la maison neuve et noble de la demeure de Maubarrette, après midi, par devant moi notaire royal soussigné, présens les témoins bas nommés, a été présente et constituée en sa personne Marie de Maubarrette, demoiselle, habitante du présent bourg, laquelle de sa franche et agriable volonté, donne purement et simplement, par donation entre vifs et à jamais irrévocable, la somme de 800 l. une fois payée, argent comptant et sonnant, à M. Mauriol, prêtre de la congrégation de la mission et supérieur de la maison de Notre-Dame de Buglose, ici présent et acceptant ; afin que le revenu d'icelle somme soit employé par M. Mauriol et ses successeurs à faire une mission à frais et dépens, de quinze ans en quinze ans, dans l'église paroissiale de Saint-Barthélemy de Rion, à commencer au carème prochain ; laquelle mission sera faite par trois prêtres pour le moins et y emploieront l'espace de trois semaines chacune, pendant lequel temps ils procheront, catéchiseront et entendront les conférences de tous ceux qui se présenteront, non seulement de la

M. l'abbé Cirot de la Ville continue ainsi la désignation de sa voie de pèlerinage :

« *Gourbera*. — A 16 kilomètres de Rion, petite chapelle, aujourd'hui tout-à-fait détruite, sur une hauteur entre Gourbera et Dax, où les pèlerins s'arrêtaient. — *Lettre de M. Dumas*, curé de Buglose ».

J'ai déjà parlé de cette chapelle dans ma description des voies romaines. Elle existait près du lieu dit de *Pige*. Seulement, la distance entre Rion et Gourbera est plus grande que celle portée par M. l'abbé Cirot de la Ville.

« *Saint-Vincent, près Dax*. — A un myriamètre de Gourbera, prieuré appartenant à la Sauve. — *Mss. du P. Du Leuru*, p. 618 ».

« *Saint-Jean-de-Marsacq*. — A un myriamètre et demi de Saint-Vincent ; église soumise à la Sauve dès le temps de saint Gérard. — *Mss. du P. Du Leuru*, p. 619.

« *Cap-Breton*. — A 13 kilomètres de Saint-Jean-de-Marsacq. Port pour les pèlerins. — *Lettre de M. Dasquerre*, curé de Magescq ».

Pour aller de Gourbera à Capbreton, le chemin le plus direct était de passer entre les communes de Magescq et de Saint-Geours-de-Maremne, par Tosse et Soorts. Si les pèlerins faisaient un détour par Saint-Vincent et Saint-Jean-de-Marsacq, c'est parce que ces localités avaient des prieurés ou des églises appartenant à la Sauve et qu'on

paroisse de Rion, mais encore des paroisses voisines ; et, à la fin de chaque mission, il sera fait un service solennel pour la bienfaitrice et selon ses intentions ; à quoi M. Mauriol, prêtre, s'engage pour lui et ses successeurs, et, pour cet effet, promet de faire ratifier le présent acte à M. le supérieur général de la congrégation, en déduction de laquelle somme de 800 l. M. Mauriol déclare que la communauté en a reçu celle de 500 l. que ladite demoiselle leur avait prêtées ».
— (*Saint Vincent de Paul dans ses rapports avec la Gascogne*, par un prêtre de la Mission, 1885).

associait presque toujours le culte de saint Jacques à celui de la Sainte-Vierge.

L'habitude des pèlerinages de Compostelle se ralentit beaucoup dans les deux derniers siècles. Les routes n'étaient plus encombrées d'une véritable armée de pèlerins. Des abus et des scandales se commettaient dans le cours de ces voyages. Il fallait une autorisation de déplacement de l'évêque et du lieutenant général de la province. Des édits portaient défense d'aller en pèlerinage, et des peines très sévères furent édictées contre ceux qui enfreignaient ces ordres.

La Colonie écrivait, en 1760, à propos de l'hôpital Saint-Jacques de Bordeaux :

« La dévotion du pèlerinage est si usée, qu'à la réserve de quelque mendiant qui se sert de ce prétexte pour avoir plus de charités, on ne s'aperçoit plus qu'il en passe un » (1).

Dans l'intérêt aussi de la politique, les pèlerins étaient assujettis à demander l'autorisation.

Dans le mois de septembre 1649, un sieur Duz, arrêté à Saint-Jean-de-Luz faute de passeport, écrit à M. d'Artagnan, lieutenant du roi. Il a fait vœu d'aller en pèlerinage à Saint-Jacques. C'est par ignorance qu'il a péché, dit-il. Il demande à continuer son voyage. Les bayle et jurats de Saint-Jean-de-Luz répondirent à M. d'Artagnan : « S'ils ont arrêté M. Duz, c'est qu'il leur semblait extraordinaire qu'il allât en poste à Saint-Jacques » (2).

Les pèlerinages lointains cessèrent donc dès le dix-septième siècle. Pour faire de tels voyages, disait un

(1) *Histoire curieuse et remarquable de la ville et province de Bordeaux*, 1760, in-12, t. I, pp. 160-163.

(2) Archives de Bayonne, II, 90.

pèlerin du XVI° siècle, Gabriel Giraudet, du Puy : « Premièrement, faut avoir trois bourses : l'une soit pleine de fervente dévotion, la seconde de patience, et la tierce d'or et d'argent » (1).

On prit ensuite l'habitude d'aller aux eaux, de faire des voyages d'agrément, soit en Italie, soit dans d'autres pays, pour visiter les monuments et admirer les paysages.

A part la route suivie par la poste pour aller de Bordeaux à Bayonne par les Grandes Landes, dont je vais faire un article spécial, et quelques autres chemins que j'ai déjà décrits, on remarque encore sur les *Cartes du Béarn et du Bordelais*, par Guillaume Delisle (1712-1714) :

La route de Bayonne à Peyrehorade, avec embranchement de Saint-Martin-de-Seignanx sur Dax ;

La route de Bayonne à Bordeaux, par les Grandes Landes, avec embranchement de Saint-Vincent-de-Tyrosse sur Dax ; cette route, passant par Tartas, se prolonge vers Mont-de-Marsan, Roquefort, Bazas, etc. C'est la route nationale actuelle, n° 10 ;

La route de Tartas à Mont-de-Marsan, passant par Carcen, Saint-Yaguen, Ousse, Suzan, Geloux, Campet ;

La route de Mont-de-Marsan à Sabres, par Brocas et Labrit ;

La route de Rion à Sabres, passant par Arjuzanx ;

La route de Sabres à Bordeaux, qui rejoint la route des postes à Les Taules, passant par Pissos, Belhade, Mano, Hostens.

----

(1) Giraudet. *Discours du voyage d'outre-mer......*, 1595, in-8, p. 7.

ROUTE DE BAYONNE A BORDEAUX
PAR LES GRANDES LANDES — LES POSTES

I

J'ai décrit le chemin des pèlerins qui se rendaient directement de Bordeaux à Bayonne. Cette voie a été aussi suivie par les armées, parce qu'elle était la plus courte. On a vu qu'Édouard Ier, roi d'Angleterre, rendit une ordonnance, en 1273, pendant qu'il se trouvait à Lesperon.

En 1344, le comte Derby, après avoir débarqué à Bayonne, traversa les Grandes Landes et suivit cette route avec ses troupes pour se rendre à Bordeaux et préparer sa campagne de Guyenne.

Pendant le moyen âge, cette route, comme toutes les autres d'ailleurs, n'était pas sûre. Les seigneurs féodaux, qui étaient obligés de veiller à la sûreté des voyageurs, étaient quelquefois les premiers à les dépouiller.

« En 1328, Edward II signalait au sénéchal de Gascogne, Olivier de Ingham, le château ou motte qu'Amanieu d'Albret avait fait construire près Lesperon, dans les Landes, à peu de distance du chemin de Bordeaux à Bayonne, comme un repaire dont les hôtes dressaient des embuscades aux passants et les maltraitaient. (*Rot. Vasc.*, 19 et 20. Ed. II, m. 4). Le roi ne désigne pas d'une façon particulière les pèlerins de Saint-Jacques ; mais il est à croire que ces pieuses caravanes fournissaient des victimes au châtelain du seigneur gascon..... » (1).

Cet Amanieu d'Albret était fils de messire Amanieu d'Albret, et on lit dans les titres d'Albret, t. 1er, des Archives de Pau (A-CC), et dans l'*Armorial des Landes*, par le baron de Cauna, t. III, p. 11, le passage suivant :

« Achapt des paroisses de l'Esperou, d'Arrast et d'Arion faict par messire Amanieu, sire d'Albret, de Amanieu Ramond, vicomte de Tartas, pour la somme de vingt cinq mille livres sols mort, et y sont descripts par le même, touttes les rentes des dictes paroisses avec le nom des tenanciers. Fait le treizième jour du mois de may mil trois cent cinq, cotté K, 2 ».

Les seigneurs exigeaient des voyageurs un péage quand ils traversaient leurs seigneuries. Les droits dépassaient la mesure ; aussi le commerce souffrait-il de cet état de choses (2).

---

(1) Francisque Michel. *Histoire du commerce et de la navigation à Bordeaux*, I, 517, note.

(2) Voici quelques passages des *Coutumes d'Acqs*, concernant le *péage* :

I

« Celui qui passe sans payer le péage, ou alleyer, encourt la peine de soixante sols tournois, si mieux n'aime perdre la marchandise.

II

« Les marchands sont tenus payer ou alleyer au lieu accoutumé ; et s'ils passent outre led. lieu, ils sont dits avoir encouru la dite peine......

V

« Ouie la plainte du commun peuple, de l'exaction qu'aucuns des seigneurs du pays faisoient pour raison de certain prétendu péage, sous nom de rodage et bâtage : c'est que d'un cheval bâté sans charge, prenoient et exigeoient, pour raison du bât, certain devoir, et quand il étoit chargé de marchandise, exigeoient non tant seulement le péage pour raison de marchandise, mais aussi d'avantage pour raison du bât, certain autre devoir : et pour une charrette vuide passant par le chemin public et royal, exigeoient certaines sommes de deniers pour le rodage,

En 1367, le célèbre Du Guesclin, vaincu et fait prisonnier par les Anglais à la bataille de Navarette (Espagne), fut conduit à Bayonne et de là à Bordeaux. On lui fit suivre le chemin des Grandes Landes.

Les seigneurs d'Albret étaient originaires de Labrit (Landes), où ils avaient la principale résidence. Pleins de ruse et de hardiesse, ils aimaient les aventures, se livraient au pillage et offraient indifféremment leurs services soit au roi de France, soit au roi d'Angleterre. Ce ne fut qu'en 1368 que la maison d'Albret se rallia définitivement au roi de France, Charles V. Ce roi donna sa belle-sœur, Isabelle de Bourbon, en mariage à Arnaud Amanieu, sire d'Albret.

Le 19 mai 1383, le roi d'Angleterre et le sire d'Albret signèrent une trêve pour cesser les hostilités pendant trois années. Ce document a été reproduit dans les *Archives historiques de la Gironde*, t. III, p. 278.

Dans ces mêmes *Archives*, t. 6, p. 216, on trouve le texte d'une nouvelle trêve accordée, le 22 avril 1407, par le séné-

---

et quand la charrette était chargée de marchandise, outre le péage dû pour raison de la marchandise, exigeaient led. prétendu droit de rodage, et plusieurs autres exactions sous titre de péage de nouveau indûment faites par lesd. seigneurs, à la foule du pauvre peuple et sujet du Roi, lesd. défiances dud. commun mises en délibération dud. États, par avis et délibération d'iceux, a été ordonné que dorénavant par coutume sera faict et prohibé ce qui s'ensuit jusques à la fin du titre.

VI

« L'on n'est tenu payer péage, ni autre subside pour bétage ou rodage, soit en conduisant marchandise ou non.

VII

« Chacun péager est tenu faire un tableau et le tenir sur le chemin public et apparent, au lieu où il lève le péage, afin que chacun le puisse voir et savoir ce qu'il devra payer, etc. »

chal de Guyenne aux seigneurs du Bordelais et du Baza-
dais, qui tiennent le parti du seigneur d'Albret (1).

(1) Voici cet acte :

« Nos Gualhard Durffort, senhor de Duras et de Blanquafort, senescau de Guiayne per nostre tres sobiran senhor lo rey d'Anglaterra et de Fransa, saber fazem a totz, que nos, per advis et deliberacion deus conselh deu Rey nostre deyt senhor, existents a Bordeu, habem donat et autreyat, donam et autreyam, per la tenor de las presents, bon et segur pati et soffrensa de guerra, per nos et per la ciutat de Bordeu, per lo senhor de Monferran, per lo senhor de Castetn, per lo senhor d'Uza, Gardona (il y a ici, dans le texte, un renvoi à la fin de la page, où on lit : Gardona), et per totz lurs gens, companhons et locs, et per totz los barons, nobles, capitaynes, castellans, prohoms, mayres, comunes, baylas et gens de ciutat, bilas, borcs, castetz, locs, fortalessas et totas autras gens d'armas et garnisons campestres et plat pays de la hobediensa deu Rey, nostre deyt senhor, estantz en lo pays de Bordales ; per la bila de Liborna et de tota sa castelania, per las bilas de Sent-Melion, de Borc, de Blaya et lurs castelanias, per lo loc et castet de Fronsac et per sa castellania, et generalament per totz locs, bilas, castetz et fortalessas, plat pays, estantz en lo deyt pays de Bordales, cum deyt es, et, en outra, per los locs de Lairac, Roquetalhada, Bilandraus, Pomeys, Faugueyrolas, Roassa, Puyons et Blasimon ; et per en Guilhem-Arnaud de la Mota, senhor deudeit loc de Roquetalhada, per lo senhor de Puchguilhem, et per totz lurs locs et fortalessas et pays campestres, per la prebostat, poder et senhoria de Barsac, et per lo loc de Cauquon, et per totz autres barons, nobles, capitaynes, castellans, prebotz, gens d'armas et autres, estantz et habitantz en los locz, plats pays, campestres et obertz, dessus deytz, deu pays de Bazadas.

« So es assaber a la terra et pays de la tres nobla et tres poyssanta dama la dama de Labrit (Marguerite de Bourbon, veuve d'Arnaud-Amanieu d'Albret) et de son filh, lo senhor de Labrit (Charles d'Albret, connestable de France), et a totas gens de sancta gloisa, barons, nobles, capitaynes, gens d'armas, armatz o desarmatz, castellans, comunas, prebostz, mayres, baylas et gens de ciutat, bilas, borcs, castetz, locz, fortalessas et a totas autras gens d'armas de garnisons, campestres et plat pays, lurs sotzmes, armatz ou desarmatz, et a totz lurs companhons, alliatz et adherens deijus nompnatz, ciutat et bilas reyaus, locus et fortalessas deijus plus a plen declaratz et a totz lurs sotzmes et de lurs poders, per pati et soffrensa semblant que lo senhor de Senta-Bazelha (François d'Albret, cousin du connestable), per ed et per totz sous locs et fortalessas et gens. Et ayssi medis, en nom de la deyta dama et de son deyt filh et per totz lurs companhons, alliatz et adherens et per totz lurs sotzmes et per las ciutat, bilas, castetz et autras fortalessas, deijus declaratz, dona et autreya a nos et a las terras, sotzmes et subgeytz doquetals estat, gran et dignitat que sian deu Rey, nostre deyt senhor, estantz et

« Gailhard de Durfort, seignour de Duras et de Blanquefort, sénéchal de Guyenne, de l'avis du conseil de
Gascogne, pour lui, la ville de Bordeaux, les seigneurs de

demorants en lo deyt pays de Bordales, bilas et locs de Basades, de la bebediance
dou Rey, nostre deyt senhor, dessus nompnatz.

« En saguen et las gens, bilas et casaus, locs, parropias et fortalessas, pays
oberts et campestres, que son de la dita dama de Labrit et doudeyt senhor de
Labrit, son filh, et doudeyt senhor de Sancta-Basilia, autres adherens, companhons et alliatz de la deyta dama et doudeit son filh, desquoaus en general dessus
es fayta mencion, losquaus nos, senancant sos deyt, entendem enchudir en lo present pati et enferensa.

« Premeyrament la ciutat de Basas et tota la prebostat de Basades.
« La bila de Sent-Macari.
« La bila de la Reula.
« La bila de Mestagar.
« La bila de Saubaterra.
« Lo loc de Noyrac.
« Lo Puy-Paraguelha.
« Lo loc de Nauret.
« Lo loc d'Andiran.
« Lo loc de Casderoa.
« Lo loc de Labardat.
« Lo loc de Braza.
« Lo loc de Calouna.
« Lo loc de Paugueyrelha.
« Lo loc de Montguilhard.
« Lo loc d'Estanau.
« Lo loc de Duranna.
« Lo loc de Sent-Julian de Capartias au Farguiss.
« Lo loc de Casuras en Lausrange.
« Lo loc dous Casot-Naus de Sarnea.
« Lo loc de Casauna.
« Lo loc de Sore.
« Lo loc de Belin.
« Lo loc de Salas.
« Lo loc de Labrit.
« Las locas de Sent-Magne, loc, Auztans, Leysans, Argelos, Naos.
« Lo loc de Pissas.
« Lo loc de Ranssion.
« Lo loc de Tartas.

Monferrand, de Casteya d'Uza et leurs adhérents, les villes
de Libourne, Saint-Emilion, Bourg, Blaye et leurs dépendances, les châteaux de Fronsac, Latrau, Roquetaillade,

« Lo loc d'Arrions et la gleysa.
« Lo loc de Lesperon et la gleysa.
« Lo loc de Milhan sobre Tartas.
« Lo loc de Gaamarda.
« Lo loc de Clarmont.
« Lo loc de Minhasta et la gleysa.
« Lo loc de Lussac.
« Sent-Ferme.
« Dialibol.
« Taussoda en Brassentz.
« Castet nau de Mamas et Mamas.
« Lo loc de Noalhan.
« Labuchac.
« Canboa.
« Larribeyra.
« Lo loc de Lixe.
« Castet en Dorta.
« Lo Sendat.
« Budos et totz los locxs deu senhor de Budos.
« Auros, Sauros et totz los locxs de Berard de Labrit.
« Maubezin et totz los locxs de Johan Ferran.
« Puypardin.
« Sentaman.
« Mourabeu.
« La mota Sent-Payssens.
« La tor de Kaussa.
« Lo loc de Barsanta.
« Lo loc de Laussinhan.
« Lo loc de Cassetgelos, am las Laguas et am la parropia de Couturas pres
Cassetgelos.
« Lo loc de Bilafranqua de Gayran.
« Lo loc de Puchs de Gontaut.
« Lo loc deu Mas-d'Agenes.
« Lo loc de Monpolhan et de Samazan.
« Lo loc de Milhan-Sobre-Garona.
« Le loc de Marserg.
« Lo loc de Boglon.

Villandraut, Pomiers, Fauguerolles, Rauzan, Puyols et Blasimon, etc., donne et octroie une trève et suspension de guerre aux terres et adhérents de la très noble dame

« Lo loc de Guot et de Labarta de Loutrange.
« Lo loc d'Alhas.
« Lo loc de Rameatz.
« Lo loc de Granhols.
« Lo loc ds Laroqua de Loutrange.
« Lo loc de Gironda.
« Lo loc de Bagas.
« Lo loc d'Arrions-Sobre-Garona.
« Lo loc de Puchaorman.
« Lo loc de Malenginh.
« Lo loc de Monbadon.
« Bilafranqua pres Puchaorman.
« Lo Puch de Chalus.
« Lo loc de Senta-Bazelha.
« Castetmarron.
« Geassac.
« Puy de Totz.
« Lasdaron.
« Buzet fius.
« Mazeret.
« Moncrabeu.
« Postos.
« Arribat.
« Puch-Puyos.
« Calinhac.
« Mouurt.
« Bertalh.
« Birac.
« Montquasain.
« Bilamaneta et tot Bolhoues.
« Lo Freicho.
« Lo loc de Causseux.
« La Montyoya et autres locs de Bernadet de Labrit.
« Sanishac.
« Balffada.
« Sancta-Ralha.
« Bilason.

d'Albret, de son fils et du seigneur de Sainte-Bazeille, en Bordelais. L'acte désigne individuellement les seigneurs et les localités.

« Sancta-Ralha per Arnaud-Amaniu de Sancta-Ralha.

« La Besquau et totz los locxs et terras deu senhor de Talhacauat.

« L'espitau de Monts pres de Belin.

« Teuchan.

« Ambrus.

« Caudeyras.

« Lo loc de Palagrua et senhoria de Resiagla.

« Piquon de Pelagrua.

« La Bastida.

« Castet-Amoros.

« Et a totas las senhorias, castellanias et poders et totas apartenenssas de locxs, claus et obertz, appartenentz a las deytes ciutat, bilas, locxs, castetz et plasses dessus deytes.

« Los adherens companhons et servidors son aquestes que s'en seguen :

« Prumeyrament Berard de Labrit, Ramon et Gualhard de Labrit, sous frays.

« Johan Ferran am sous filhs.

« Micheu de Labrit.

« Bernadet de Labrit.

« Thomas et Johan de Labrit.

« La dona au pays de Noalhan.

« Mossen Amaniu de Lana.

« Audriu de Budos am son fray.

« Lo senhor deu Sendat.

« Lo senhor deu Mont-Cassin.

« Lo senhor de Lissa.

« Lo senhor de Granolhs et la dona de Pis.

« Augeyrot deu Puy.

« Arenauton de Lussan.

« L'abat de Sent-Ferme.

« Lo senhor de Beumont.

« Lo senhor de Rassentxs.

« Lo senhor de Balffada.

« Lo senhor de Sancta-Ralha.

« Lo senhor de Balizac.

« Berneton de la Roqua.

« Amaniu de Lassus.

« Lo senhor de Talhacauat am sous filhs.

« Les deux parties s'engagent à ne donner aide ni
secours à ceux qui ne sont pas compris dans cette trève,
du jour de leur octroi (22 avril), jusqu'au dernier jour de

« Lo prior de Montz.

« Berdolin deu Feugas.

« Lo senhor de Casses-en-Dortas.

« Gualhardet de Pucha.

« Lo loc de Clarmont et Sos, losquaus son en las mantz de Berard de Labrit.

« Los senhors deu Freycho et de Tucham.

« Lo loc de Fornes ab tot son poder.

« Lo loc de la Roqua de Fornes ab tot son poder.

« Lo loc de Luzan.

« Lo loc de Francescas ab son poder.

« Lo loc de Damazan ab son poder.

« Lo loc de Senta-Fe ab tot son poder.

« Lo loc de Puch de Sent-Preme ab tot son poder.

« Lo loc de Sos ab sas appertenensas et poder.

« Lo loc de Jaulin.

« Et prometen et autreyan leyaumentz et a bona fé que per nos, ny per las
gentz sotzmes et subgeytz deu Rey, nostre deyt senhor, sian barous, nobles, capitaynes, gens d'armas, castellaus, comunas, prebotz, mayres, bayles, gens de
ciutat et autres sotzmes deu Rey, nostre deyt senhor, en lo deyt pays, ne lor
sera feyta guerra ni no seran assutatz, pres ni escalatz, de nuytz ou de joras,
aucun deusdeytz locs dessus nompnatz, ni no sera feyt tractat ni procurat mau,
destorby, dampnage ni empachament ausdeyt dama et senhor de Labrit ni audeyt
senhor de Sancta-Basellha, a lurs companhons, alliatz ni adherens, ciutat, bilas,
cassetz, locxs, terras et pays dessus nompnatz et declaratz, ni a lurs gens, terras,
ni pays de las deytas ciutat, bilas, borxs, castetz et fortalessas deu Rey, nostre
deyt senhor, de tot lo pays sobredeyt de Bordales, ni deus sobredeytz locxs et
caznetz et fortalessas estant en lo deyt pays de Bazades ; en foras no salhiran
gens ; ni en aquetz no se retreyran que los fassen, donen, tracten ni procuren mau
ny dampnatge, en cors ni en bens, per mar ni per terra, ni merqua ni contremer-
qua, de guerra ni autrament no lor sera feyta ni presa, en aucuna maneyra, pen-
dent et durant nostra present seguraranssa. Et si era la causa que aucuns sotzmes
de la obeddenssa deu Rey, nostre deyt senhor en tot lodeyt pays, biagos en contra ;
en aquet cas, prometen et autreyam, cum senescaut, de far restituir et esmendar
los dompnatges qui seran estatz datz, a nostre leyau poder, requesta feyta, a tota
leyau extimacion et certiffiquan nos de la bertat, et punir los malefeytors de la
punicion que si appartendra, segont lo cas. Et si era lo cas que aucuns autres que
no fossen d'aquet present pati ni asseguranssa, agnossan dampnayat los deyt dama

mai inclus (40 jours). Toutefois, la trêve ne commencera
que huit jours après pour les seigneurs de Pommiers, de
Roquetaillade et de Puyguilhem ».

II

En 1438, un chef de routiers d'origine espagnole,
Rodrigue de Villandrando, reçut l'ordre du roi Charles VII de vider les lieux ou d'aller « en frontière contre
les Anglois » (1).

et senhor de Labrit et lo deyt senhor de Sancta-Baselha o lur companhons, adherens o aliatz o en autre dessus declarat, per nos assegurat, o aucun de lor et pas-
sauen per lo pays deu Rey, nostre deyt seinhor, prometent a bonna fe que taus
no seran recebutz en aucun loc ni fortalessa de la hobedienssa deu Rey, nostre deyt
senhor, qui son de la present suffrenssa, ni secorrutz de biures, ni autrament
confortats en aucune maneyra. Laquau suffrenssa bolem que dure et aya babor et
fermetat de la data de las presentz entro au darrey jorn deu mes de may prumeyrament binent, tot lo darrey jorn enclus.

« Item, es estat ordenat que quant au senhor de Pomeys et au senhor de Reque-
talhada et au deyt senhor de Puchguilhem, la deyte suffrenssa commensse de huy,
qui es dibendres entro a huyt jorns, qui sera dibendres, lo sorelh levant, qui sera
lo biat et nau jorn deu mes d'abriu.

« Item, fo accordat que si aucuns de la part deus Fransies cabauguaban en la
part deu Rey, nostre dit senhor, et eran seguitz per autras gentz que edz, no lo
reculhiran ni recebran en lurs locxs ni fortalessas, ni no los deran cosselh, fauor
ni auctori, en aucuna maneyra.

« Et totas et senglas las causas susdeytes prometem et autreyam coma senescaut,
tenir et complir sens benir ni far benir en contra. Et en testimoniatge et a mayor
fermetat de las causas susdeytas, nos habem feyt metre a la present suffrenssa et
seguranssa lo saget de nostre office.

« Dadas a Bordeu, sotz lo saget de nostre deyt office, lo debendres bin et dos
jorns deu mes d'abriu, l'an de gracia cccc et sept ».

(Ici était le grand sceau encore rouge dont il ne reste que l'empreinte).

Cette pièce est déposée dans les Archives municipales de Saint-Macaire, liasse 26,
nᵒ 3, et a été communiquée par M. Virac.

(1) Montrelet. *Chronique*, p. 774.

« Cet homme estoit si méchant et cruel, que son nom est tourné en proverbe dans la Gascogne, et pour signifier un homme brutal et cruel, on l'appelle méchant Rodrigue » (1).

Il se concerta avec Poton de Xaintrailles et le sire d'Albret pour entrer en Guyenne. Ils pillèrent les environs de Bordeaux et tuèrent un grand nombre d'Anglais qui étaient sortis de la ville pour les arrêter. Villandrando, plein d'audace, s'empara ensuite de Blanquefort et de Castelnau.

« Pendant que Villandrando opérait en Médoc, le sire d'Albret, à la tête d'un corps de cavalerie qu'il faisait marcher sous la bannière du roi de France, ravageait les régions méridionales.

« Albret avait à se plaindre d'incursions faites peu auparavant sur ses terres par les gens du Bordelais et du pays de Dax ; il mit dans Tartas, qui lui appartenait, une forte garnison de gens d'armes, et de là, pendant près de deux ans, il porta, par représailles, la dévastation dans les pays d'alentour, faisant, dit un document contemporain, « une guerre horrible et déraisonable » où fut « grandement détruit le pays de la sénéchaussée des Lanes » (2).

Les habitants de la sénéchaussée des Landes adressèrent une requête au roi d'Angleterre contre les comtes de Le Bret et d'Armagnac, insérée dans la collection générale des documents français qui se trouvent en Angleterre et qui ont été recueillis et publiés par M. Jules Delpit, t. 1er. p. 258.

---

(1) Bonaventure de Saint-Amable. *Histoire de saint Martial*, etc., t. III, p. 701.
(2) *Histoire de la conquête de la Guyenne par les Français*, par Henry Ribadieu, p. 129.

Je crois devoir la reproduire ici (1).

(1)   CD. — Février 1440.

Requête présentée à Henri VI par les députés des deux états de la sénéchaussée des Landes.

Archives de l'Echiquier à Chapter-House ; documents étrangers, non catalogués. Bréquigny (t. LXXIII), avait rapporté de Londres une copie de cette pièce, mais son texte, tiré d'une transcription faite pour le supplément de Rymer, est tellement défiguré qu'il est pour ainsi dire impossible de s'en servir.

—

« Seguense les causes que lo seignor de Gramont, mosseignor Grassian Augeret de Sent-Per, lo clerc Daron Verdon demente (la copie de Brequigny porte : *lo Clerc de Varon Verdon*) expausseran a nostre tres sobiran seignor lo rey d'Angleterre et de France, duc de Guiayne, de partz los dus estats de la senescalcie de las Lanes :

« Premerementz humil et degude recomandation ;

« Item, cum per causes deu partit frances, deja pres sent hans ha, par los comptes d'Armanhac, de Labrit et autres lors adherents rebelles deu Rey nostre seignor alsebetz, los pays hobediens au Rey nostre dit seignor tant en Bordales quant en las Lanes, an pres et suffertat graus dampnages et destructions a lor irreparables per gardar lor leyautat et litgesse ;

« Item, cum arreparart los deits dampnages et destructions, las gens de Bordales et de las Lanes, an grevat a lor poder et metut a l'obediense deu Rey nostre seignor une grant partide de las terres que lodit seignor de Labrit tene et possede ;

« Item, cum per ventyansse d'asso lodeit seignor de Labrit, dus hans a passatz, ab grant companhe de roters de qui au conde de XIIII mili rossins, ab l'estandard deu Rey franses, es viencut en Bordales e en las Lanes et y a feit graus destructions de lors gens, bens et causes ;

« Item, que no content d'esso lodeit seignor de Labrit a metut une forte garnison de gens d'armes et autres, en lo loc de Tartas, et d'aqui en fore feyt guerre orrible et desresonable et grandement destruyt lo pays de la dite senescalcie de las Lanes ;

« Item, que los ditz dus estatz bedent las graus destructions deu pays hobedient au Rey nostre deit seignor an recorrut au tres haut seignor mosseignor lo compte de Huntinton, loctenent en Guiayne per lo Rey nostre seignor, luy pregan et suprian de remedi et provision a grevanse de lor de Tartas, enemis deu Rey nostre dit seignor, et a luy plagosse de dar par lor gobernador et capitayne lo noble mossen Thomas Rampston, cavaler, senescaut de Guiayne ;

« Item, cum lodit mosseignour de Huntinton autreya ausditz dus estatz de los tremete lodeit mosseignour Thomas Rampston, senescaut de Guiayne, ab reteau de c. homes d'armes et cccc. arches, et asso per meter lo setz à Tartas ;

« Item, losdeits dus estatz de la senescakie an tengut agatjatz en lo setj davant

Elle est, en effet, curieuse, comme le dit M. Jules Delpit, par les renseignements qu'elle donne sur les mœurs de l'époque et sur les faits relatifs à l'histoire particulière de cette province ; elle jette aussi quelque lumière sur les causes des événements qui s'accomplirent alors en Gascogne ; le siége de Tartas, la présence et le nombre des

Tartas, lodeit monseignor lo senescaut, ab lo nombre de gens susdeit, l'espasi de vi mes, pagan per homi d'armes xv frans et vii frans et miey, per archer ;

« Item, cum no contrestan so dessus, losdeits dus estatz, an tengut en lodeit setj, a lor costatje et despens oc homis d'armes et tres mili o peu, outre canons, engenhas volans, et autre artillherie, lo tot a lor dit costatge et despens ;

« Item, cum bedent lodeit seti, lodeit seignor de Labrit au preagut ensemps ab ley lo filh deu compte d'Armanhac, vescompte de Lomanhe, ab gran cop de gens d'armes, es vieneut en lo pays de Shelosne, obedient au Rey nostre deit seignor et apris los locx, et paropis ars, et destruyt deu seignor de Lescun, cum son Cotures, Audi... Sent Cecolome, Eyres et Coplut et d'autre, cutan far lhevar lodeit setj de Tartas ;

« Item, cum lodeit monsegnor lo senescaut per conselh de lasdites gens deusdits dus estatz, losqoaus aven estat deu comensament d'abost en tror à la fin deusdits vi mes complitz, agossan coneshensse qe lodeit setj no se pode plus continuar et qe lo dit loc de Tartas ere forsi et inparable et provedit de vivres, de qui a la feste de Sent-Johan prosminagvient, volens provedir a lor necessitat, au profit et utilitat deu pays et de tote la cause publique, ses accordat per lo meyan de notables gens, ab lodeyt seignor de Labrit et autre, ayssicum plus amplementz es contengut en los articles per cascune de las dites partides sageratz, los qoaus demustreran per forme de vidimus ;

« Item, demustreran la maneyre cum a cause deusdeits articles ses procedit tant a la reception et garda de Charles de Labrit, filh deudeit sseignor de Labrit et la maneire desson segrament feyt en las mangs deudeit monseignor lo senescaut et de la possessicion recebude de Tartas et segrement feyt per lae gens d'aquet loc et de Labrit, Sore, Cazenave et Alhas, juxta et segont la tenor deusdeits articles ;

Item, expauseran la grant destruction qe a cause de las guerres passades es estads en ladeite senescalcie et autre pays obedient au Rey nostre dit seignor ;

« Per que pregueran et supliqueran a la reyau magestat deu Rey nostre dit seignor qe lo placie de obrir los hulhs de pietat et de misericordie et prener tau partit en las causes susdites que si a laudor de Dieu et honor et proffit de la reyau magestat et consolation de ssondit pays et obediense, que pusquan damorar en pace et habitar deins lobediense deu Rey nostre dit sseignor.

« Per apres remonstreran au Rey nostre dit sseignor, cum lodit monseignor lo

routiers dans cette contrée. Cette requête porte la date de 1440. Mais, d'après M. l'abbé Gabarra (*Pontonx-sur-l'Adour*, p. 57), elle aurait été écrite en 1442, pendant que le siége de Tartas durait encore.

III

La guerre entre la France et l'Angleterre devenait de plus en plus acharnée. Les Français faisaient les plus grands efforts pour chasser l'étranger qui foulait le sol de notre pays.

En 1441, le comte de Hundington, lieutenant général du roi d'Angleterre, Edmond Beaufort, comte Dorset et Thomas Rampston, sénéchal de Bordeaux, vinrent faire le siége de Tartas avec leurs armées « canons, engins volans et autre artillerie ». Après six mois de siége, la garnison.

senescaut lo darer jorn deu mes d'ahost darren passat, meto et pauset lo seti d'avant la plasse de Tartas, la quoau per long temps avant ave destruyt et donat de grans dampnaiges a ladite senecalcie de las Lanes, ensemps ab los nobles et autres de la deite senecalcie aja sostengutz grans costatges, labors et tribalhs et y es estat nafrat et plagat per los enemix qui n'eren dins la plasse e ce es tant notabliement et vertuosement perportat que nostre dit sseignor lo Rey et totz los de sson pays part dessa liem tengutz et es digne de obtenir grande recompensation e..... persso supliqueram au Rey nostre dit sseignor que li placie l'aver per recomandat cum es de rason ;

« Item, cum segont se dit, lo Rey nostre dit sseignor aye feyt per avant donation de Tartas au dit mosseignor lo senescaut, supliqueran au Rey nostre dit sseignor que en lo cas que Tartas ere lo plus susdit remangne ab Charles de Labrit, quel placia far en autre part recompensation au dit mosseignor lo senescaut consideran las causes en lo procedant article contengudes.

« Et per mayor fermesse de les causes susdeytas avem sagerat per noue deus totz ab los sagetz dejus part nomatz.

« Lo loctenent deu senescaut de las Lanes (les sceaux de Bayonne et de Dax sont les seuls conservés en entier. Ils portent tous les deux les trois léopards), lo seignor de Lescun, lo seignor de Caunor, Bayone, Ax, Sent-Sever ».

qui s'était défendue courageusement, se rendit sous la condition que la place ne serait point secourue par le roi de France avant le 24 juin 1442. Le sire d'Albret, qui avait défendu la place avec la plus grande bravoure, avisa immédiatement Charles VII. Celui-ci arriva devant Tartas juste la veille du jour indiqué. Il venait du côté de Toulouse avec une armée considérable. Le sire de Cauna, auquel on avait confié la ville, voyant que celle-ci ne recevait point de secours des Anglais, rendit la place et fit serment d'être Français. Charles VII, après s'être emparé de Saint-Sever où il fit prisonnier le sénéchal de Guyenne, Thomas Rampston, alla assiéger Dax et, malgré la vive résistance de François de Montferrant, seigneur d'Uza et de Belin, sénéchal des Lannes, cette place fut prise d'assaut. Le siége dura six semaines. Le sénéchal des Lannes rendit aussi les châteaux de Bedos et de Sabres. Charles VI, au lieu d'attaquer ensuite Bayonne, était revenu vers le Nord et avait envahi l'Agenais. Dans le mois d'octobre suivant, les Anglais avaient repris la ville de Dax (1) et le pays des Landes rentra sous leur domination.

De toutes les places conquises, on ne conserva que celle de Tartas (2). L'heure de la délivrance n'avait pas encore

---

(1) *Chronique d'Enguerran de Monstrelet*, édit. de Douet d'Arcq pour la *Société de l'Histoire de France*, t. vi, p. 60 (Paris, 1862). « Pendant le temps dessus dit, les Anglois se assaillirent un certain jour, et, par moiens qu'ilz avoient, reprinrent la cité d'Aques en Gascongne sur les François..... Duquel le roy de France fut très mal content, pour ce qu'il avoit perdu si en haste et par malvaix soing ycelle cité, que asses largement avoit cousté au conquerre ».

(2) L'an mil cccc et xi, en lo mes de juni lo rey Karles de Fransa, mossen Loys dolfin de Viane son filh, am gran nombre de gens d'armas, venguerent à Tholosa on forent mandats los comtes de Foix et d'Armanhac que fossen aqui à Tholosa. Et axi fo; et aguerent parlament ab lors, secrets et estreyts. Et d'aqui en fora lo rey s'en tiret à Tartas; lo qual loc conquerit de las mas dels Ingleys; et d'aqui

sonné. Après l'expiration d'une trève, le gouvernement français, qui avait hâte d'en finir avec les Anglais, se prépara à la guerre, vers 1448.

Jeanne d'Arc avait provoqué ce grand mouvement. « Jeanne d'Arc, qui avait sauvé la France pendant sa vie, lui fut encore utile par sa mort. Le parti anglais devint odieux et comme maudit : avoir fait périr une femme, une vierge, une sainte !..... » (1).

La campagne s'ouvrit en 1449 sur plusieurs points à la fois. Le sire d'Orval, fils du seigneur d'Albret, entra dans Bazas le 31 octobre 1450 et mit en déroute les Anglais qui étaient sortis de Bordeaux. L'année suivante, le célèbre Dunois arriva devant Bordeaux, qui se rendit définitivement le 23 juin 1451. Dax s'était engagé à suivre le sort de Bordeaux. Bayonne seule résista et ne voulut point capituler. Au mois de juillet 1451, le comte Dunois envoya un héraut dans cette ville, qui fut repoussé durement par les Bayonnais.

« Ce général se mit en marche à la tête de dix mille hommes, ayant pour lieutenants les maréchaux de Culant,

en fora anet metre lo seti à Sent-Sever de Gasconha, be à sinq milia combatans, et l'aguet d'assaut. Empero estant lo rey d'avant Saint-Sever, lo comte de Foix fec venir grans provesios de Bearn per lo honor et amor de rey, et fec grans armas per si meteys, et pringuet la villa de Lorda et d'autres locs. Et conquistat lo loc de Sent-Sever, lo rey anet metre lo seti à la ciutat d'Ax, laqual conquistet per acord s ; l'avant que d'avant ot lodit comte de Foix que fiza grans et notablas armas ; per las quals lo rey, de sas mas, lo fec et lo levet cavalhier. Et conquerida la ciutat, lo rey se partit d'aqui et s'ea anet metre lo seti à la Reula, et lexet per capitani de la dita ciutat d'Ax N..... armanhagues. Et estant lo rey à la Reula, los de la dita ciutat d'Ax se rebellaren al dit capitani, quar lo coneguèren am paucs de vertuts, et se retorneren Engleys com d'avant..... (*Chronique dels comtes de Foix et senhors de Bearn, feyt l'an de l'incarnacion de N. S. 1445, per Miguel del Verms. — Choix de chroniques et mémoires sur l'histoire de France, avec notices littéraires*, par J.-A.-C. Buchon, 1839).

(1) *Histoire du moyen âge*, par Duruy.

de Lobéac, les sires de Chabannes, d'Orval, de Noailles, de La Rochefoucault et de Rochechouart. Bureau le suivit en amenant tout son parc. L'armée eut une peine infinie à traverser les Grandes Landes : les chevaux et l'artillerie ne marchaient que très difficilement au milieu de ces plaines de sable » (1).

L'armée victorieuse de Charles VII avait donc suivi la route directe de Bordeaux à Bayonne par les Grandes Landes, et commença le siège le 6 août. Le comte de Foix, Gaston IV, ne tarda pas à rejoindre Dunois, ainsi que le sire d'Albret et son fils, le vicomte de Tartas, qui arrivèrent du côté des Landes.

Le frère de Jean Bureau, grand-maître de l'artillerie, Gaspard Bureau, fit si bien jouer son artillerie que les habitants, pour échapper à une entière destruction, « requirent à parlementer ». Le 20 août la place capitula et la garnison fut déclarée prisonnière de guerre ».

Charles VII récompensa les services du sire d'Albret. Celui-ci possédait déjà les vicomtés de Dax et de Tartas, la seigneurie de Labrit, les étangs et les dunes des pays de Seignanx, de Marensin, de Maremne et de Born. En 1456 « le roi écrivait à ses commissaires en Guyenne de ne pas déposséder le sire d'Albret des terres de Gosse, Seignanx, Marensin et autres, sans connaissance de cause » (2).

Toutefois, l'administration royale ne tarda pas à empiéter sur les droits seigneuriaux du sire d'Albret. Des lettres patentes, octroyées par Charles VII en 1451, il résultait

---

(1) *Vies des grands capitaines français du moyen âge*, par A. Mazas-Dunois, t. v, p. 442 (1845).

(2) *La sénéchaussée des Landes sous Charles VII*, par Léon Cadier, 1885. — Bibl. Nat., collection Doat, t. cxxix, fo 182.

que les habitants de la sénéchaussée des Lannes étaient
exemptés de tout impôt ou subside ; mais ils furent bientôt obligés de payer pour l'entretien des gens de guerre et
la réparation des places fortes, comme celles de Bayonne,
Dax et Saint-Sever.

Les habitants de Tartas adressèrent, le 16 octobre 1456,
une supplique aux commissaires royaux en Guyenne (1).

(1) A tres honorez et redoubtez seigneurs messieurs les grant trésorier de
France et commisseres pour le Roy, nostre sire, en la duchié de Guyenne, estans
à present à Dacqs :

Supplient tres humblement voz humbles serviteurs les jurez et les habitans de la
povre ville de Tartas, comme dés longtemps et sans qu'il soit mémoire du
contraire, les dits supplians soient demourez soubz la bonne obéissance du Roy,
nostre dit sire, soubz umbre de laquelle ilz ont souffert plusieurs et innumerables
maux, pour tenir ledit party et obéissance, et à ceste occasion ont esté assiegez
l'espace de six mois par les Angloys, anciens ennemis de nostre dit sire, pour lesquelles ce..... esglises, hospitals, murailles et maisons ont été diruiz et abatuz,
dedans et dehors, vignes, jardins...... tant qu'il n'y demoura abre qui portast
fruict, pluseurs personnes mors d'armes, de faim et de povreté, tant qu'ilz sont
demourez soulstenans le parti du Roy, nostre dit sire, en la senescaucie des
Lannes, lesquelz... dommaiges ilz ont souffertz, espérans et désirans de très bon
cuer les bons secours et aides du Roy, et de sirant vivre et mourir soubz sa
souveraineté et bonne obéissance, ces choses nonobstant, puis naguére les (dits)
supplians ont commencié, selon leur possibilité, à mettre sus et repparer leurs
dites esglises, hospitalz, murailles et maisons, lesquelz ediffices et emparemens ne
se pouront continuer sans la bonne grâce et aide du Roy, nostre dit sire ; et
pour ce que les ditz supplians sont informez que estez par deça en son pays de
Gascongne pour le bien de la chose publique et congnoistre les biens faiz, vous
supplient tres humblement que du faulz et portion des tailles et manœuvres mis
sus pour la façon des chasteaulx de Baionne, Acqs et Saint-Sever, que à la dicte
ville et paroisse de Sainct-Martin de Tartas peut advenir, et des autres tailles et
charges qui audict pays seront dores en avant mises et imposées, vous plaise pour
l'onneur et révérance de Dieu, et pour leur donner exemple, et a tous autres les
en faire tenir francs et quictes ; et en ce faisant, ils ont délibéré et conclut faire
et feront, se Dieu plaist, une belle croix et oratoire au lieu où le Roy tint la
journée la vespre de saint Jehan-Baptiste devant la ville de Tartas où seront mises
ses armes, le jour et la datte que fut fait, et avec ce fonderont une messe à note
perpetue'le une foiz l'an, célébrée pour le dict jour, pour l'estat et bonne pros-
perité du Roy, nostre dit sire, et des siens : et lesdits jurez et habitans prieront
Dieu pour vous, lequel vois doint bonne vie et longue.

Malgré les promesses faites, l'administration royale établit encore des droits d'entrée sur les marchandises, sur les vins et les troupeaux qui venaient paître dans les Landes.

IV

Le successeur de Charles VII, Louis XI, avait déjà suivi son père en Gascogne en 1442 et avait fait preuve d'une grande bravoure. Louis XI a été dépeint par Victor Hugo en ces termes (1) :

« Roi plus adroit que le plus adroit courtisan, vieux renard armé des griffes d'un lion, puissant et fin, servi dans l'ombre comme au jour, incessamment couvert de ses gardes comme d'un bouclier et accompagné de ses bourreaux comme d'une épée ».

Veu par Messrs les commisseres ordonnez de par le Roy, nostre sire, sur le fait de la justice et police au pays et duchié de Guienne, le conteneu en ceste présente requeste, appoinctié a esté par mesdisrs que les jurats, manans et habitans residens en la closture de la ville et paroisse de Tartas et fosbours d'icelle, seront tenuz en surcéance par le tresorier et receveur de l'aide de quarante frans derrains octroiez pour la fortificacion et reparacion des chasteaulx de Baionne, Dacqs et Saint-Sever, de leur taux et portion du dit aide et aussi des manœuvres, à quoy ils ont esté tauxez et imposez jusques a ce que mesdissieurs les commisseres aient sur ce parlé au Roy. Parmy ce que s'il plaist au Roy que leur dit taux, portion et manœuvre leur soient deduits et rabatuz, les deniers par eulx à ceste cause deuz seront convertis et emploiez en la façon de la croix et matoire et aussi pour la fondation de la messe dont cy dessus est faicte mention, et tout selon le conteneu en la dicte requeste et du surplus conteneu en icelle, mesdissieurs en parleront tres voulentiers au Roy, lesquelx feront envers le dit seigneur pour les ditz suppliaus tout ce que possible leur sera. Fait à Dacqs, le xvi jour d'octobre, l'an mil cccc cinquante et six.

Par le commandèment de mesdissieurs les commisseres :

P. AUDE.

(Archives historiques du département de la Gironde, t. ii, p. 364).

(1) Victor Hugo. *Mélanges littéraires. Notice sur Walter Scott.* Paris, 1823.

« Il voyageait presque seul, sans escorte, sans dépense, vêtu quasi comme un pauvre pèlerin avec « de grosses « patenôtres de bois au cou ». Tout son règne, en effet, fut un perpétuel pèlerinage, mais en vue d'autre chose que du ciel » (1).

Dans le courant du mois de février 1462, Louis XI se rendit à Dax et ensuite à Bayonne. Il suivit de Bordeaux à Dax la route des Grandes Landes jusqu'à Lesperon, et ensuite celle qui reliait Lesperon à Dax.

Dès son arrivée à Dax, ce roi rendit plusieurs ordonnances concernant plusieurs villes de France. L'année précédente (février 1461), il avait rendu une ordonnance datée de Saint-Jean-d'Angély, en faveur des habitants de Labrit et adressé des lettres aux sénéchaux des Lannes et de Guienne. On trouve ces lettres au Trésor des chartes, registre 198, pièce 283 (2).

Après avoir signé un traité d'alliance à Sauveterre avec Don Juan, roi d'Aragon, le 3 mai 1462, Louis XI se dirigea sur Bayonne et ensuite directement sur Bordeaux. L'année suivante, il revint à Bayonne et il eut une entrevue avec le roi de Castille, sur la rive française de la Bidassoa.

Au cours de ces voyages à travers les Landes, il logea, au moins une fois, à Lesperon. « Les préférences de Louis XI ne furent jamais pour les grandes villes, quelles que soient les cajoleries qu'il prodigua à celle de Paris, ni pour les châteaux splendides : l'humble et modeste cité, une chaumière même, paraissent avoir eu beaucoup plus d'attraits pour lui » (3).

Montluc, dans ses *Commentaires* (édit. Buchon, p. 403,

(1) Henri Martin. *Histoire de France*, t. vi, p. 538.
(2) *Ordonnances des rois de France*, t. xv, pp. 349, 630.
(3) Virac. *Louis XI en Guienne* (1860).

1836), rapporte l'anecdote suivante, qu'il attribue à Louis XII. Montluc fait erreur sur le nom du monarque. Il a voulu certainement parler de Louis XI, car Louis XII n'a jamais traversé les Landes :

« Puisque j'ay parlé des autres, je veux parler de moy-mesmes : peut estre quelqu'un après ma mort parlera de moy comme je parle des autres. Je confesse que je suis très obligé aux roys que j'ay servy, mesmement au roy mon bon maistre, comme j'ay dit souvent. Je ne serois qu'un simple gentil-homme si ce n'estoient les moyens qu'ils m'ont donné pour acquérir la reputation que j'ay gaigné, que j'estime plus que tout le bien du monde, ayant immortalisé le nom de Montluc ; et encore que je n'aye acquis pendant si longtemps que j'ay porté les armes que fort peu de bien, si ne m'a on jamais ouy plaindre des roys mes maistres, ouy bien de ceux qui estoient près d'eux, lors qu'en ces dernieres guerres ils m'ont calomnié, comme si de rien je pouvois faire tout. Croyez que les playes que j'ay reçues m'ont plus donné de reconfort que d'ennuy ; et m'asseure, quand je seray mort, qu'à grand peine dira on que j'emporte au jour de la resurrection en paradis tout le sang, os et veines que j'ay apporté au monde du ventre de ma mère. Pour le bien, j'en ay prou : il est vrai que si j'eusse esté nourry en l'escole du bayle de Lesperon, j'en eusse d'avantage : le compte mérite qu'on le sçache, et que je mette icy :

« Le roy Louis douziesme, allant à Bayonne, logea en un petit village nommé l'Esperon, lequel est plus près de Bayonne que de Bordeaux. Or, sur le grand chemin, le bayle avoit fait bastir une très belle maison : le roy trouva estrange qu'en un pays si maigre et sterile, et dans des Landes et sables qui ne portoient rien, ce bayle eust fait

bastir une si belle maison, de quoy il entretint pendant
son soupper son mareschal des logis, qui luy fit response
que le bayle estoit un riche homme, ce que le roy ne
pouvant croire, veu le miserable pays où la maison estoit
assise, il l'envoya querir sur l'heure mesme, et lui dit ces
mots : « Venez çà, bayle, pourquoy n'avez-vous faict
« bastir ceste maison en quelque endroit où le pays fust
« bon et fertile? — Sire, dit le bayle, je suis natif de ce
« pays et le trouve prou bon pour moy. — Estes-vous si
« riche, dit le roy, comme l'on m'a dit? — Je ne suis pas
« pauvre, dit-il, grâces à Dieu, j'ay de quoy vivre ». Le roi
dit alors : « Comment est-il possible qu'en un pays si
« maigre et sterille tu sois peu devenir si riche? — Cela
« m'a esté bien aysé, dit le bayle, sire. — Dittes-moy donc
« comment, dit le roy? — Parce, sire, que j'ay tousjours
« plustôt fait mes affaires que celles de mon maistre et de
« mes voisins. — Le diable ne m'emport, dit le roy (ainsi
« estoit son serment, ta raison est bonne, car en faisant
« de ceste sorte et te levant matin, tu ne pouvois faillir
« de devenir riche » (1). O combien d'enfans a laissé ce
bayle héritiers de ses complexions! Je n'ay jamais esté
de ceux-là..... » (2).

(1) Ces paroles du bayle ou juge de Lesperon sont passées en proverbe. Le
25 mai 1735, les membres de la Chambre de commerce de Bayonne écrivaient à
M. de Laborde, leur député à Paris : « M. Panier d'Orgeville, que vous dites
être proposé pour remplir l'intendance de la Martinique, est fort connu ici de deux
ou trois de nos messieurs pour homme d'esprit, versé dans le commerce dont il a
fait profession sans beaucoup de succès, et tel à peu près que vous le dépeignez
par le petit billet que nous avons déchiré. Il est à craindre, s'il est nommé pour
cet emploi, *que hasqui com lou judge de Lesperon, que hase tastem lous seuns abats lous
permes*, et, si cela a lieu, toutes nos représentations s'en iront en fumée ». (*Étude
historique sur la Chambre de commerce de Bayonne*, par Henry Léon, p. 40, 1865).

(2) Dans ses *Commentaires*, p. 253, Monluc, qui connaissoit ses exploits du côté
de La Réole, dit avec cynisme : « On pouvoit cognoistre par là où j'estois passé,

V

Ce fut peu de temps après ses voyages en Gascogne que Louis XI, dans le but de consolider son autorité et de s'assurer des communications faciles, créa le service des postes, d'après l'ancien système des postes des Romains. Il fit établir sur les routes des stations ou gîtes dans lesquels on pût trouver des chevaux, mais seulement pour son service. Voici quelques passages de l'édit du 19 juin 1464 :

« Le dit seigneur et roy ayant mis en délibération avec les seigneurs de son conseil qu'il est moult nécessaire et important à ses affaires et à son Estat de sçavoir diligemment nouvelles de tous costez et y faire, quand bon luy semblera, sçavoir des siennes ; d'instituer et d'establir en toutes les villes, bourgs, bourgades et lieux que besoin sera jugé plus commodes, un nombre de chevaux courant de traitte en traitte par le moyen desquels ses commandements puissent estre promptement exécutez, et qu'il puisse avoir nouvelles de ses voisins quand il voudra, veut et ordonne ce qui ensuit :

« 3° Que sa volonté et plaisir est que dès à présent et doresnavant, il soit mis et establi spécialement sur les

car par les arbres, sur les chemins, en ea trouvoit les enseignes. Un pendu estanoit plus que cent tels ».

« Voilà ce qui s'appelle parler nettement ; nous avons dans ces quelques lignes un portrait de Montluc par lui-même et d'après nature. Tandis que lorsqu'il nous dit plus bas : « *Estant serviteur du roy et bon catholique, je ferois mon devoir* », c'est un hypocrite qui parle ; c'est l'homme qui, peu de mois après, va trahir ce même Charles IX, auquel il vante sans cesse sa fidélité, et entamer des négociations avec le roi d'Espagne pour lui livrer la Guyenne et les clés de la France. Hâtons-nous d'ajouter que son catholicisme égale sa loyauté, comme nous le verrons bientôt ». (*Histoire de la Réformation à Bordeaux*, par Ernest Gaullieur, t. 1er, p. 431).

grands chemins de son dit royaume, de quatre en quatre
lieues, personnes féables et qui feront serment de bien et
loyaument servir le roy, pour tenir et entretenir quatre
ou cinq chevaux de légère taille, bien harnachez et propres à courir le galop durant le chemin de leur traitte,
lequel nombre se pourra augmenter s'il est besoin......

« 9° Auxquels *maistres courreurs* est prohibé et deffendu
de bailler aucuns chevaux à qui que ce soit et de quelque
qualité qu'il puisse estre, sans le mandement du roy et
du dit *grand maistre des courreurs de France*, à peine de la
vie...... ».

Sous le règne d'Henri IV, des relais à distances égales
furent établis sur toutes les routes importantes. Les maîtres de poste furent obligés à fournir aux voyageurs allant
à petites journées des chevaux allant au pas ou au trot,
pour la moitié du prix fixé pour la course au galop, c'est-
à-dire moyennant vingt sous tournois par jour et par
cheval. Les deux premières routes qui jouirent de cet
avantage furent celles de Paris à la frontière d'Espagne et
à Calais, pour lesquelles la mesure fut prise dès 1597.
A partir de l'année 1622, les courriers partaient à jour
fixe (1).

La route royale de Paris à la frontière d'Espagne passait
par Bordeaux et Bayonne à travers les Grandes Landes ;

(1) Art. III. — Los maistres de poste des present pais son tenguts tenir en bon
estat et equipadge lo nombre deus chivaus qui lus son ordenats, ab deffence de
prener lurs chivaus deus iurats et magistrats, ny deus assens ny ventes, si no y
survenide tale necessitat, que sous chibaus ordinaris se abastassen per corrier et en
tale necessitat en prencran ad l'adseis et acisteury de un ou deus deus iurats de la
ville, ou loc ont sera la dite poste, per reglament feyt à l'intervencion deus Estats
per losdits Rey et Regine le 20 d'Aoust 1555, registrat audit cinquel libe deus
Establimens à las 38 et 39 fenelhes. (*Privilèdges et reglaments dev pays de Bearn,*
à Lascar, 1613).

elle suivait l'ancien chemin des pèlerins. Des postes furent établies aux anciennes stations dès qu'elles furent organisées par Louis XI. A Magescq, Arnaud du Casse était chevaucheur vers le milieu du XVIe siècle. Pourvu de son office par Henri II, il le résigna, en 1551, à un nommé Burhèye qui lui payait une rente annuelle de « cinq escus ». Burhèye s'en dédit ensuite en faveur de Bertrand du Boing. Après la mort de ce dernier, sa charge passa, vers 1586, par achat sans doute, dans les mains de Bertrand de Caunègre. Bertrand de Caunègre possédait une grande partie de la commune de Magescq et cumulait les titres de seigneur cavier de Mesgraer, de chevaucheur de la poste, de notaire, etc., etc. Il mourut en 1590. Son fils aîné, Jean de Caunègre, fut ensuite chevaucheur « de l'escuyerie tenant la poste pour le Roy au lieu de Magescq ». En cette qualité, il se prétendait un « des six vingt chevaucheurs de son escurie » et comme tel « exempt des tailles jusques à la concurrence de six escus..... sans préjudice des plus amples droicts..... ».

En 1683, Amaniou de Caunègre fut nommé chevaucheur de la poste à Magescq. Les titulaires d'une poste avaient le droit de la résigner à leurs enfants sous le contrôle de l'administration. C'est ainsi que ce bien patrimonial s'est perpétué longtemps à Magescq dans la famille de Caunègre.

Un des plus anciens itinéraires qui existent encore porte la date du 28 septembre 1666. Il est écrit sur parchemin et se trouve dans les archives de M. le docteur Léon du Bourg, de Magescq (1). Il est signé Bertholin et plus haut

(1) Je remercie vivement M. l'abbé Foix, curé de Laurède (Landes), ancien vicaire de Magescq, qui a beaucoup puisé dans les archives de M. le docteur du Bourg et qui a bien voulu mettre gracieusement à ma disposition ces notes intéressantes.

Lavaranne. Ce Lavaranne, ou plutôt Guill. Fouquet « sieur de Lavaranne..... général des postes » créa spécialement le relais du *Pey des Monts*, le 13 juin 1613, à égale distance de Magescq et de Saint-Vincent, en faveur de Jacques de Caunègre, écuyer. Cette poste passa ensuite à noble Joseph Leblancq, seigneur de Mées et de Monbrun, à Saubat Deserlaux, sieur de Soube et de Norton (1657), à Arnaud Dupriret (1680), etc.

Voici les postes de l'itinéraire de 1649 :

« Bourdeaulx, le Petit Bourdeaulx, Le Barcq, Bellin, Le Muret, Lipostey, La Bouheyre, Johan Quillet, Laharie, Lesperon, Castetz, St Vincens, Le Barat de Labenne, Bayonne, etc. ».

Les maîtres des postes des Landes, depuis Bordeaux jusqu'à Urrugne, s'assemblèrent à Magescq, le 20 août 1630, pour terminer un différend qui les concernait. Paul de Saugnacq fut nommé syndic général et particulier. Jusqu'à l'année 1628, la maison *Laberre*, de Magescq, était le lieu de réunion des maîtres des postes. Ils se réunirent ensuite à Labouheyre. En 1628, Jean de Lagoueyte était maître de poste à Lesperon, J. du Vignacq à Laharie, Bertrand du Vignacq à Jeanquillet, Jean de Castaignède et Bernard de Saint-Paul à Labouheyre, de Baleste à Lipostey, Jean Dusol à Belin.

Dans un imprimé (1) du 15 mai 1655, M. de Prague confirme les privilèges des maîtres des postes suivants :

« Raymond Cavignac, me de poste de Bordeaux et de Gradignan, Noel Tassard à Les Taules, Bernard des Martins au Puch, Pierre Cazauvieil au Barp, Simon Costes à Lhospitalet, Jean Dirouart au Muret, Bernard Dujusca à

____

(1) *Archives du Bourg.* Les mots sont mal orthographiés.

Jean Quillot, Jean du Vignau à La Marie, Jean de la Goeyte à Lesperon, Simon Segué au Taillé (Taller), Estienne Pataru à Dax, Germain Desbiles (pour Desbiey, sans doute) à Castets, Jean Caunègre à Maiosc *(sic)*, Bertrand Dishoyns à St-Vincent, Jean Gaxies à Ondres, Jean de la Pasel à Bayonne, etc. ».

Le 7 janvier 1705, Jean de Lafont, maître des postes à Labouheyre, qui avait été anobli, fut inhumé dans cette église (1).

On a vu, dans les premiers chapitres, que les pèlerins qui se rendaient à Ostabat et à Roncevaux quittaient la ligne directe de Bordeaux à Bayonne à Lesperon et passaient par Kiyo (Taller) et Dax.

Plus tard, on établit un embranchement à Castets, qui se dirigeait vers Taller et Dax et revenait reprendre la route de Bayonne à Saint-Vincent. Une poste existait à Taller. Ce trajet, plus long de cinq lieues, offrait peut-être l'avantage d'être moins fatigant, car le courrier de Dax réussit quelque temps à le faire adopter au grand détriment des intérêts de Jean-Bertrand Caunègre, possesseur de la poste de Magescq.

Le 28 février 1674, ce dernier proteste contre cet état de choses intolérable :

« Depuis l'establissement des postes de Bourdeaux à Bayonne, dit-il, les courriers ont toujours passé... au dict lieu de Magescq. Une conférence des maîtres de poste de cette route, tenue à Labouheyre le 30 décembre dernier, à l'instigation de M. le Norman, conseiller du roy et maître général des postes en Guienne, avaient solennellement convenu « que les courriers tiendroient la route ordinaire

<hr>

(1) Archives de Labouheyre.

« et passeroient par ledict lieu de Magescq ; toutefois, con-
« trevenant au dit accord, le sieur Lafontang, maître de la
« poste de Dax, par son intérêt particulier... entreprend
« d'abandonner la route ordinaire... il passe à Dax... et
« prive ainsi le dict de Caunègre de ses droicts... a des-
« seing de rendre sa poste inutile... car la route qu'il
« prend est plus longue de près de cinq lieues... ». Il se
plaint vivement aussi de Guirons Desbieys, mre de la poste
de Castets, mais ce dernier riposta « que de toute ancien-
« neté la poste de Castets avoit route vers Ax et vers
« Bayonne, et qu'il donne des chevaux à ceux qui en
« demandent vers les d. lieux... Ce n'est donc pas lui quy
« est cause du dommage » (1). Quel fut le résultat de la
protestation de Jean-Bertrand de Caunègre ? Il éveilla
sans doute l'attention de l'intendant sur le mauvais état
des chemins pour qu'il y remédiât par d'utiles réparations » (2).

Le sieur Mathieu Dubourg, bourgeois de Magescq,
s'était marié avec Marie de Caunègre, morte en 1754. Les
deux familles des Dubourg et des Caunègre s'étaient fon-
dues en la personne de Mathieu Dubourg-Caunègre, qui
légua cette double appellation à ses nombreux enfants (3).

J'ai sous les yeux la *Carte géographique des postes qui traversent la France*, par Melchior Tavernier (1632). C'est la
première carte des postes qui ait été dressée. Je lis les
étapes suivantes :

« Bordeaux, Petit Bordeaux, le Barp, Le Puy de Langa-
bat, Belin, le Muret, Lipostey, la Boubère, Jonqueillet,

----

(1) Acte du 25 février 1674, Pierre Lavielle, notaire à Dax, et Jean de Ginous,
notaire à Castets (Archives Dubourg-Caunègre).
(2) Notes de M. l'abbé Foix.
(3) Idem.

Laharrye, Lesperon, Castets, Magescq, les Mens, St-Vincent, les Vagues, Ondre, Bayonne, Bidar, St-Jean-de-Luz ».

Sur la *Nouvelle carte des postes de France*, par Bernard Jaillot (1728), je trouve :

« Bordeaux, Gradignan, les Taules, Puits de la Gahotte, Mare, l'Hospitalet, Belin, Muret, Lhipostey, la Bouhaire, Janqueillet, la Marie, Lesperon, Castets, Magescq, Mens, St-Vincent, la Cabanne, Ondres, Bayonne ».

La *Carte générale des postes*, par de Fer (1728), mentionne les mêmes postes que la carte précédente.

Mêmes indications sur la *Carte du royaume de France où sont tracées exactement les routes des postes*, par le sieur Robert, géographe (1728).

En 1753, Jaillot donne une *Liste générale des postes de France* et, à propos de la route de Castets à Orthez et Pau, il relate : « de Castets à Tallers, · poste de Tallers à Dax, poste et demie » et il ajoute : « Les postes qui sont marquées par une étoile · sont des postes qui restent ordinairement vacantes. »

Dans les archives de Dax (1) je trouve qu'on avait établi, le 15 juin 1647, une messagerie pour Bordeaux partant deux fois par semaine de Dax, le dimanche et le mercredi. Cette messagerie devait arriver à Bordeaux le mardi soir et le vendredi soir.

Je remarque encore (2) une relation d'un voyage en poste à Bordeaux fait par un échevin et le secrétaire-greffier, suivis d'un agent de ville, tous en livrée. Partis de Dax le lundi 3 septembre 1770, à huit heures du soir, ils arrivèrent à Bordeaux le mardi à cinq heures du soir.

(1) Archives de Dax, BB, 2.
(2) Idem, BB, 25.

M. l'abbé Baurein, dans ses *Variétés Bordeloises*, t. 1er,
p. 343 (1785), indique les stations suivantes :

« Le Barp est la quatrième station de la poste aux chevaux, sur la grande route de Bordeaux à Bayonne : la première station est celle de Gradignan, distante de Bordeaux de 4600 toises, à compter de la porte d'Aquitaine, suivant le toisé qui en fut fait par ordre de M. de Tourny père, intendant de la généralité de Bordeaux ; la seconde station est de *Gradignan* à *les Toules*, dont la distance est de 3970 toises ; la troisième est des *Toules* au *Puch de Lagubalh*, distante de 3900 toises ; et la quatrième est de *Puch de Lagubalh* au *Barp*, dont la distance est de 4852 toises ».

Quoique le toisé des autres stations soit en quelque sorte étranger à l'objet présent, nous l'insérons ici néanmoins, en faveur des personnes appelées à parcourir cette route, et qui seront bien aises d'en connaître la vraie distance, depuis Bordeaux jusqu'à l'endroit où se termine la généralité :

Du Barp à l'Hospitalet...................... 4585 toises.
De l'Hospitalet à Belin...................... 3985 —
De Belin à Muret............................ 3835 —
De Muret à l'Hypostey....................... 5361 —
De l'Hypostey jusqu'à l'endroit où finit la
    généralité de Bordeaux................. 3540 —

On changeait quelquefois l'emplacement des postes. Sur la carte de Cassini., je remarque qu'à Belliet la poste existait un peu plus haut que l'Hospitalet ; elle figure à la Tricherie, en face de Mons, en deçà de Belin, à Belloc (Jeanquillet) (1).

(1) Jeanquillet formait un quartier dont les habitations ont disparu. Il reste encore quelques débris de pierre. La tradition rapporte que, pendant quelque temps, la poste a passé par l'ancien chemin des pèlerins, c'est-à-dire par Saint-

Sur la *Carte de la Guyenne*, par Belleyme, on remarque : 1° la poste à Bellevue, en face de Castas, un peu plus haut que les Taules ; 2° au delà du Putz de la Gubat ; 3° au delà de l'Hospitalet ; 4° en deçà de la Leyre, lieu de la Tricherie ; 5° à *Badlar*, près du ruisseau de Capdepin ; 6° en deçà de Laharie, près d'un ruisseau.

Dans le *Guide royal ou Dictionnaire topographique des grandes routes*, par L. Denis (1774), je lis au tome 1er, p. 52 :

ROUTE DE BAYONNE

Allez à Bordeaux et de là à Gradignan	2 l.
à Lestaule.	
à Putz d'Agubat	2
à Barpe.	
à L'hospitalet	2
à Belin	2
à Muret	2
à l'Hipostey	2 1/2
à Bouchaire	3 1/2
à Belloc ou Bas	2
à La Harie	4
à Lesperon	2
à Castets	2 1/2
à Majex	3 1/2
à Monts	2
à St-Vincent	2
à la Cabanne.	
à Ondres	4
au faubourg de St-Esprit	2

Antoine et Jacquillet, nommant Capdepin à deux kilomètres à l'Est. Capdepin, situé aux abords de la route nationale n° 132, fait partie du quartier de Belloc. (Note de M. Félix Arnaudin).

Au tome second, p. 428, on voit : Route de Pau. Suivez la route de Bayonne jusqu'à Esperon, et de là à Dax, etc.

VI

En dehors de la route des postes, il existait une autre route des messageries royales, entre Bordeaux et Bayonne, passant par Langon, Bazas, Mont-de-Marsan, Tartas et Dax. C'est la route nationale actuelle n° 10, dite des *Petites Landes* (1). La longueur totale, entre Bordeaux et

(1) Il partait tous les samedis de Bayonne pour Bordeaux un carrosse à quatre places et plusieurs fourgons, qui effectuaient le trajet par les Petites Landes, en quatre jours et demi, au prix de trente-six francs par personne dans le carrosse, et de dix-huit francs par personne, vingt francs par quintal de matières d'or et d'argent, et dix francs par quintal de marchandises dans les fourgons.....

Aujourd'hui (1837), le trajet de Bayonne à Bordeaux se fait en vingt-huit ou trente heures par les Petites Landes. Les prix pour Bordeaux sont fixés ainsi qu'il suit par place :

Coupé................	45 fr.
Intérieur..............	40
Impériale.............	35

Avant la Révolution, les malles de Paris arrivaient par Bordeaux deux fois la semaine et le septième jour du départ, en suivant la ligne des Grandes Landes (*Nouvelle chronique de la ville de Bayonne*, par Baylac, p. 245).

La messagerie de Bayonne à Bordeaux n'a été été été établie par les Petites Landes qu'en 1771.

Le service des messageries fut organisé en 1675. Une grande et générale méfiance accueillit alors cette innovation, et voici dans quels termes un journal de l'époque, le *Messagiste*, sous la plume de M. Hilpert, s'exprime à ce sujet :

« Le pays entier sera ruiné lorsque les routes seront couvertes de longues files de carrosses ; les auberges seront toutes fermées, car on voyagera si vite que l'on n'aura plus besoin de prendre ses repas en route. La race des chevaux de selle sera détruite, car personne n'aura de chevaux à soi lorsque, pour un prix modique, on pourra se faire voiturer d'une ville à l'autre..... Les manufactures elles-mêmes en souffriront ; les habits, moins exposés à être gâtés par les intempéries de l'air, s'useront moins vite, au grand détriment des tailleurs, couturières, bottiers, chaussetiers, etc ».

Bayonne, est de 237 kilomètres, tandis que la route des postes (ancienne route royale par les *Grandes Landes*) n'a que 173 kilomètres et se trouve par conséquent plus courte de 54 kilomètres.

Cependant la première route a été fréquentée et suivie par de grands personnages et par les armées, à cause de l'importance des localités qu'elle traversait et de la facilité qu'on avait d'aller par eau, sur la Garonne, de Bordeaux à Langon, et sur l'Adour, de Dax à Bayonne. Avant la Révolution, les armées se rendaient de Dax à Bayonne en passant par Saint-Lon et Port-de-Lanne.

En 1521, François Ier envoya le maréchal de Châtillon avec une armée pour faire lever le siége de Fontarabie. Ce maréchal se mit en route et mourut à Dax le 24 août 1521. Il fut remplacé par le maréchal de Chabannes, seigneur de La Palice, qui entra triomphant dans Fontarabie, défendue héroïquement par Jacques de Lude et par ses Gascons.

Au retour de sa captivité en Espagne (1526), François Ier passa par Bayonne et se dirigea sur Bordeaux par la route des Petites Landes.

Le 1er juillet 1530, François Ier fit payer, par le maréchal Anne de Montmorency et ses ambassadeurs, une partie de sa rançon à l'empereur Charles Quint, soit 1,200,000 écus qui furent comptés et remis sur la Bidassoa.

Les deux enfants du roi, qui avaient remplacé leur père dans sa prison, furent ensuite mis en liberté et accompagnèrent Éléonore, sœur de Charles-Quint, laquelle allait épouser François Ier.

Celui-ci attendait à Bordeaux leur arrivée. Après l'échange consommé, le maréchal de Montmorency fit partir pour Bordeaux, en poste, le sieur de Montpezat, pour porter au roi la bonne nouvelle.

« Ce pendant que la Royne et eulx reposoient, le dit seigneur grant maistre ne dormoit, car ceste nuit il dépescha Monsieur de Montpesat, gentilhomme de la chambre du Roy, ci-dessus nommé, pour aller en diligence, sur chevaulx de postes, à Bourdeaulx, où estoit le Roy, luy porter les bonnes nouvelles de la venue de la Royne, sa bonne compaigne, et réduction de Messeigneurs les Daulphin et duc d'Orleans, ses enfans, en France, et comme ils estoient à Sainct Jehan de Luz, et luy dire la manière et le cas comme il avoit esté fait suivant le contenu cy dessus. Il partit et monta à cheval du dict Sainct Jehan de Luz, le lendemain, samedy, deuxième jour du moys de juillet, environ les deux heures de matin, et arriva au dict Bourdeaulx le dit jour, environ les sept heures du soir : il ne peut faire meilleure diligence parce qu'il faisoit mauvais temps de pluye et davantaige que les chevaulx de postes des Launes estoient tous rompus de courir jour et nuyt pour la multitude de courriers et aultres gens allans et venans en poste. Arrivé qu'il fut au dit Bourdeaulx, il alla descendre au logis du Roy où il estoit, auquel il dit les bonnes nouvelles et à Madame sa mère » (1).

La reine Éléonore, les deux enfants du roi et tout le cortége rentrèrent en France, traversèrent Bayonne, Dax, Tartas et rencontrèrent à Mont-de-Marsan François Ier. La bénédiction nuptiale eut lieu au couvent de Ste Claire, établi dans l'hôpital du Bourg-Neuf, à Mont-de-Marsan.

(1) *Archives curieuses de l'Histoire de France*, par Cimber et Danjou (1835), 1re série t. 2e, renfermant *La prinse et délivrance du roy François premier*, par Sébastien Moreau, de Villefranche, 1524-1530, p. 433.

Sébastien Moreau (1) donne des détails curieux sur le voyage de ces personnages. Voici ce qu'il raconte au sujet de leur passage à Dax et à Tartas :

« Mes dits seigneurs les Daulphin et duc d'Orleans, après que ils eurent veu les dits bayns de Dacqs, et y avoir séjourné une demie heure, mon dit seigneur le grant maistre les ramena en leur logis devisant d'iceulx, mesmement de l'assiette de la dite ville de Dacqs, laquelle est assise en très bon et beau pays, et bien fort, où il y a un beau chasteau. Les femmes sont habillées d'autre sorte et plus belles que celles de Bayonne, parce qu'elles portent chapperons sur leur teste, qui ont une corne sur le devant de leur dits chapperons, et par derrière une petite queue, de laquelle fut faite demande à une dame de quoy elle servoit ; elle respondit que c'estoit à prendre les folx, qui fut payé tout comptant.....

« ..... Après prindrent congié et se retirèrent, parce que le lendemain avoit été conclud que la Royne et eulx iroient coucher à Tartas, où il y a cinq bonnes lieues, et tous pays de sable, qui est mauvaise chose pour les chevaulx, et qui les lasse fort, et mesmement à mener leitière, veu que les chevaulx y entrent jusques aux jambes pour le moins, voyre quasi au ventre, aussy qu'il faisoit grand chaleur.

« Mardy, cinquiesme jour du dit moys de juillet, suyvant ce qu'il avoit esté conclud le soir devant, la Royne et Messeigneurs se levèrent un peu plus matin qu'ils n'eussent faict, qu'ils n'eussent voulu bouger tout le jour du dit Dacqs, mais à cause, comme cy-devant est dit, falloit gaigner le dit lieu de Tartas, et sitost qu'ils furent

(1) *Archives de l'Histoire de France*, t. II, pp. 445-445.

prestz, ouyrent la messe chacun en son lougis, bientôt se mirent à table, et après la dite dame monta en sa leitière, et mes dits seigneurs sur leur haquenée, accompaignés de la noblesse cy dessus, et s'en allèrent coucher au dit Tartas, qui est une petite ville appartenant au Roy de Navarre, assise en beau lieu et en bon pays sur la dite rivière de......

« Ils furent lougés au chasteau, qui étoit bien paré et accoustré, qu'il n'y falloit rien, où la dite dame et les dits seigneurs furent très-honorablement receuz par le dit seigneur Roy de Navarre, lequel les festoya très-bien... ».

Sont aussi passés par la route des Petites Landes : Charles Quint (1539) ; Charles IX, Catherine de Médicis et le jeune prince de Béarn (depuis Henri IV) (1565) ; Henri IV à plusieurs reprises ; les princesses Elizabeth, fille d'Henri IV et Anne d'Autriche (1515) ; Louis XIV (1660) ; Philippe V, roi d'Espagne (1701) ; Mademoiselle de Montpensier, fille du duc d'Orléans (1722) ; Napoléon Ier (1808) ; les princes de la famille d'Orléans (1839) (1) ; Napoléon III (1854).

Après son mariage à Saint-Jean-de-Luz, Louis XIV revint à Bordeaux.

... « Et le 16 du dit juin 1660, le roy de France avec toute son armée partit de Bayonne et passa à Dax et y lougea le dit jour, et il estoit à Tartas le dit jour de juin

(1) Le duc d'Orléans, allant à Bayonne, s'était arrêté à Dax où il disait n'avoir vu que deux curiosités : la fontaine chaude et le commissaire de police qui était d'une obésité prodigieuse. M. Darqué, maitre de poste, devait fournir les chevaux pour les équipages du prince. En général les chevaux des Landes ne sont pas dodus, et, en fait d'esprit, un Dacquois n'est pas souvent pris au dépourvu. Le prince, voyant l'attelage s'avancer, dit assez haut : — Quelles haridelles ! — L'entendez-vous, s'écria M. Darqué, quelles hirondelles ! Sur ce, les hirondelles s'envolèrent.... sur leurs jambes. (*Onze mois de séjour à Dax*, par l'abbé Duviella, 1875).

1660, là où je fus exprès et présent, et j'eus l'honneur
moi-même de boir le Roy et la *Reyne* sa femme et aussi
la Reyne sa mère et M. le frère du Roy et toute la cour
de France, et tous en ma présence ; et environ le midi
s'en partirent vers le Mont-de-Marsan. Je ne désire plus
sinon boir le Roy des Roys au ciel. Dieu m'en fasse la
grâce » (1).

Ce fut le 13 avril 1808 que Napoléon Ier passa à Mont-
de-Marsan pour se rendre à Bayonne.

« La totalité de la garde d'honneur, qui était à cheval
dès les cinq heures, a pris les mêmes places qu'à l'entrée
de S. M., qui, à quelques pas de la ville, a eu le spectacle
de vingt-cinq de nos pasteurs des Landes, montés sur des
échasses très-élevées et suivant facilement les chevaux au
trot » (2).

M. Dufourcet, dans son ouvrage *Les Landes et les Landais*
(1892), p. 334, donne les renseignements suivants :

« Charles IX, accompagné de sa mère, traversa le pays
des Lannes pour se rendre à Bayonne, où il eut plusieurs
conférences avec le roi Philippe II d'Espagne......

« ...... Les voyageurs royaux étaient arrivés par l'ancienne voie romaine. On sait, par la tradition, qu'ils
s'arrêtèrent à Lesperon, dans le château qui appartient
aujourd'hui à la famille Dubedout. De là, ils se rendirent
à Pontoux, à ce que dit M. l'abbé Gaborra, dans la notice
qu'il a consacrée à cette localité, et que nous avons déjà
citée plusieurs fois. Ils durent suivre jusqu'à Laluque l'*Iter
ab Asturiis* ».

M. Dufourcet me permettra de lui faire remarquer que

---

(1) *Relation véritable des choses les plus mémorables*, etc., par Henri de Laborde-
Peboué, de Doazit. — *Armorial des Landes*, par le baron de Cauna, t. III, p. 519.
(2) *Journal des Landes* du 16 avril 1808.

les renseignements qu'il donne sont inexacts. Lorsqu'en 1565, Charles IX, accompagné de Catherine de Médicis, sa mère, de Henri, duc d'Anjou, son frère, de Marguerite, sa sœur, du jeune roi de Navarre et de plusieurs autres grands seigneurs, se rendit de Bordeaux à Bayonne, il suivit la route des Petites Landes (1). Un historiographe attaché à la personne royale, Abel Jouan, a laissé le compte rendu détaillé de ce voyage. On trouve sa relation dans le premier volume des *Pièces fugitives pour servir à l'Histoire de France*, par Charles de Baschi, marquis d'Aubais et Léon Ménard (1759).

Charles IX partit de Bordeaux le 3 mai 1565, passa par Langon, Bazas, Captieux, Roquefort, Mont-de-Marsan,

(1) M. Communay a publié dans la *Revue de Gascogne* de 1884, p. 437, la lettre suivante, adressée par les échevins de Bayonne à la reine Catherine de Médicis, lettre qu'il a découverte, avec quelques autres, à la Bibliothèque Nationale (*Fonds français*, vol. 15875, f° 433) :

« ..... Madame, nous avons esté advertis que le Roy et vous avez délibéré de vous en venir de la ville d'Acqs en ceste ville par eau ; et pour y conduire Ses Majestés avons fait préparer deux bapteaulx qui seront assés propres, selon la portée des rivières de ce pais ; oultre ce, qu'ilz seront accompaignez de douze gallions, lesquels serviront de vous donner passe temps sur les rivières. Le sieur Cornélie de Fraset voulloict avoir quelques bapteaulx pour les faire conduire au Mont-de-Marsan, pour y esbattre Ses Majestés ; et parceque despuis d'Acqs jusques au Mont-de-Marsan les dictz bapteaulx ne pourroient passer à cause qu'ils tirent trop d'eau et que les eaulx sont basses, nous l'avons baillé advis de s'en aller vers Vos Majestés pour le vous faire entendre, joinct que en la ville de Tartas et lieux circonvoisins se y trouvera des bapteaulx qui ne tireront tant d'eau que ceulx de ce quartier. De quoy, Madame, n'avons voulen faillir à vous advertir.....

« ..... Madame, nous supplierons le Créateur vous donner en santé très bonne et très longue vie.

« De vostre ville de Baïonne, ce x111° may 1565.

« J. PENUP,
« *Clerc ordinaire* ».

Tartas et Dax. Le 29 mai, il s'embarqua à Saubusse pour se rendre à Bayonne (1).

A son retour, Charles IX passa par Urt, Peyrehorade, Dax, Tartas, Mont-de-Marsan, Nogaro, Eauze, Condom et Nérac. Jeanne d'Albret lui fit une réception royale.

Les voyageurs royaux ne passèrent donc pas à Lesperon en suivant une ancienne voie romaine que M. Dufourcet fait passer à tort, selon moi, par Lévignacq, Lesperon, la Fosse-à-Gimbaud (Taller) et Laluque. Les mêmes voyageurs ne se rendirent point de Laluque à Pontonx. M. l'abbé Gabarra, dans *Pontonx-sur-l'Adour*, parle seulement du passage du Roi à Pontonx, d'après l'itinéraire tracé par Abel Jouan, Montluc, Favin et Monlezun.

M. Dufourcet dit aussi que Charles IX eut plusieurs

(1) *Bazas.* — Le dimanche 6 du jour dudict mois, s'éjourna tout le jour au dict lieu, durant lequel ceulx de la ville donnèrent plaisir au roy de faire combattre des taureaux en une grande place, que des hommes combattoient avec de grands esguillons.....

..... Le mercredi 9e jour du dict mois, le roy continua son chemin esdictes landes, pour aller faire son entrée et disner et coucher au Mont-de-Marsan, qui est belle ville et chasteau.

Auquel lieu le roy s'éjourna quinze jours; puis en partit le jeudi 24e jour du dict mois, pour continuer son chemin esdites landes, et alla disner à Mailac *(Meillan)*, petite ville, et coucher à Tartas, qui sont deux petites villes, entre lesquelles passe la Douve *(la Midouse)*, qui est belle petite rivière portant batteaux, qui vont tomber dans le fleuve du Gave, à deux lieues au-dessus de Bayonne.

En icelle ville de Tartas, le roy feit ce dict jour son entrée..... Auquel lieu s'éjourna trois jours ; puis en partit le lundi 28e jour du dict mois, pour aller disner à Ponton, qui est beau village ; puis après disner sortit des dites landes pour aller passer la Douve *(l'Adour)* par dessus un pont de pierres pour faire son entrée à Dax, qui est une belle et forte ville, éresché, en laquelle y a bains les plus beaux que l'on peut voir, qui rendent fort grande abondance d'eau toute bouillante.....

Et le mardy 29e jour dudict mois de mai, le roy alla disner à Saubusse, qui est un pauvre village sur le bord de la Douve *(l'Adour)*; puis après disner s'embarqua sur la dicte rivière pour aller coucher à Bayonne.....

conférences à Bayonne avec Philippe II, roi d'Espagne. C'est encore une erreur. Philippe II ne s'est jamais rendu à Bayonne. Il envoya sa femme Elisabeth, fille de Catherine de Médicis, et le duc d'Albe. Il résulte de cette entrevue, d'après plusieurs historiens, qu'un traité avait été fait, par les deux cours de France et d'Espagne, pour préparer les massacres de la Saint-Barthélemy.

VII

Je reviens à la route de Bordeaux à Bayonne suivie par la poste, parcourue par les courriers et les diligences.

En 1528, Ignace de Loyola quitta son pays, l'Espagne, et se rendit à Paris. Il partit seul, à pied, suivit la route des Grandes Landes, chassant devant lui un âne chargé de ses livres. Il arriva à Paris en février 1528 et il fonda quelque temps après l'ordre de la Société de Jésus et devint général des Jésuites.

Dans la même année 1528, un ambassadeur de la République de Venise, André Navagéro, fit le voyage de Madrid à Paris et traversa les Landes en suivant une autre voie. Il se rendit en cinq jours de Bayonne à Bordeaux et passa par Dax, Tartas, Mont-de-Marsan, Labrit et Sore. Dans ses notes de voyage, qui ont été traduites de l'italien, on trouve le tableau suivant qu'il fait des Landes et l'éloge du soldat gascon (1) :

« Tout ce pays (de Bayonne à Bordeaux) s'appelle en gascon *los Lanas*, en français *les Landes de Bordeaux*. Il est inculte, ingrat, inhabité partout, excepté là où l'on voit

(1) *André Navagéro et le Tasse à Bayonne*, par M. Léonce Couture. *Revue de Gascogne*, 1883, p. 513.

des arbres et quelque source. On y voit des villages ; le
reste n'a rien de bon et n'offre qu'un mauvais chemin,
tant par l'abondance des sables que par celle des boues
les plus tenaces, les pluies y faisant un hiver sans fin,
me paraît-il, car je l'y ai trouvé en juin. C'est encore une
grosse affaire de ne pas s'égarer, les fougères, bruyères et
autres plantes de ce genre couvrant tout et cachant la
route, si bien qu'on ne la distingue plus ; et puis, cette
végétation la rend peu praticable, parce qu'elle fait trébu-
cher les chevaux et leur taille les pieds. Tout ce pays,
excepté Bayonne et Dax, appartenait au seigneur de
Libret (sic d'Albret) ; il est maintenant au roi de Navarre.

« Outre que Bayonne est une place très forte, comme je
l'ai dit, la stérilité et la rudesse de tout le pays qui
s'étend des Pyrénées à Bordeaux contribue grandement à
fortifier cette frontière du côté de l'Espagne ; car elle est
de telle sorte que peu de troupes n'y feraient aucun mal
et que beaucoup de troupes n'y trouveraient pas de quoi
vivre. Mais cette frontière possède encore une autre forteresse, en ce que le pays produit les meilleurs soldats de
France ».

Sous le règne de Charles IX, on cite, comme exemple
de rapidité extraordinaire, la course de Paris à Madrid
qui fut faite en trois jours et trois nuits par un courrier
d'Espagne nommé Jean Barouchio, chargé de porter à
Madrid la nouvelle du massacre de la Saint-Barthélemy
(24 août 1572) (1).

Antoine de Bourbon, roi de Navarre, père de Henri IV,
voulut, en 1559, reconquérir la Navarre espagnole et
l'arracher des mains de Philippe II. Il donna l'ordre à son

(1) *Les Postes françaises*, par Alexis Bellox, p. 42 (1886).

général. Burie, de franchir la Bidassoa et de s'emparer de Fontarabie. Celui-ci rendit cette entreprise malheureuse. Le roi Antoine, très mécontent, qui se trouvait dans ce moment à Paris, partit en poste avec Montluc et se rendit à Bayonne. Il traversa les Grandes Landes, mais il arriva sur les lieux pour être témoin de son échec.

Le chroniqueur Brantôme a traversé en 1564 les Grandes Landes pour se rendre à la cour d'Espagne.

En 1577, la garnison calviniste de Casteljaloux se mit à la poursuite des catholiques et s'était avancée jusqu'au bourg de Sabres où elle avait fait quelques prisonniers. « A son retour, elle rencontra dans la Grande Lande, près de Genguillet (1), un gros d'ennemis qui escortaient trois demoiselles que le Parlement de Bordeaux avait condamnées à mort. Cette escorte se composait de vingt hommes d'armes, de quelques arquebusiers et d'un petit nombre de soldats improvisés, enrôlés à Dax et à Bayonne. La lutte fut courte : l'avantage resta tout entier aux protestants. Dès que leur chef connut ceux qu'il avait vaincus, il appela à lui les Bayonnais et leur déclara qu'il ne leur serait fait aucun mal ; mais il abandonna à sa troupe leurs compagnons de Dax et lui commanda de les traiter comme les habitants de cette ville avaient traité les religionnaires après la Saint-Barthélemy. L'ordre fut exécuté sur-le-champ ; les soldats se jetèrent sur les prisonniers livrés à leur vengeance et les mirent en pièces. Quant aux Bayonnais, non-seulement on les épargna, mais on fit panser les blessés et on les renvoya sans rançon, en les chargeant de dire au vicomte d'Orthe, leur gouverneur,

______

(1) *Jenguillet*, poste, située dans la commune d'Escource et où il existait une seigneurie.

qu'ils avaient vu que les protestants savaient traiter différemment des soldats et des bourreaux » (1).

C'est à Laharie que les blessés de Bayonne furent pansés et qu'on leur remit leurs chevaux et leurs armes (2).

On remarque sur la carte de la Guyenne, par Belleyme, n° 45, le *château ruiné* de Laharie, situé au bord de la route de Bordeaux à Bayonne.

Le baron de Laharie, un des chefs des religionnaires, reçut, en 1579, à la prise de Mont-de-Marsan par le seigneur de Poyanne, gouverneur de Dax, une blessure à la cuisse dont il demeura pour toujours estropié (3).

Pendant les guerres religieuses, cette route n'était pas très sûre, et il arrivait quelquefois que les voyageurs étaient détroussés par les voleurs.

François de Noailles, évêque de Dax, écrivait, le 26 novembre 1578, à Catherine de Médicis :

« ..... Comme je viens d'estre adverty qu'une trouppe de gentilshommes italiens venant d'Espaigne et voullantz aller à la cour (entre lesquels y a ung seigneur de la race ursine) s'en sont retournés à Bayonne de deux postes par deça sur les advertissemens qu'ils ont heuz des volleries qui se sont faictes sur le grand chemin de Bourdeaux tant sur aulcuns riches Portugais que autres de vos subietz, et ce sera cause que ce seigneur ursin et les autres gentilshommes italiens de sa suite seront contrainctz de demeurer longuement et à grands fraiz audict Bayonne, s'il ne plaict à Vostre Majesté commander qu'il leur soit donné escorte pour leur seureté ».

(1) *Histoire de la Gascogne*, par Monlezun, t. v, pp. 415, 417.
(2) *Histoire des troubles survenus au Béarn*, par l'abbé Poeydavant, t. ii, p. 136.
(3) *Monlezun*, t. v, p. 429.

François de Noailles écrivait encore, le 29 du même mois :

« Madame, j'escripvis par mes dernieres a Vostre Majesté que ung seigneur de la race ursine, avec plusieurs gentilz hommes italiens de sa suite, estoient revenneuz a Bayonne de deux postes par deça. Touteffois ayant des puys descouvert que nonobstant qu'il se fît appeler ainsia par son passeport c'estoit neantmoins le seigneur don Pietro de Medicis, frère du grand duc de Tuscane, et sçachant l'honneur qu'il avoit de vous appartenir, j'envoyay incontinant à Bayonne ung gentilhomme exprez pour le supplier de y venir ici et lui offrir ce peu que je puiz avoir asseurant de le faire conduire à Bourdeaux en seureté, mais celuy que j'y avoiz envoyé vient d'arriver présentement, et il me dict que le dict sieur don Pietro s'est embarqué sur la mer et fait son compte de naviguer jusques à Nantes dont je suis bien marry tant pour le péril ou il s'est miz que pour ne luy avoir peu faire tout le service que je désirois..... » (1).

En 1571, le cardinal Louis d'Este vint en France accompagné par un jeune homme qui est devenu célèbre : c'était Le Tasse. Ce grand poëte visita la France pendant une année et se rendit à Bayonne après avoir traversé les Grandes Landes.

Louis de Foix, habile architecte, qui a bâti le château de l'Escurial en Espagne, la tour de Cordouan et rétabli en 1578 l'ancienne embouchure de l'Adour ; Duvergier de Hauranne, abbé de Saint-Cyran, né à Bayonne en 1581, ami de Jansénius, qu'il fit nommer principal du collége

---

(1) *Lettres inédites de François de Noailles, évêque de Dax*, publiées par Philippe Tamizey de Larroque, pp. 31, 32 (1865).

de cette ville (1606) ont souvent traversé les Grandes Landes pour se rendre de Bayonne à Bordeaux.

Henri IV, avant son avènement au trône de France, visitait quelquefois la ville de Tartas et le pays de Marensin. Pendant les premiers mois de l'année 1578, Michel Berenger, trésorier général, paya « à l'argentier, 30 l. t. payées par ordre du Roy à un homme du village de Lego (Leogor), près de Tartas, où S. M. dîna au parti dudit Tartas, pour dégât que ses gardes ont fait au logis et aussi pour le récompenser d'une vache que ses chiens ont étranglée » (1).

En octobre 1583, le roi de Navarre prenait des mesures pour défendre Tartas, et il écrivit à M. de St-Geniés la lettre suivante :

« Je vous prie envoyer au plus tost deux quintaulx de poudre à mon chasteau de Tartas, et escripvés au sieur de Vignoles afin qu'il les reçoive et s'en charge. Je vous recommande les estats.

« C'est vostre plus affectionné maistre et assuré amy,

« HENRY » (2).

Pendant ce même mois d'octobre 1583, Henri, roi de Navarre, se rendit de Pau à Tartas et, le 21, il dîna à Carcès, soupa et coucha à Soustons. Le 22 octobre, il alla dîner et souper à Boucau et revint coucher à Soustons où il séjourna le 23. Les 25 et 26, il était aux champs (à la chasse probablement).

Les 27 et 29, à Tartas. Il resta les cinq jours suivants dans cette ville de Tartas et dans les environs. Le prince de Condé l'accompagnait dans ces excursions (3).

(1) *Compte du trésorier général de Navarre, Revue d'Aquitaine,* mars 1867, p. 443.
(2) *Lettres missives du roi de Navarre,* t. II, p. 575.
(3) *Recueils des lettres missives de Henri IV, séjours et itinéraires,* t. II.

Dans les *Notes extraites des comptes de Jeanne d'Albret et de ses enfants*, publiées par la *Revue d'Aquitaine* (décembre 1867, p. 263), je trouve que le roi de Navarre avait payé :

« Aux bateliers du Boucau, 6 l. t. pour leur peine d'avoir promené S. M. sur l'eau et quelques-uns de ses gentilshommes.

« A des bateliers de Suston (Soustons), 9 l. t. pour avoir mené S. M., M. le prince et quelques gentilshommes, de Suston jusqu'à une lieue près du Boucau ».

Ce fut sans doute à cette époque que le roi de Navarre se rendit également de Castets à Lesperon. Raymond de Lagoueyte, chevaucheur de la poste, peut-être un descendant du bayle qui reçut Louis XI et dont il est question dans les *Commentaires* de Montluc, Raymond de Lagoueyte eut l'honneur de recevoir le Roi.

« Ce bon prince, l'ami des laboureurs, ayant remarqué les fumiers de Lagoueyte, dit, avec cette aimable naïveté qui lui était familière, et qui fera à jamais vénérer sa mémoire : « J'aime autant ceux qui font naître les épis, que ceux qui les défendent » (1).

.*.

En 1582, Henri III envoya à Bordeaux, pour composer une Chambre de justice, le célèbre historien Jacques-Auguste de Thou, les conseillers au Parlement de Paris Pithou, Loysel, de Thumeri, etc. Ceux-ci profitèrent des vacances de Pâques pour faire un tour en Gascogne et dans les Pyrénées. De Thumeri et de Thou, restés seuls, se rendirent ensuite à Bayonne et à Dax, d'où ils rentré-

(1) *Manuel de géographie historique, ancienne Gascogne et Béarn*, t. 1er, p. 273.

rent à Bordeaux vers le commencement de mai 1582, après avoir suivi la route des Grandes Landes.

Dans ses *Mémoires* (1), de Thou fait la description suivante de ce pays :

« Jean Denis de La Hillière, qui avoit succédé au vicomte d'Horte, commandoit dans la ville : c'étoit un vieux capitaine, fort simple et si accoutumé à la fatigue, qu'il couchoit en tout temps la tête nue, et buvoit toujours du vin pur sans s'en trouver incommodé quoique le vin de Chalosse, dont il usoit, soit le plus fort de la province. Il reçut nos voyageurs avec beaucoup de politesse, et leur fit l'histoire de sa vie sans en rien déguiser. Thumeri lui dit qu'il lui conseilloit de se marier, et, lui ayant frappé dans la main, il lui fit promettre qu'il y songeroit au plus tôt : ce qu'effectivement La Hillière fit peu de temps après.

« Au sortir de là, ils rencontrèrent un beau bois de liéges verts et passèrent à Acqs, ville épiscopale, qui tire son nom des eaux bouillantes qu'on y voit ; puis en cinq jours de marche ils se rendirent à Bordeaux. Ils trouvèrent sur leur route de grandes landes et des bruyères pleines d'abeilles et de tortues, avec des villages fort écartés les uns des autres, mais très peuplés : les paysans y sont plus riches que dans tout le reste de la Gascogne, quoique les autres soient dans un meilleur pays : leur travail et leur industrie rendent leur terroir aussi fertile qu'aucun autre..... »

. .

En 1604. M. de Bérulle, un ami de Saint-Vincent-de-Paul,

(1) *Mémoires* de Jacques-Auguste de Thou, éd. de la coll. Michaud, 1854, p. 301.

devenu depuis cardinal, dont Richelieu était si jaloux, amena d'Espagne, pour les établir en France, les carmélites, entre autres Isabelle des Anges, la Mère Béatrix de la Conception, la Mère Ange de Jésus, qui avaient vécu avec sainte Thérèse. Il était accompagné par quelques dames françaises et par MM. de Brétigny et Gauthier, avocat général au grand Conseil.

« Au moment de quitter Irun, les cochers et les muletiers, se voyant aux confins de leur patrie, refusèrent de passer outre, bien qu'on fût convenu avec eux qu'ils iraient jusqu'à Bordeaux. En vain leur montra-t-on leur engagement : prières et menaces, tout fut inutile ; l'impossibilité où on se trouvait de les remplacer jetait ces messieurs dans une grande perplexité. M. de Brétigny décida à aller trouver M. Arbalès, maître des postes, commandant à Irun, lequel était de ses amis. M. Arbalès revint aussitôt avec lui ; ses remontrances demeurant aussi sans effet, il employa l'autorité : les cochers durent obéir ; mais, dans « l'excès de leur colère », ces honnêtes gens se vengèrent de la contrainte qui leur était faite, en jurant et blasphémant tout le long du chemin, maudissant tour à tour les mules, le voyage, « le jour de leur naissance même » (1). M. Arbalès, qui connaissait leur humeur, n'en faisait que rire. « Amen », répondait-il d'un ton calme à chacune de leurs imprécations, et il les amena ainsi jusqu'à la Bidassoa, qu'on passa en barques.....

« ..... Le 23 septembre, on quitta Bayonne pour se diriger vers Bordeaux. Au moment d'entrer dans la ville, M. de Bérulle, afin de ne pas exciter la curiosité des habi-

(1) M. Navet, *Relation manuscrite.*

tants par la vue des voitures espagnoles, envoya chercher deux carrosses ; les Mères et les Françaises y montèrent, et l'on se rendit, les portières bien closes, jusqu'au lieu où l'on devait loger » (1).

Ces personnages suivirent la route des Grandes Landes pour se rendre de Bayonne à Bordeaux et ils durent supporter la mauvaise humeur et les malédictions des cochers espagnols.

.·.

Le général génois Spinola, au service de l'Espagne, a traversé plusieurs fois les Grandes Landes. Dans une lettre du 13 janvier 1606, adressée de Bordeaux au roi Henri IV par le président d'Affis, je lis le passage suivant (2) :

« ..... Le marquis de Spinola est passé en ceste ville courant la poste à huict chevaulx, en taisant son nom. Le chevaulcheur de la poste le recogneust et m'en advertit par son commilz, faisant conduire iceulx couriers vers moy, qui arresterent à cheval devant la porte de mon logis sortz nag. Luy me vint parler de la part des aultres, qu'on m'a dict despuyz estre le cappitaine des gardes du marquis de Spinola, et me dict qu'ilz estoient de Brusselles et avoient passé à Paris, s'acheminant en Hespaigne. Je l'interrogé si M. le marquis de Spinola estoit en la trouppe. Il me respondit que non ; mais qu'il avoit prins son chemin par les Allemaignes, vers l'Italie. Le chevaulcheur de la poste me vint encores dire à l'oreille que, sans doubte, le marquis de Spinola y estoit et attendoit

<hr>

(1) *M. de Bérulle et les Carmélites de France (1575-1611)*, par M. l'abbé Houssaye, p. 350. Paris, Plon, 1872.
(2) *Archives historiques du département de la Gironde*, t. x, p. 523.

au devant la porte de mon logiz, et soudain j'envoiay ve..
luy mon filz pour le prier de descendre, luy disant qu'il
n'arresteroit point, et que je venoiz à la basse court pour
ne lui donner la peyne de monter le degré de ma chambre. Son rencontre feust courtoiz, mais il me nya estre le
marquis de Spinola. Je luy ditz que j'estoys certainement
adverty qu'il l'estoit, et luy demanday s'il avoit veu V. M.
en son passage. Il me dict l'avoir veue, et que V. M. se
portoit bien. Je luy ditz que vous ayant veu, il avoit
tant moins de subject de taire son nom à voz serviteurs,
que dernierement passant ici, y estant M. le mareschal
d'Ornano, il ne le vid point, qu'il n'eust resté que fort
content de voir ung seigneur plein d'honneur et de courtoizie, et quy representoit V. M. en ce paiz. Il me respondit qu'il estoit son serviteur, et s'en retourna avecq parol-
les de courtoizie, non qu'en riant il ne fist reproche au
maistre de la poste qu'il l'avoit descouvert. J'obmetz que
le courrier qui me parla premierement, quy montroit
estre Espaignol à sa contenance, me dict qu'ilz avoient
passé à Paris, mais qu'ilz ne pouvoient passer aultrement.
Ce ne feust sans repplicquer qu'il estoit bien raisonnable
que puisque V. M. donnoit passage libre aulx courriers
par son royaulme, qu'ilz suivissent en cela l'ordre que
V. M. leur donnoit pour les postes, qu'ilz ne pouvoient
douter de sa droite intention..... ».

En 1611, le général Spinola traversa encore les Grandes
Landes :

« En auril 1611, le Roy aduertit Messieurs les Iurats du
passage du Marquis de Spinola en cette ville (*Bordeaux*),
afin de le visiter et honorer. Il passa en poste : deux des
Messieurs les Iurats l'allerent saluer, dont il les remercia,
et ne s'attendoit à cet honneur car il passoit souuent, et

ne se vouloit faire connoistre, se déguisant et prenant
des habits de petite estoffe » (1).

.·.

En 1627, Spinola fit le voyage de Madrid à la Rochelle
pour rendre visite à Louis XIII qui assiégeait cette dernière ville. Il passa par Bordeaux après avoir traversé les
Grandes Landes.

.·.

En 1611, Marc-Antoine de Gourgues, conseiller au Parlement de Bordeaux, traversa les Grandes Landes pour se
rendre à Bayonne et sur la frontière d'Espagne. Il avait
reçu pour mission, de la part de la régente Marie de
Médicis, de surveiller et d'organiser le passage en France
des Maures que le roi d'Espagne, Philippe III, venait
d'expulser de ses Etats. On en fit conduire plusieurs
milliers depuis Bayonne jusqu'à Agde, où ils s'embarquèrent pour Tunis. Quelques-uns traversèrent les Grandes
Landes et se répandirent dans la Guyenne. « Les Moris-
ques avaient, dit-on, dès le temps du feu roi (Henri IV),
fait quelques ouvertures pour s'établir en France. Sully
croit qu'ils eussent consenti à embrasser le protestan-
tisme, qui, par la suppression des images et du culte
des saints, leur semblait se rapprocher des principes
de l'Islam. C'eût été une précieuse acquisition pour la
France : ces hommes industrieux, actifs, habiles dans
l'agriculture et dans l'art des irrigations, eussent pu
transformer en prés et en champs fertiles les landes

(1) *Chronique Bourdeloise*, supplément par Jean Darnal (1666), p. 143.

désertes de la Gascogne ; les préjugés religieux s'y oppo-
sèrent. Henri IV lui-même n'avait point osé braver les
passions catholiques en renforçant ainsi le protestan-
tisme français » (1).

.·.

En juin 1609, d'après les ordres du Roi, le Parlement de
Bordeaux donna mission au président d'Espaignet et au
conseiller de Lancre de faire la recherche des sorciers (2)

(1) *Histoire de France*, par Henri Martin, t. xi, p. 1).

(2) Vers le commencement du XVIIe siècle, les bûchers se rallumèrent pour cause de sorcellerie. Depuis longtemps déjà, la magie et la sorcellerie occupaient les esprits dans tous les pays. Les juges eux-mêmes y croyaient. On accusait les prétendus sorciers dans tous les malheurs qui survenaient, et on croyait qu'ils avaient fait un pacte avec le diable ; qu'en échange de leurs âmes, ils recevaient un pouvoir surnaturel. Les sorcières avaient, disait-on, le pouvoir de donner un sort, des maladies aux bêtes et aux individus. Par ordre des Parlements, on brûla ces prétendus sorciers et sorcières, qui étaient souvent victimes de haines privées. Certains présumés sorciers s'avouaient coupables dans l'espoir que la justice serait moins sévère pour eux. Quelques habitants des Landes croient encore aux sorciers ; mais ces croyances aveugles diminuent grâce à l'instruction qui se répand de plus en plus dans les campagnes. L'ignorance rend le peuple crédule, fanatique et barbare : ce n'est qu'en l'instruisant de plus en plus qu'on pourra détruire ces superstitions.

Je ne ferai point l'histoire de la sorcellerie dans les Landes.

M. Tartière, archiviste des Landes, dans l'*Annuaire* de 1858, donne des détails sur le sabbat en Chalosse et sur un procès qui eut lieu en 1671 relatif à la sorcellerie.

M. Francisque Michel dans le *Pays basque*, M. du Mège dans sa *Statistique générale des départements pyrénéens*, t. II, en parlent longuement.

M. de Lagrèze, dans son livre : *La Société et les mœurs en Béarn* (1835, p. 141), raconte ce qui suit :

« J'ai vu de mes yeux une femme qui, voulant se débarrasser de son mari, avait demandé, comme la chose la plus naturelle du monde, à un prêtre vénérable de dire une messe à Saint-Sécaire : elle était convaincue que ce saint, inconnu au martyrologe, mais fort connu dans certains lieux, avait le pouvoir de faire sécher et mourir les personnes gênantes pour ceux qui invoquaient son appui.

« Cette femme, irritée du refus du prêtre, lui fit voir qu'elle pouvait se passer de lui : elle abattit elle-même son mari d'un coup de fusil ».

dans le pays de Labourd. Ces deux juges inhumains et sanguinaires traversèrent les Grandes Landes et se rendirent à Bayonne. Pendant quatre mois, ils parcoururent en tous sens le pays basque et firent exécuter près de quatre-vingts prétendus sorciers et sorcières. Le clergé fut innocent des atrocités commises. Le curé d'Ascain et deux prêtres de Ciboure furent aussi poursuivis et exécutés : une partie de la population était dans la terreur et s'enfuit

Dans *Las coustumas de la vila de Bourdèu* (les coutumes de la ville de Bordeaux) on lit encore :

(§ 50).

« Cum diu estre punhit qui usa de sorilhas. (Peine de ceux qui usent de sortilège) :

« Costuma et ussatge es en Bordalés que quant ascuns homes o aucunas fempnas usan de sortilharia, cum de liguar home que no pusqua aver a far am sa molher o sels qui saben far invocations de demonis parts de nigramancia o per autre arts, doa dampnages se podan venir à homes o à fempnas arres costaments : o far ymageaas o figuras talhar de sons draps, o mettre en son leyt breu o vermine o autra cosa de que pergos son repaus, que tot atau homme deu estre corregit per lsagua preixon et sous bens confiscat ; et en apres deu estre sorbanit deu loc, et sy james y es trobat au loc, pendra mort corporau. Et asso es a en homes o en fempnas qui son atau proats o diffamats o atents en tau causa : quar aulha exectrion nos'deu far corporau ni autra, sens gran diligensa ».

M. Communay a publié en 1870 une brochure sur Pierre de Lancre. On y trouve, pp. 16 et 17, deux pièces qui lui ont été communiquées par M. L. Hiriart, archiviste de la ville de Bayonne et que je reproduis ici :

22 JUIN 1609.

La municipalité de Bayonne est avisée du départ de MM. d'Espagnet et de Lancre :

« Messieurs, je vous ay escript par le sieur de Challa ; du despuis j'ay veu Monsieur de Baïonne (Bertrand d'Echaux, évêque de Bayonne), lequel désireroit fort qu'il vous pleust bailler quelque contentement pour loger a Messieurs les présidents d'Espagnet et de Lancre, conseiller, commissaires députés par le Roy et la court pour le faict des sorciers. Ils désirent estre logés en maison bourgeoise et separement, touttefoys l'ung fort pres de l'aultre, et pour tous logis avoir chascun une petite salle pour recepvoir les parties et une chambre avec deux lits, l'ung pour l'ung desdicts sieurs et l'aultre pour un home, et rien plus, car pour leur train et pour leur de ppnce ils y mettront ordre. Je vous en ay escript mon advis,

pour se cacher dans les Landes. De Lancre donne les
détails de la procédure faite par lui et le président d'Espaignet, dans un livre qu'il a publié en 1610 et 1613, intitulé : *De l'inconstance des mauvais anges et démons.* Ce livre
prouve que son auteur était animé par le plus absurde
fanatisme.

Toutefois, avec le temps, on commençait à reconnaître
que tout ce qu'on disait des sorciers n'était que fables et
mensonges. La raison prenait le dessus. Le Parlement

auquel je me tiens, et vous dirai que, comme rien ne vault, qu'il faict bon obliger
les hommes comme cy est de peu de coust, car avecq le temps peult profiter de
beaucoup.

« Les dits sieurs doibvent partir d'ici sapmedy prouchain, XXVIIe du presant, et
pourront estre randus par della pour le second du mois prochain. Monsieur
d'Uturbie (Archives de Bayonne, FF, 503, pièce 45) s'en va par della pour leur
préparer besoigne. Je crois qu'il a charge desdicts sieurs de vous prier de leur part
pour lesdicts logemens.

« Il semble que vous ne leur pouves bonnement reffuser ceste courtoisie. J'espère
estre par della, Dieu aidant, en peu de jours, pour vous y servir sur tout et
demeure a teujours,

« Messieurs,

« Vostre plus affectionné à vous faire service,

« DE SORHAINDO.

« A Bourdeaux, le xxiie juin 1609 (Archives de Bayonne, CC, 305, pièce 48).
« A Messieurs les eschevins et consuls de la ville et citté de Baionne ».

11 SEPTEMBRE 1609.

Vin d'honneur offert par la ville de Bayonne à MM. d'Espaignet et de Lancre :
« Nous, Charles de Sorhaindo, lieutenant en la mairerie de la presente ville et
citté de Baionne, mandons à vous, sieur Estienne Daymar, tresorier des deniers
communs en l'année presente, que vous reuvercież par vos mains tant la somme
de quarante trois livres dix sols qu'aultres frays fourays par nostre commandement,
sçavoir est : trente neufs livres, pour une barrique de vin cleret que la ville a
baillé de present a Messieurs Despaignet et de Lancre, presidant et conseiller en la
cour du parlement de Bourdeaulx, estant dans cette ville par commandement du
Roy pour faire justice contre les sorciers et sorcières, et quatre livres dix sols pour
deux livres escorces de sitron pour la collation qui a este baillée aux dits sieurs

de Bordeaux fut enfin inspiré par des sentiments d'humanité.

Dans les *Archives historiques du département de la Gironde*, tome 24° (1884-1885), on trouve les arrêts suivants de ce Parlement concernant les sorciers :

P. 207. — 20 juin 1671. — « La Cour ayant appris que dans la sénéchaussée de Saint-Sever les familles s'accusent les unes les autres de sortilége, que le mari se défie de sa femme, le père de son fils, etc., défend à qui que ce soit de faire la recherche des sorciers..... ».

estant allés au havre neuf de ceste ville ; ascendans les dites deux parcelles a la dicte somme de quarante trois livres dix sols, et rapportans ces presentes, icelle vous sera allouée a la reddition de vos comptes.

Faict à Baionne par ordonnance du Conseil, le unziesme jour de septembre mil six cens neuf.

« (Signés) : MAUBEC, eschevin.
« DETCHEVERRY, jurat ».

De Lancre, en homme convaincu, fait le récit des horreurs qu'il a commises pendant son séjour dans le pays basque :

« Le suisse du Saint-Esprit, à Bayonne, dit-il, avait acheté trois corbeilles de pommes auprès d'une sorcière, nommée Galanta ; sa fille les marchandait ; dès qu'elle eut mordu dans une de ses pommes, elle tomba d'épilepsie.

« La chorropique ayant touché le bras de Jehannes d'Uhart, il devint comme mort. — Cette femme révéla les ingrediens d'une recette magique qu'il suffisait de répandre sur les pâturages pour faire périr les bestiaux...... etc. ».

Dans les archives de Bayonne (FF, 553) on trouve qu'un nommé Dyharce, à la Bastide, demande que le maître des hautes œuvres de Bayonne aille à la Bastide, car le lendemain « qui sera le jour de marché de ceste ville, nous désirions faire exécuter quelques sorciers et sorcières quy par arrest ont été condempnés à mort » (3) septembre 1509).

Vers la même époque, un sieur Laurens, juge de Capbreton, dit qu'il a une sorcière qui a été condamnée à être fustigée « par les cantons et carrefours », et il prie la ville de Bayonne de vouloir lui envoyer l'exécuteur des hautes œuvres.

« En cette année 1513, ajoute de Lancre, je suis rapporteur de quelques sorcières de la paroisse d'Amou, qui disent et ont maintenu à Jehan de la Lalanne, prisonnier détenu pour la sorcellerie en la conciergerie de la Cour, que c'est lui qui a accoustumé les lever en cette paroisse ». (*Tableau de l'inconstance des mauvais anges*, liv. II, disc. IV, p. 89).

P. 208. — 2 juillet 1671. -- « La Cour ordonne des poursuites contre le juge de Sore qui, ayant appris qu'un homme avait le don de reconnaître les sorciers, avait fait ranger tous les habitants dans la grande rue et les avait fait examiner par cet homme ».

P. 210. — 4 juillet 1671. — « La Cour défend à tous curés et confesseurs de révéler les déclarations de ceux qui se sont accusés de sorcellerie, aux juges de favoriser des gens qui prétendent reconnaître les sorciers, etc..... ».

Voici l'arrêt concernant le juge de Sore :

« Sur ce qui a esté représenté par le procureur général du Roy, qu'un certain homme ayant semé une erreur parmy des publes, qu'il recognoissoit au seul regard des personnes qui estoient sorciers, il a vagué de parroisse en parroisse et aveq cette façon de faire, aparamant foyeble et ridiculle, il a acuzé quentité de personnes, et ses accuzations ont causé tant de désordres dans les familles que le publicq et le particulier sy trouvant intéressés, nous avons esté obligé de requerir à un arrest contenant des deffanses à cest homme d'uzer de telles et semblables façons de faire et à tous officiers de le souffrir, mesme d'en informer et de se saizir dudict homme ; et quoy que cest arrest aye esté donné et cognen au publicq et au particulier, neanmoins les officiers de Sore, par un mepris de la justice et contraire au bien et repos publicq, ont envoyé chercher cest homme dans la parroisse d'Ostens et obligé d'indiquer à l'issue de leur grand messe parroissielle et dans la rue de leur ville, le puble en haye, ceux qui estoient sorciers ; ce qui ayant cauzé de grands desordres dans les familles, ne peult estre tolleré par la justice. Attant requiert qu'il luy soit permis d'informer contre les officiers dudict Sore ou autres parlevant le premier juge royal des lieux non suspect et que l'arrest qui interviendra sera exécuté sur son simple dictum attendeu la maniere dont il s'agist.

« De PONTAC ».

« La Cour, faisant droit de la requisition du procureur general du Roy, luy a permis et permet d'informer des faits cy dessus contenus contre les officiers de Sore et autres qu'il baillera plus à plain par intendit pardevant le plus prochain juge royal des lieux non suspect qu'elle a à ces fins commis et deputté pour l'information faite et devers la Cour raporté estre pourveu de tel decret qu'il appartiendra ; et cepandant permis de se saisir dudict hommé et le conduire dans les prisons de la conciergerie de la Cour, et sera le presant arrest executé en verteu du simple dictum attendeu la matière dont s'agist.

« LE COMTE ».

Aujourd'hui encore, la croyance à la sorcellerie se maintient dans quelques localités. La législation s'est adoucie, et l'on ne prononce plus que des peines correctionnelles contre ces prétendus sorciers qui font métier de deviner, qui exploitent la crédulité publique par des manœuvres frauduleuses. Mais, en éclairant de plus en plus les esprits, on finira par détruire les funestes effets de ces préjugés.

.*.

Dans le mois de juin 1612, le duc de Mayenne partit pour Madrid et traversa les Grandes Landes. En qualité d'ambassadeur extraordinaire, il allait demander à Philippe III, au nom du roi de France, la main de l'infante

Anne. Il est fait mention, dans les archives de Bayonne, de son entrée dans cette ville, le 17 juin 1612 (1).

« Samedy 1 decembre 1618.

« Toutes les Espagnolles qui estoyent auprès de la Reyne, s'en vont en Espagne (excepté la vieille Stéfanille, demeurée et Osorio, envoyée en Flandres), à savoir : la comtesse de la Torre, la comtesse de Castres, Mendoce, sa fille, Isabellique, et plusieurs servantes. La comtesse de la Torre eut un don du Roy, une littière, trois mulets, un carrosse, six chevaux, et cinq mille écus ; la comtesse de Castres, pareil équipage et trois mille écus, le Roy leur a donné à toutes, en tout, la valeur de cent mil livres. Mendoce, avant que de partir, avoit eu la rougeolle, et l'avoit donnée à la Reyne, qui en avoit esté assez malade » (2).

Pour revenir en Espagne, ces dames, qui avaient accompagné, en qualité de filles d'honneur, la reine Anne jusqu'à Paris, suivirent la route des Grandes Landes.

En mars 1620, de Fargis, ambassadeur du Roi en Espagne, se rendit en poste à Bayonne, où il séjourna pendant quelques jours (3). De Fargis revint à Madrid, en 1632, accompagné par le poète et littérateur Voiture (4). Ils suivirent la route des Grandes Landes.

(1) Archives de Bayonne, AA, 10.
(2) *Journal inédit d'Arnauld d'Andilly*, publié par Halphen, 1857, p. 189).
(3) Archives de Bayonne, BB, 20.
(4) Voiture avait de la probité, du courage, le cœur haut placé, et sut forcer les grands, comme Voltaire lui-même, à compter avec lui. J'avoue que comme écrivain

En 1621, le maréchal de Bassompierre se rendit à la cour d'Espagne et courait la poste à trente chevaux (1).

Dans ses *Mémoires* (2), de Bassompierre indique les lieux où il s'est arrêté dans les Landes :

« Puis le mercredi 17 janvier 1621, je vins à Bordeaux, où je demeurai le lendemain pour l'amour de Messieurs d'Epernon et de Roquelaure, et vins le vendredi 19 coucher seulement à Belin, puis à Castets, après avoir dîné à La Harie, où j'eus nouvelles de ce qui étoit arrivé à Fargis, et vins coucher à Castets.

« Le dimanche 21 j'arrivai à Bayonne, où M. le comte de Grammont me fit, durant quatre jours que j'y demeurai, la meilleure chère du monde, et à tous les gentilshommes qui m'accompagnoient..... ».

A son retour de Madrid, de Bassompierre repassa par les Grandes Landes.

« Le mardi, 25 mai 1621, je demeurai à Bayonne pour y attendre M. d'Épernon, qui y arriva le matin. Nous allâmes, après dîner, voir la grotte d'Amour et pêcher.

« Le mercredi 26, je fus coucher à Saint-Vincent.

« Le jeudi, à La Harie.

« Le vendredi 28, à Bordeaux » (3).

.* .

il a assez mauvais renom, et il ne m'importe pas de le réhabiliter à ce titre ; mais trouver un honnête homme de plus dans notre histoire ne m'est pas indifférent, et Voiture était, je le crois, cet homme-là. Un juge lui fait gagner dans un procès plus qu'il ne devait lui revenir, il dédommage sa partie adverse. Un de ses amis est volé ; il lui écrit : « Ces honnêtes gens ont-ils eu la courtoisie de vous laisser un peu d'argent ? Dans l'appréhension que j'ai qu'ils aient manqué à cette civilité, je vous envoie cent pistoles et vous en garde deux fois autant en cas de besoin ». (*Histoire de France*, par V. Duruy, t. II, p. 363 (1850).

(1) Archives de Bayonne, FF, 56).

(2) *Mémoires du Maréchal de Bassompierre*, collection Michaud, 1854, p. 149.

(3) Idem, p. 161.

Notre grand saint Vincent-de-Paul, une des gloires des Landes, après avoir fait, en 1623, une mission dans les bagnes de Bordeaux, prit la route de Dax et alla visiter sa famille à Pouy. Il est certain que, pour se rendre de Bordeaux à Dax, il dut suivre la route directe des Grandes Landes. Il passa une semaine à Pouy, lieu témoin de son enfance, et où il avait gardé les brebis de son père. Le jour de son départ, il se rendit nu pieds à la chapelle de Buglose pour y célébrer la messe. Il était accompagné par ses frères, ses sœurs, ses parents et une partie du village. Après un repas fait en famille, il fit ses derniers adieux à tous ses parents et leur donna la bénédiction en ces termes : « Oui, je vous bénis, mais je vous bénis humbles et pauvres, et je demande pour vous au Seigneur la grâce d'une sainte pauvreté. Ne sortez jamais de l'état dans lequel il vous a fait naître : c'est mon instante recommandation, que je vous prie de transmettre comme un héritage à vos enfants. Adieu pour toujours ». Il partit ensuite pour Chartres où il donna une mission.

.·.

Le 10 avril 1628, M. de Seignant, député de Bayonne, écrit de Bordeaux pour annoncer le départ pour Bayonne de M. de Servient, conseiller d'État, intendant de la justice et police en la province de Guyenne. M. de Seignant devait l'accompagner. Ils voyageraient à cheval et devaient se rendre le premier jour à Belin, le deuxième à Labarie, le troisième à Castets et le quatrième à Bayonne (1).

.·.

(1) Archives de Bayonne, FF, 171.

Le duc d'Épernon, gouverneur et lieutenant général pour le roi en Guyenne, s'est rendu plusieurs fois à Bayonne et à Dax par la route des Grandes Landes. Un échevin de Bayonne, de Hariet, député à Bordeaux, écrit qu'il tient d'un officier de Mgr d'Épernon que ce dernier appréhendait le voyage de Bayonne à cause des mouches, auquel celui-ci repartit qu'il n'avait à appréhender les mouches « pourveu qu'il allast le matin et le soir » (1).

Le duc d'Épernon arriva le 17 octobre 1636 à Bayonne, où La Valette, son fils, le suivit le 23. Dès le 29 du même mois d'octobre, le père et le fils repartirent pour Bordeaux.

Les anciens historiens ou voyageurs, qui ont traversé les Grandes Landes, ne donnent pas de longs détails sur ce pays. De Varenne, dans son *Voyage de France* (1639), après avoir parlé de Bordeaux, dit seulement, p. 110 :

« Il y en a qui au voyage en France ont joinct celuy d'Espagne, et qui ayans pris vn guide ou vn truchement ont pris le chemin de Bayonne..... ».

Pendant les guerres de la Fronde, en 1649, le maréchal de Gramont, qui se trouvait à Paris, reçut l'ordre du cardinal Mazarin de se rendre à Bayonne. « Il devait prendre la poste et se rendre à Bayonne en toute diligence, puisque c'étoit la clef du royaume et que de là seul dépendoit le salut de la monarchie et la majesté royale ».

(1) Archives de Bayonne, FF, 577.

Avant son arrivée à Bordeaux, de Gramont apprit que les sectateurs de la ligue voulaient l'arrêter et le jeter dans la Garonne. Il fit alors un détour et passa par Langon et les Petites Landes pour se rendre à Bayonne.

« Sitôt qu'il y fut arrivé, il rassura toute la frontière qui étoit fort ébranlée et contint la noblesse du Béarn, les peuples de cette province, les Bayonnois et les Basques dans la fidélité qu'ils devoient au Roi ; ce qui renversa tout-à-fait les projets que M. le prince avoit concertés avec les Espagnols, lesquels ne le pouvant pas secourir par terre, toute communication leur ayant été otée, Bayonne et le Béarn restant fidèles, n'avoient plus que la voie de mer pour venir à Bordeaux, qui en étoit une très incertaine et d'une dépense ruineuse pour eux. Aussi s'en lassèrent-ils bientôt..... » (1).

En 1674, la flotte hollandaise voulut tenter un coup de main sur Bayonne. Le maréchal de Gramont partit en poste de Paris, traversa les Grandes Landes et se rendit à Bayonne où il trouva la ville en bon état de défense. Les Hollandais ne se présentèrent pas et de Gramont revint à la cour.

. .

Jean d'Olce, nommé évêque de Bayonne, après avoir séjourné trois jours à Bordeaux, partit en carrosse pour Bayonne le 4 mai 1645, et suivit la route des postes. Son entrée solennelle à Bayonne eut lieu le 9 mai suivant. Louis XIV reçut à Saint-Jean-de-Luz la bénédiction nuptiale par Mgr d'Olce, évêque de Bayonne.

. .

(1) *Mémoires du maréchal de Gramont.* Edition Michaud, 1814, 1re partie, p. 282.

En juin 1656, le cardinal Mazarin envoya de Lionne en Espagne pour entamer une négociation en vue du mariage de Louis XIV avec l'infante Marie-Thérèse. Cet ambassadeur quitta Madrid à la fin de septembre 1656 et repassa par les Grandes Landes.

.˙.

En 1659, le cardinal Mazarin et Louis de Haro tenaient leurs conférences dans l'île des Faisans, située au milieu de la Bidassoa. Ces conférences durèrent plus de quatre mois. Le 19 août, Louis XIV, son frère, le duc d'Anjou, sa mère, Anne d'Autriche, étaient arrivés à Bordeaux. Ils attendaient dans cette ville avec impatience les nouvelles, les conclusions du traité de paix et celles du mariage. Tous les jours, à chaque instant, les courriers traversaient les Grandes Landes à grande vitesse.

J'extrais de l'*Histoire du traité de la paix suivi du Journal des Conférences*, par Courtin, les passages suivants de deux lettres :

« *A St Jean de Luz, ce 15 septembre 1659.*

« ..... Monsieur le Mareschal de Villeroy part demain pour Bourdeaux, il s'en va rendre compte au roi de ce qui se passe..... ».

« *A St Jean de Luz, ce 16 septembre.*

« Un courrier qui va partir pour Bourdeaux et qui m'asseure qu'il rejoindra l'ordinaire, me donne lieu d'adjouster à ce que j'escrivis hier au soir avec beaucoup de precipitation que Monsieur le Mareschal de Villeroy part demain à la pointe du jour avec cinq relais, il fait estat d'y arriver vendredy, de là il doit envoyer un courrier à Son Eminence..... » (1).

.·.

Dans l'[illegible] [illegible] par O'Reilly, [illegible] Edit. t. III. p. 158 je trouve la note suivante :

« En 1668, on vit arriver à Bordeaux, le 21 août, les ambassadeurs de Pierre le Grand, duc de Moscovie, revenant d'Espagne. Ils s'arrêtèrent quelques jours à Gradignan, en attendant la réponse d'une lettre qu'ils avaient écrite au roi de France pour les défrayer pendant leur voyage dans son empire. Ils étaient suivis de sept carrosses à six chevaux et furent reçus avec pompe par la ville, d'après les ordres du gouvernement ; et après avoir séjourné deux jours à l'hôtel de Puy-Paulin, ils partirent dans un bateau que les jurats avaient fait préparer pour eux et leur suite. On était loin de prévoir alors la future grandeur des successeurs de ce petit duc, ou l'accroissement prodigieux de cet empire naissant de la Russie, qui pèse tant aujourd'hui (1859) sur l'Europe ».

Ce n'étaient point les ambassadeurs de Pierre le Grand qui venaient de traverser les Grandes Landes, mais bien ceux d'Alexis, son père (2).

(1) *Histoire du traité de la paix conclue sur la frontière d'Espagne et de France.* Cologne, 1556, in-18, pp. 175 et 175.

(2) « Les ambassadeurs du grand Duc de Moscouie reuenans d'Espagne, s'estans arrestez à Gradignan à deux lieués de Bourdeaux, en attendant la réponse d'vne Lettre qu'il auoient écrite au Roy pour les défrayer, qui leur ennoya le sieur Cathus, l'un des Gentils hommes ordinaire de sa Maison et Mestre de Camp de sa Caualerie, pour les conduire dans la route, entrèrent le 21 de ce mois auec vn cortage de sept carrosses à six cheuaux, precedez de tous les Archers du Guet, ils furent loger à Puipaulin, où les Iurats les furent complimenter le mesme iour de la part de la ville et leur firent offrir par le Chevalier du Guet vn fort beau présent ». (*Chronique Bovrdeloise*, par G. de Lurbe (1672).

Pierre le Grand est né en 1672. Alexis envoya des ambassadeurs aux souverains de l'Europe pour nouer des relations commerciales et politiques : Matchékine en 1653, Potemkine en 1668, furent présentés à la Cour de France. Avant cette époque, la Russie n'avait aucun contact avec l'Occident, mais elle dut à Pierre le Grand, qui fut un législateur et un conquérant, sa grande influence dans les affaires de l'Europe. Il vint en France en juin 1717 et, le 15 août suivant, il fut signé à Amsterdam un premier traité franco-russe, traité d'amitié, d'alliance défensive et de commerce.

Si les ambassadeurs d'Alexis furent reçus, en 1668, avec tant de pompe par la ville de Bordeaux, on n'est pas surpris aujourd'hui (1892) de voir dans toute la France les réceptions chaleureuses qui sont faites à M. de Mohrenheim, ambassadeur de Russie, aux grands-ducs Alexis et Vladimir, frères de l'empereur, aux princesses russes. Partout ils sont les bienvenus. C'est qu'il a toujours existé entre la France et la Russie une amitié sincère qui lie les deux pays. De toutes parts, en France, les populations manifestent leurs sympathies pour la grande nation russe et ses représentants. La population russe vient de faire à nos marins, à Cronstadt, à Saint-Pétersbourg et à Moscou, des ovations enthousiastes. Le Tsar, en particulier, leur a aussi fait le meilleur accueil et a porté un toast solennel au Président de la République française, M. Carnot. Ces manifestations de sympathie pour la France sont du meilleur augure. Deux peuples, comme la Russie et la France, unis sur terre et sur mer, peuvent être sûrs de l'avenir. Cette union cordiale et fraternelle grandira encore, pour la prospérité et le bonheur des deux nations.

Le 8 juin 1892, le grand-duc Constantin, cousin de

l'Empereur de Russie, est allé visiter la maison de Jeanne d'Arc, à Domremy. Il s'est incliné devant la grande Française, notre libératrice. Cette manifestation a touché le cœur de tous les Français.

. .

Il est fait mention, dans les Archives de Bayonne (BB, 28), du passage du marquis de Villars, ambassadeur de France en Espagne. Il s'est arrêté dans cette ville, le 20 septembre 1671.

. .

Le 13 juillet 1677, le duc de Roquelaure, gouverneur de la province, arriva à Bayonne après avoir suivi la route des postes.

« Mgr le duc de Roquelaure, gouverneur de la province, est arrivé en cette ville tout seul dans une chaise roulante, n'ayant pour toute suite qu'un valet de chambre et un page ; comme on ne l'attendait pas encore de deux jours, il a extrèmement surpris toute la ville à cause de la diligence qu'il a fait estant party de Bourdeaux hier à dix heures du matin. Neammoing, de quelque demy heure auparavant, M. le Mareschal (de Gramont) qui avoit envoyé dès la veille son carrosse et un de ses gentilshommes pour l'accueillir, ayant receu un exprès de Saint Vincent qui lui marquoit l'approche du dit seigneur, de quoy il auroit d'abord fait advertir le corps militaire de faire battre la caisse en toute diligence pour qu'on se mit soubs les armes et assembler les compaignies...... etc. » (1).

. .

(1) Archives de Bayonne, BB, 30.

La comtesse d'Aulnoy a écrit une *Relation de son voyage d'Espagne*. Elle se rendit de Bordeaux à Dax par les Grandes Landes et de Dax à Bayonne sur des bateaux. Dans une lettre datée de Saint-Sébastien (20 février 1679), elle parle de son séjour à Bayonne :

« ..... Mais il ne faut pas, dit-elle, que j'oublie de vous dire que l'on ne peut voir de plus beau linge que celui que l'on fait en ce pays-là, il y en a d'ouvré et d'autre qui ne l'est point. La toile en est faite d'un fil plus fin que les cheveux, et le beau linge y est si commun, qu'il me souvient qu'en passant par les landes de Bordeaux, qui sont des déserts où l'on ne rencontre que des chaumières et des paysans qui font compassion par leur extrême pauvreté, je trouvai qu'ils ne laissaient pas d'avoir d'aussi belles serviettes que les gens de qualité en ont à Paris » (1).

.·.

Avant 1700, les communications entre Paris et Madrid n'avaient lieu que tous les quinze jours, au moyen des courriers d'Espagne en Flandre et de Flandre en Espagne. Mais en 1700, le duc d'Anjou, petit-fils de Louis XIV, devint roi d'Espagne sous le nom de Philippe V. On sentit alors la nécessité d'établir un nouveau courrier d'Espagne en France et un autre de France en Espagne, et il fut conclu un nouveau traité franco-espagnol, le 24 septembre 1701.

Les courriers français et espagnols échangeaient leurs dépêches à Oyarsun, près Irun. La marche des courriers espagnols était réglée de la manière suivante :

Départ d'Oyarsun le lundi, à deux heures du soir. Arrivée à Madrid le vendredi suivant, à la même heure. Départ de Madrid le samedi, à midi. Arrivée à Oyarsun le mercredi suivant, même heure. Le trajet entre Madrid et Oyarsun exigeait donc 96 heures (1).

.·.

Le 19 octobre 1703, le duc d'Albe, ambassadeur d'Espagne, se rendant à Paris, s'arrêta à Bordeaux. Les jurats lui envoyèrent douze douzaines de bouteilles de vin et douze boîtes de confitures. (Extrait des registres de la Jurade).

.·.

Le 15 novembre 1703, le cardinal d'Estrées, ambassadeur extraordinaire de France en Espagne, s'arrêta à Bordeaux en allant en Espagne. Il repassa le 2 août 1704 à Bordeaux *(Idem)*.

.·.

Le duc de Noailles, allant en Espagne, s'est arrêté à Bayonne les 29 et 30 août 1710 (Archives de Bayonne, BB. 36). Ces personnages ont suivi la route des postes.

.·.

Le duc de Saint-Simon, nommé ambassadeur d'Espagne, partit en poste de Paris, le 23 octobre 1721, pour se rendre à Madrid. Il était accompagné de ses enfants, du comte de Lorges, de l'abbé de Saint-Simon, etc. Dans ses *Mémoires*, qui l'ont rendu célèbre, il fait la description de son voyage :

(1) *Les Postes françaises*, par Alexis Belloc, 1885, p. 143.

« Après avoir bien remercié M. et Mme Boucher (l'inten
dant de Bordeaux), nous partîmes, traversâmes les Grandes Landes, et arrivâmes à Bayonne, où nous mîmes pied
à terre chez d'Adoncourt, qui y commandoit très digne-
ment et y étoit adoré..... ».

Le duc de Saint-Simon avait pour mission de négocier
le mariage de l'infante avec Louis XV, et celui du prince
des Asturies avec une fille du régent.

Dans la lettre suivante, adressée au cardinal Dubois, il
se plaint des maîtres des postes des Landes :

AU CARDINAL DUBOIS (1).

« A Bayonne, le 10 novembre 1721.

« V. Eminence verra par la lettre que j'ay l'honneur
d'écrire au Roy un detail plus exact du courrier que je
receu en arrivant icy du s^r de Sartine, que ce que je pû
avoir l'honneur de vous en mander le jour même. J'ay
bien peur que cette première lettre d'affaire ne vous ait
donné bien mauvaise opinion de moy, mais ayez la bonté
de vous en prendre à l'accablement de fatigue où j'estois.

« Je n'ay rien à ajouter, sur ce courrier, à ce que j'ay
eû l'honneur d'écrire au Roy ; je me contenteray, pour
mon excuse particulière, de vous dire que je suis parti le
jour que vous me l'avez prescrit, venu à Poitiers en trois
jours, séjourné seulement deux à Ruffec et deux à la Cas-
sine, comme il m'avoit esté permis ; un, au lieu de deux,
à Blaye, quoique j'y eusse beaucoup d'affaires et que la
visite de la place et de ce qui en dépend m'y ait fort
occupé, par un très mauvais temps ; passé à Bordeaux

---

(1) *Papiers inédits du duc de Saint-Simon.* — *Lettres et dépêches sur l'ambassade
d'Espagne.* Quantin, éditeur, 1880, p. 136.

par une marée qui n'estoit pas de choix et séjourné un jour malgré moy, par l'impossibilité des postes de Bordeaux icy. J'ay employé depuis jeudi midi jusqu'au samedi 5 heures du soir, sans avoir cessé de marcher la première nuit, et n'ayant arresté que 5 heures la seconde, et sans un roulier de bonne volonté que je rencontray par hasard et dont les chevaux me menerent 15 lieues, je ne croy pas que je fusse encore arrivé à l'heure qu'il est. Je n'importuneray point V. E. de la mechanceté des maîtres de poste de Coué, de Châteauneuf et de Bordeaux, quoy que tres singulière sur tous les autres, n'y du desordre des postes des Landes, dont celuy de la Bouhaire, seul, en fournit 3 d'un costé et 4 de l'autre, qui sont demontés depuis longtemps et veut quitter, parcequ'il n'y peut plus résister ; n'y de beaucoup de choses concernant ce détail, mais il est certain qu'il demande necessairement quelques moments de votre attention pour que le service du Roy se fasse et que le public ... e voyager pour son argent.

« J'ay esté obligé de ... ourre à cheval souvent et de nuit et de jour, par un tres facheux temps, et tous ceux que j'ay menés, non seulement en berline mais en chaise, ont fait les uns plus, les autres moins, une partie du chemin à cheval.

« Par ce détail qui me concerne, V. E. voit au moins que j'ay fait tout ce qui a esté en moy, pour venir le plus diligemment que j'ay pu, et que je me suis tenû avec exactitude dans les limites qui m'ont esté prescrites pour mes sejours.

« Je souhaite infiniment qu'elle soit contente de ma conduite, jusques icy, et quelle la puisse estre dans toutte la suite ; faites moy la justice d'estre persuadé que j'y donneray tous mes soins par mon empressement de plaire à S. A. R. et par le respectueux attachement avec lequel je suis parfaitement devoué à Votre Eminence.

« LE DUC DE SAINT-SIMON ».

.·.

Dès la naissance d'un dauphin (4 septembre 1729), du père du malheureux Louis XVI, un courrier extraordinaire fut envoyé à la cour d'Espagne. Cette nouvelle détruisit les espérances que Philippe V avait sur le trône de France.

Ce courrier traversa à toute vitesse les Grandes Landes et apporta la nouvelle à Bayonne. Le dimanche, 25 septembre suivant, on célébra dans cette ville la naissance du dauphin par de grandes réjouissances, et le 4 octobre « il y eut à l'hôtel de ville un magnifique repas et bal, précédés d'une *Pamparruque* (1) des plus brillantes composée d'environ 160 personnes de distinction, en hommes et en femmes, chacun avec ses plus beaux ajustements, nipes et bijoux ; et ce qu'il y a de particulier, c'est que, malgré la pluye continuelle, et au mépris des plus belles étoffes et des plus belles hardes, la Pamparruque fut dansée dans les rues, au Palais épiscopal, au Gouvernement, etc. » (2).

.·.

(1) On appelle *Pamparruque* une certaine danse ou marche, dans laquelle les hommes et les femmes, se tenant les uns les autres par des serviettes, forment une longue file, et vont ordinairement au son d'un tambour à deux baguettes, qui bat d'une manière affectée à la Pamparruque ; on fait divers sauts et divers temps, et cette chaîne prend différentes formes On danse en rond quand on passe devant quelque personne de considération ou devant quelque maison qu'on veut honorer, et le tambour bat différemment. Les petites gens qui dansent la Pamparruque se tiennent par la main. — *(Mercure de France*.

(2) *Mercure de France*, novembre 1729, p. 2518.

Beaucoup de gens se plaignent aujourd'hui du trop grand nombre de marchés et de foires qui existent dans le département des Landes. Dans plusieurs de ces réunions, qui n'ont pas un caractère d'utilité, il ne s'y traite point d'affaires ; les échanges et les transactions qui se font sont nuls et sans importance. Il en résulte que ces marchés sont très préjudiciables aux intérêts matériels et moraux des populations agricoles.

Il y a longtemps que ces mêmes plaintes ont été formulées. En 1729, la ville de Dax adressa à celle de Bayonne un *Mémoire* concernant « le commerce du pays des Landes », sur la nécessité d'y supprimer plusieurs marchés. Cette pièce, dont je donne la copie, existe dans les Archives de Bayonne (HH, 55).

Il est vrai de dire que, dans les Grandes Landes, les foires et les marchés ont toujours été très éloignés les uns des autres.

M. Dufourcet, dans son ouvrage *Les Landes et les Landais*, p. 22, croit que les foires de Saint-Jean-de-Bouricos, de Labouheyre et de Saint-Justin, ne sont que la continuation d'anciens *emporiums*. De grands édifices, contenant des magasins où étaient déposées les marchandises, formaient les emporiums romains. Il est probable que ces foires, rendez-vous de commerce, ont plutôt pris naissance dans le moyen âge. Des fontaines et des chapelles étaient l'objet de pèlerinages à certaines époques de l'année. C'est ainsi que, dans la commune de Pontenx, on trouve la fontaine de Bouricos à côté de la chapelle de Saint-Jean qui figure sur la carte de Cassini, et sur celle de la Guyenne par Belleyme.

La foire de Labouheyre a toujours été très importante en raison de sa situation topographique. Il existait autrefois un marché très fréquenté à Lipostey. On y transportait les produits de la contrée qu'on dirigeait ensuite sur Bordeaux. Mais le chemin de fer a amené un déplacement d'intérêts, et ce marché n'a plus d'utilité.

Voici le *Mémoire* de la ville de Dax :

« Le pais des Lannes contient la sennechaussée d'Albret, la Chalosse, le pais entre la rivière de l'Adour et du Gave, la vicomté Dorthe, celle de Giramont, le pais de Gosse, Maremne, Seignanx et le Marencin.

« Le pais est situé dans un terrain sabloneux pour la plus grande partie, fort stérille, et borné au midy par les Pirénées, et au couchant par la mer occeane ; en sorte que les fruits poussant de bonne heure, sont presque tous les ans endomagés par les humidités et les gelées quatirent le voisinage de la mer et des montagnes.

« Les habitans de ce pais ingrat sont naturellement paresseux, l'éloignement qu'ils ont pour le travail les determine aisément a quitter la culture des terres pour se donner au commerce que le paysan envisage comme une profession plus douce et plus lucrative que le labourage, la pauvreté cause une inquiétude qui le menne a changer de place pour fuir le travail qui pourtant est son unique ressource pour le faire vivre à son aize.

« On s'aperçoit depuis quelque temps que le nombre de ces laboureurs qui ont quitté leurs terres est sy grand qu'il excede plus de la moitié de ceux qui travailloit il y a trente années, ce qui fait que cette moitié qui existe est sy afoiblie par le surcroit de l'ouvrage, que les laboureurs ne font que la moitié des œuvres que demande la culture des terres, et voilà pourquoy elles raportent aussy plus de la moitié moins quelles ne fesoient lorsque les ouvriers se tenoient dans leur place, ce que nous éprouvons dans les années disetteuses par le besoin que nous avons des grains de païs étrangers, au lieu que nous étions en etat de leur en fournir anciennement quand tous les païsans labouroient leurs terres.

« Comme cette moitié de païsans qui ont quitté le labourage pour se rendre marchands ne trouvent que de tres petites ressources dans les endroits de leurs habitations, l'avidité du proffit les porte a parcourir tous les marchés de la province pour y débiter leurs marchandises et les denrées qu'ils achètent en herbes a ceux qui travaillent, ce qui les fait encherir par les proffits qu'ils en tirent partant a la seconde et troisième main.

« Le mouvement de cette multitude de païsans marchands a excité dans ce païs et a donné lieu a l'établissement de plusieurs marchés dans des parroisses tres prochaines les unes des autres qui entretiennent ces feneans dans une débauche et une paresse qui entrainera sans doute la moitié des laboureurs qui restent si on tolere ce grand désordre.

« Ces marchands, qui ont quitté le labourage, au lieu de procurer des denrées aux autres etats, les consomment eux mêmes par leur depance et par les comodités qu'ils se donnent, ils n'espargnent rien pour se donner toutes sortes de comodités, ils se nourrissent de pain de froment, de vin et de chair de bœuf. Ils entretiennent plusieurs chevaux, ils sont vetus detofes les plus fines, ce qui cause la cherté des froments, des chevaux, des bestiaux, des fourrages, des vins et autres marchandises ; ils se piquent meme d'avoir des meubles propres et des maisons bien baties, et par là ils absorbent peu à peu leur depance ce quils ont amassé par leur trafic uzuaire.

« **Le mauvais exemple des maitres ainsy desrangés**

entraine dans ce commerce desordonné les domestiques desquels ils se servent, en sorte qu'on ne peut trouver un metayer, un valet, une servante qui nait pris du gout pour un commerce qui ne porte aucun proffit à l'Etat mais qui derrange beaucoup la société, chaque ouvrier sortant de sa place ; les artisans quittent même leur metier et les paisans le labourage, pour faire une espece de regal sur toutes sortes de choses, sur des toilles, sur des grains, des vins, des eaux de vie, des cires, des resines, des jambons, des volailles, des œufs, et enfin de tout ce qui est nécessaire pour lentretien et la subsistance du peuple.

« Ces paisans et ces artisans ainsy déplacés courent tous les jours les marchés et laissent leurs familles sans un chef qui les conduise et les animer au travail par leur exemple ; leurs enfans se donnent a loisiveté, au libertinage et à lirreligion, les terres demeurent incultes et les arts sont negligés, les peres ont abandonné leur etat, les fils auroient honte de le reprandre ; a la place des ayeux estimables par leur assiduité au travail des mains, on voit naitre des libertins qui troublent la société publique et tombent dans les derniers excez.

« On a cru que la multiplicité des marchés est en partie la cause de ces desordres : les villes de Bayonne, Dax et Orthez ne sont eloignées que de six a sept lieües l'une de l'autre ; cependant dans cette estendue de pays il y a 17 marchés pendant la semaine :

« Le lundy, à Amou et Tartas ;

« Le mardy, à Orthez, Pomares, Tosse et Mont-de-Marsan ;

« Le mercredy, à Peyrehorade, Montfort, Hagetmau, Bidache, Poyanne ;

« Le jeudy, à Bayonne, Sallies, Mugron ;

« Le vendredy, à Habas ;

« Le samedy, à Dax et St Sever.

« La riviere de l'Adour est bien navigable du Mont-de-Marsan a Bayonne, c'est a dire quinze a seize lieües ; sur cette riviere ou celles qui s'y degorgent sont les villes de Mont-de-Marsan, Tartas, Dax, Peyrehorade, Bayonne, port de mer, distantes de trois a quatre lieües lune de lautre.

« Tout ce qui vient par mer, huilles, morue, sardines, fromage, fer, laines et sel, peut estre distribué dans ces villes par cette riviere pour l'uzage du païs issues.

« Du Mont-de-Marsan a portée de l'Armagnac viennent vers Bayonne des vins, des grains, des eaux de vie, du lin.

« Cette riviere, dans cette etendue, divise les païs en partie septentrionale et meridionale : dans la premiere sont les landes ou lon trouve les résines, du bré, goldron, galipot, de lhuile de terebentine, des bois de pin, des planches, du miel, de la cire, des bestiaux, des laines et des grains de basse espece.

« Dans la partie meridionale on y trouve des grains de toute espece, des vins, des eaux de vie, du lin, des marrons, des laines, des bestiaux. Cette riviere ayant repandu dans les villes ce dont les habitans ont besoin pour leur entretien, ils communiquent l'excedant à ceux qui cultivent les terres : le païsan vient y vendre au bourgeois les denrées qu'il ceuillit de ses mains, et du provenu il achette des habits quil na pas, du fer pour ses outils de labourage et le reste des choses qui luy sont necessaires ; nos peres nont veu subsister ce païs que par cette mutuelle correspondance : les terres sont cultivées, l'oisiveté banie, le libertinage aboly et chacun se trouve en état de payer au Roy la taille et les capitations. Pour un arrangement commode, il suffiroit quil y eut un marché chaque jour de la semaine tel quil est établie dans les villes, scavoir le lundy a Tartas, le mardy au Mont-de-Marsan, le mercredy a Peyrehorade, le jeudy a Bayonne, le vendredy a Saint-Sever et le samedy a Dax.

« Ces marchés ainsy placés assés prés les uns des autres, le laboureur pourra aisément aller porter les denrées pour se delasser des fatigues de son travail.

« Le remede le plus convenable a un mal sy general seroit de contenir chacun estat dans sa place naturelle affin de retablir le bon ordre, chercher des moyens de contraindre, par une autorité majeure, le laboureur a ne socuper qua la culture de sa terre, luy oter tout moyen de se distraire de cette occupation qui, quoy que penible, ne laisse pas detre la plus heureuse. Il serait a propos de forcer ceux qui en sont sortis dy rentrer et empecher sous de peines severes les uns et les autres d'en sortir et de quitter cette noble occupation qui est la plus nécessaire a la subsistance de tous les Etats ; elle augmente les revenus du Roy et ceux de ses sujets.

« Les mêmes deffanses quil convient de faire aux laboureurs dentreprendre aucun commerce ny regal doivent etre faites avec les memes severités aux artisans, domestiques et ouvriers ; ce n'est que la paresse et linquiétude qui les empeche de perseverer dans leur travail, qui les menne a changer détat sans changer de mœurs ; ils ne doivent faire commerce que de ce qui sort du travail de leurs mains.

« Le meme desordre qui est dans le labourage se glisse dans les manufactures : un ouvrier a-t-il acquis quelque reputation par les etoffes qu'il a fabriquées, il en achette de plus basse qualité a de moindres ouvriers, il les marque de son nom, les débite comme sy elles estoient de sa fabrique ; à son exemple, les petits ouvriers se rendent marchands et enlevent aux manufactures par ce negoce ou regat le plus grand nombre des ouvriers, en sorte quil ny reste que des aprentifs ; de la vient que toutes les etoffes qui se fabriquent dans le royaume sont de tres mauvaise qualité quoy que tres cheres.

« L'execution des ordonnances anciennes de Sa Majesté seroit tres necessaire pour reprimer un desordre sy grand et un mal si general, en obligeant tant les maitres que les aprentifs a les observer soigneusement, les aprentissages devroient etre de sept ans, et les obliger de travailler quatre ans avant detre admis a la maitrise et faire des etroites deffanses a tous fabriquans de vendre aucunes marchandises que celles de leur fabrique qui sortent de leurs mains, et aux bas ouvriers de quitter leurs outils ny metiers pour courir les campagnes et aller vendre leurs ouvrages ny celuy des autres ouvriers, sous de severes peynes ; pareilles deffanses devroient être faites aux marchands de courir les campagnes ny de sy etablir sous quelque pretexte que ce soit, a telles peynes que le Conseil avisera. Il ne sera pas mal aisé de faire rentrer ces paisans et laboureurs dans l'état qu'ils ont quitté quil a esté difficile de renfermer et nourrir les mandians : la déclaration de Sa Majesté a operé cette merveille en quinze jours de temps ; que ne fera pas une pareille déclaration pour obliger les laboureurs et artisans de rentrer dans la place quils ont quittée et de n'en point sortir de leur vie.

« Il faut remarquer que les laboureurs qui ont quitté leurs terres pour negocier et courir les marchés fraudent ordinairement les droits du Roy tenant des entrepots dans les endroits ou il y a des bureaux etablis pour passer ensuite sans payer les droits des marchandises par parcelles dans les lieux où elles sont sujettes aux droits de foraine, ce qui peut se justifier par les fraudes et contrebandes dans lesquelles lesdits païsans negocians se trouvent continuellement compris ».

.·.

En 1746, le maréchal de Noailles, ambassadeur d'Espagne, son fils et une nombreuse escorte, traversèrent les Grandes Landes pour se rendre à Madrid. Le 9 avril 1746, il couchèrent à Magescq (1).

.·.

C'est en 1758 que le maréchal duc de Richelieu, gouverneur de la Guyenne, se rendit à Bayonne et traversa les Grandes Landes dans sa dormeuse « voiture singulière, où, mollement couché, il court aux grands travaux ». Il y mangeait, dormait, se faisant suivre d'un cuisinier.

Ce voyage a été raconté en vers, sous forme de lettre adressée à Mme la duchesse d'Aiguillon, par de Rulhière et publié en 1882, avec notes, par M. Raymond Céleste, bibliothécaire de la ville de Bordeaux.

Le comte d'Estillac, le chevalier de la Tresne, de Marsilly, le baron de Thuillier, etc., précédèrent le maréchal de quelques heures.

Je cite quelques-uns des vers de Rulhière :

> Nous traversâmes :
> ..... Des sables, de vastes déserts.
> Des forêts de pins toujours verts.
> Sans oiseaux, même sans ombrage ;
> Le dépouillement des hivers

(1) Archives Dubourg-Caussègre.

Est moins triste que leur feuillage ;
Aucun son n'y troublerait l'air,
N'étaient les cris qu'aux cieux envoie
Quelque voyageur qui se perd,
Ou des loups qui manquent de proie (1).
Près de ces lieux inhabités,
Si mon héros longtemps réside,
Bientôt des bourgs et des cités
Sortiront de leurs sables arides ;
Engagés par leur propre choix,
Les peuples y viendront par bandes.
On fit vingt projets autrefois,
Mais c'est la douceur de ses lois
Qui bientôt peupleront les landes.

(1) A cette époque, les loups et les renards ravageaient le pays des Landes. Voici, à ce sujet, une lettre adressée par d'Ormesson à Fargès, intendant à Bordeaux :

« A Paris, le 12 juillet 1768.

« Monsieur,

« J'ai l'honneur de vous envoier ci-joint un mémoire dont M. le controlleur général m'a fait le renvoi, par lequel les habitants, propriétaires et bien tenants dans le pays des Landes, province de Guyenne, exposent les principaux inconvénients qui s'opposent aux progrès de l'agriculture dans leurs cantons ; ils ne peuvent espérer aucune récolte, sans répandre une grande quantité de fumiers sur leurs fonds, qui sont d'une nature fort ingrate. Ils sont obligés d'avoir des bestiaux d'engrais pour produire le fumier et de veiller à leur conservation. Les défenses expresses de porter aucune arme à feu et de tirer un seul coup de fusil les exposent à de continuelles pertes dans leurs bestiaux, vu la grande quantité de loups et de renards qu'il y a dans leur païs. Ils demandent qu'il soit permis à tout pâtre conduisant un troupeau de porter un fusil pour se garantir, ainsi que son troupeau, de ces animaux, et qu'en outre il soit ordonné des chasses dans un certain temps de l'année pour parvenir à leur destruction. Je vous prie de me marquer ce que vous pensés de ces réprésentations, afin de me mettre en état d'en conférer avec M. le controlleur g¹.

« Je suis, etc.   « DORMESSON ».

Parmi les vœux du Tiers-État de la sénéchaussée de Tartas (1789), je remarque les suivants :

« Liberté de chasse pour tout propriétaire dans ses domaines ;

« Droit pour les pasteurs de porter des armes à feu contre les attaques des loups ».

Le duc de Richelieu arriva à Bayonne le 19 septembre 1756. La ville avait envoyé, pour le saluer, MM. de Chegaray-Seados et Dubrocq, échevins, et MM. Dutast et Darreche, anciens échevins, qui se rendirent à Saint-Vincent-de-Tyrosse. Trois mois avant ce voyage, la ville de Bayonne avait envoyé vers le gouverneur deux députés à Bordeaux : MM. Poydenot et Brettes, échevins. « Ils partirent le mardy 20 juin, dans une chaise de poste à deux places, suivis de leurs domestiques, n'ayant pas jugé à propos de se faire accompagner par des soldats du guet ; il arrivèrent à Bordeaux le lendemain 21, à six heures du soir, et se logèrent à l'hôtel des Ambassadeurs..... » (1).

L'année suivante, le duc de Richelieu dut revenir à Bayonne. De là, il se rendit à Dax. Je trouve dans les archives de cette ville (BB. 20) une relation de son arrivée à Dax, le 5 avril 1759, et dont je donne quelques passages. On alla à sa rencontre jusqu'à Ardy. Le moulin d'Ardy se trouve aux abords de la route nationale n° 10, vers Saint-Geours-de-Maremne. Le duc de Richelieu avait encore « sa dormeuse ».

« Le cinquième du mois d'avril 1759, messieurs les maire et jurats furent avertis par M. de Laboque, president au Presidial et subdélégué, que Msr le Marechal devoit arriver en cette ville le 7 avril de la presente année ; en conséquence de cet avertissement, MM. les maire et jurats donnèrent des ordres pour que les troupes bourgeoises se missent sous les armes et que les fenêtres de toutes les maisons sans distinction fussent illuminées pendant la nuit du jour de l'entrée de Msr le Marechal.

« Le 7 avril, vers les dix heures du matin, un courrier

(1) Archives de Bayonne, BB, 59.

extraordinaire arriva à l'Hôtel de Ville pour dire que
Mgr le Marechal arriveroit vers les trois heures après-midi.
A une heure, toutes les troupes bourgeoises se rendirent
sur la place de Poyanne, puis elles furent mises en haie
sur deux lignes, depuis la porte Notre-Dame jusqu'à l'éve-
ché ; ensuite de quoi Mrs Duboucher maire, Becane jurat,
Chambre sindic, se mirent dans une chaise, suivis de trois
sergens de ville à cheval, et furent au-devant de Mgr le
Marechal jusques à Ardy, où étant arrivés ils mirent pied
à terre, et lorsque M. le Marechal fut à portée, il furent au
devant de Sa Grandeur ; M. Chambre, sindic, prononça sa
harangue que Mgr le Marechal accueillit avec toute la
bonté et la politesse possibles ; il remercia ces Messieurs
de leur empressement et leur dit qu'il étoit entièrement
sensible à leur politesse ; ensuite de quoi M^{rs} les maire,
jurat et sindic remonterent dans leur chaise et suivirent
Mgr le Marechal jusqu'a la porte de la ville où ils se
mirent en ligne avec Mrs Darrigrand sous-maire, Darracq
et Leclerc jurats. Mrs Darrigrand sous-maire, Darracq et
Leclerc jurats, accompagnés de leur greffier, étoient à la
premiere porte à la tête d'une ligne. M. le Major du cha-
teau étoit à la tête de l'autre ligne, et Mgr le Marechal
étant arrivé à la premiere porte, il fit arrêter sa berline.
M. le Major lui fit son compliment ; ensuite, M. Darrigrand lui présenta l'hommage du profond respect et de
la parfaite soumission du Corps de ville et des citoyens.
Mgr le Marechal leur repondit : « J'ay deja vû vos Messieurs, je suis extremement sensible à vos politesses et
aux demonstrations de votre empressement » ; et pendant
plus de demi quart d'heure il s'entretint tantôt avec M. le
Major, tantôt avec M. Darrigrand, en témoignant toujours
sa sensibilité par rapport à la manière dont on le rece-
voit ; il vouloit même mettre pied à terre, ce qu'il auroit

fait si on ne l'eût supplié de ne pas se donner la peine de descendre.:.... ».

Le célèbre peintre Joseph Vernet, après avoir traversé les Grandes Landes, séjourna à Bayonne du mois de juillet 1759 au mois de juin 1761 ; il peignit deux grandes vues de la ville de Bayonne.

.'.

Un célèbre intendant de la généralité d'Auch, d'Etigny, qui a laissé les meilleurs souvenirs, fit réparer les grandes routes ; mais quelques années avant lui, son frère, Mégret de Sérilly, qui avait occupé cette place (1739-1744), avait aussi prodigué ses soins à leur réparation.

« Avant M. d'Etigny, le grand voyer de Gascogne, les routes de l'intendance d'Auch, comme la plupart de celles de France, étaient fort peu praticables. Néanmoins, il faut reconnaître que M. de Sérilly s'occupa avec intérêt des moyens de communication, répara et créa même des chemins. Sa correspondance à ce sujet est presque toute entière avec M. d'Ormesson.

« Le passage de Madame en Gascogne fut très utile à la vicinalité de cette province, sur le parcours de Bayonne à Bordeaux. L'ingénieur Pollart employa toute l'année 1739 à ces travaux, dont les frais furent avancés par le roi. Il fit à travers les Petites Landes un chemin qui, depuis Langon, traversait les villes de Bazas, Rochefort, Mont-de-Marsan, Tartas et Dax. Ce chemin « infiniment plus « gracieux et plus commode à tous égards » était destiné à remplacer la route postale des Grandes Landes, où il n'y avait « nule sorte de ressource pour les voyageurs, soit « pour le gite, soit pour les choses nécessaires à la vie ny « pour les secours nécessaires en cas d'acciden ».

« Voici ce que dit M. de Sérilly d'une partie de cette
route appelée le Lalucar :

« Il paroit que ce chemin est extrémement mauvais, de
« beaucoup trop étroit, et situé entre deux fossés de la
« profondeur de quatre à cinq pieds et presque toujours
« remplis d'eau, en sorte que si une voiture se dérangeoit
« de sa voye, elle couroit risque d'y périr ; cette partie du
« chemin, qui est de la longueur d'environ 200 toises, ne
« sauroit être réparée avec quelque solidité parce que le
« sol en est marécageux et de quatre pieds plus bas que
« la surface du terrain qui l'environne ; cependant, comme
« la messagerie et la poste y passent, je viens de rendre
« une ordonnance pour obliger la communauté de Saint-
« Vincent d'y faire les réparations possibles, pour le ren-
« dre moins mauvais, de même que le petit pont de bois
« qui se trouve au bout de cette partie du chemin. J'ay
« chargé le s^r Pollart d'y avoir l'œil et d'y envoyer un
« homme entendu pour conduire le travail et le faire faire
« dans la meilleure forme » (1).

En 1772, il avait été question d'établir les postes de
Bordeaux à Bayonne sur la route des Petites Landes.
Voici, à ce sujet, une lettre, datée de Paris (29 avril 1772),
de M. d'Aine, intendant de Bayonne, adressée à M. Rigoley d'Ogny, intendant général des postes (2) :

« Monsieur,

« Depuis que je suis chargé de l'administration de l'Intendance de Navarre et de Béarn, je me suis donné des

---

(1) *L'administration de la Gascogne, de la Navarre et du Béarn* en 1742, par le
baron Louis de Bardies, p. 71 (1882).
(2) Archives de la Gironde, C, 2533.

soins pour parvenir à l'établissement d'une route par les Petites Landes passant par le pays de Marsan, route très essentielle pour le commerce de cette partie de ma généralité, et même très nécessaire pour y établir les postes de Bayonne à Bordeaux, par l'impossibilité où l'on est de soutenir plus longtemps les postes établies dans les Grandes Landes. On est au moment de voir finir ces ouvrages. J'ai cru, M....., devoir vous en prévenir et vous proposer d'y faire établir la poste de Bordeaux à Bayonne.

« Les Grandes Landes sont un pays si plat que les eaux n'y ont aucun écoulement, d'ailleurs fort dépeuplé par la rigueur du climat et provenant de la mauvaise qualité des eaux et des vapeurs qui s'exhalent des marais. D'un autre côté, la terre ne produit rien de ce qui se consomme dans les postes, ni froment, ni vin, ni avoine, ni foin ; les habitans sont obligés d'aller au loin chercher des approvisionnemens pour la nourriture des chevaux et, quoique les maîtres de postes payent le transport, il n'est aucun habitant qui ne donnât le double de la rétribution qu'il en retire pour être dispensé d'une pareille corvée.

« Les chevaux, qui courent toujours dans l'eau pendant l'hiver et dans des sables brûlans pendant l'été, ne se soutiennent que très peu de temps ; ils meurent et les M^{es} de postes ne cessent de faire des représentations pour obtenir des gratifications qui les dedommagent de ces pertes. Les prairies qui sont aux environs des postes ne fournissent pas en général à la 10e partie de la consommation ordinaire des postes.

« Toutes ces circonstances démontrent la nécessité de mettre les postes par les Petites Landes où presque chaque poste aura, dans le lieu de son établissement, les choses de consommation qui lui seront nécessaires. Si la différence

du trajet présente quelque difficulté, il sera aisé d'y reme-
dier en allongeant chaque poste. En quoi les maîtres de
poste n'auront aucun sujet de murmurer, puisqu'il leur
sera aisé de faire par de beaux chemins bien roulans un
quart de route de plus par poste en moins de temps qu'il
n'en faut aujourd'hui par les Grandes Landes. Quoique la
route par les Petites Landes soit avancée, il y reste plusieurs ponts à faire ; le principal est celui de Tartas, qui
fut détruit par l'inondation du 6 avril 1770 ; la ville s'est
pourvue au Conseil pour être autorisée à faire usage des
moyens qu'elle a indiqués pour fournir à cette dépense.

« Il y aura d'ailleurs 33 ponceaux à mettre en état dont
6 depuis l'endroit où la route des Grandes Landes joint à
St Vincent celle des Petites. La dépense de ces 33 ponceaux est d'environ 24,000 l.

« La route dans cette partie, est aujourd'hui assez roulante pour le passage de la poste, et peu de travail la
mettra en perfection. La messagerie de Bayonne à Bordeaux fréquente cette route depuis environ un an.

« Le fonds nécessaire pour la construction des ponceaux
est ce qui m'a le plus embarrassé depuis que les fonds
des ponts et chaussées ont été diminués ; mais j'ai proposé
à M. Trudaine un moyen qui, j'espère, sera adopté et,
dans ce cas, les ponceaux seront construits en moins de
deux ans.

« Si vous approuvez, M......, l'établissement des postes
par les Petites Landes, j'ai l'honneur de vous observer
qu'il y aura entre Dax et Bayonne 4 M^{es} de postes, dont la
distance sera de 8 lieues de 3000 toises chacune.

« On s'occupe aujourd'hui à tracer une route de Dax au
Port de Lanne. Le pont à rétablir à Dax, aussi détruit par
l'inondation du mois d'avril 1770, pourra être rétabli dans

le courant de cette année, si la ville obtient, comme il y a lieu de l'espérer, le rétablissement d'un droit d'octroi qu'elle avoit obtenu pour les ouvrages publics, et qui se trouve supprimé par méprise. La ville s'est pourvue pour être maintenue dans la jouissance de ce droit.

« Il faudra aussi construire un pont sur la rivière du Luy, dans la paroisse de Tercis, où il y a des bains en reputation, pour lesquels il y a une route ouverte ; la route, depuis Tercis jusqu'à la jonction de celle qui aboutit au Port de Lanne une fois mise en état, ce qui peut être aisément fait en deux campagnes, on pourrait alors supprimer les quatre postes d'entre Dax et Bayonne ; il suffiroit d'en mettre une entre Dax et Port de Lanne ; ce qui ferait un objet d'économie de 3 postes pour le Roy et le public.

« La partie de la route dans le pais de Marsan n'est pas aussi avancée qu'elle l'est dans l'Election des Lannes, mais les projets pour cette partie étant arrêtés et les fonds étant prêts pour la construction des ponts, cette partie sera mise en état en peu de temps, et je suis persuadé que M. l'Intendant de Bordeaux ne négligera rien pour mettre en bon état la route depuis Langon jusqu'aux confins de ma généralité.

« Vous venez de voir, M....., les inconveniens qui se trouvent à laisser plus longtemps les postes dans les Grandes Landes, et qu'il est plus avantageux pour le Roy et le public de les établir sur la route des Petites.

« Je présume que vous ne prendrez point de parti à ce sujet qu'après avoir fait visiter la route et déterminé les lieux où il convient d'établir les postes. Celui que vous chargerez de cette opération pourra s'entendre avec le s' Lafargue, mon subdélégué à Dax, qui connoît parfaitement le païs et qui donnera tous les éclaircissements dont on pourra avoir besoin.

« J'ai l'honneur, etc. ».

La lettre suivante, portant la date du 6 juin 1772 et qui se trouve dans les Archives de la Gironde (1) a été adressée, par l'administrateur général des postes de la Guyenne, à M. Rigoley d'Ogny :

« Paris, 6 juin 1772.

« ..... Un nouvel avantage qu'offre encore cette nouvelle route, c'est de desservir les petites villes de Roquefort, Aire, Tartas, le Mont de-Marsan et Dax, qui sont pour les voyageurs d'une bien grande commodité.....

« ..... Mais je suis bien éloigné de penser comme lui (l'Intendant de Bayonne) qu'en établissant la poste sur la route des Petites Landes, il faille la supprimer sur la route des Grandes Landes

« Premièrement, comme je viens de vous le dire, la route des Petites Landes est plus longue que l'autre au moins de dix lieues, et quoique M. l'Intendant de Bayonne vous annonce que le trajet se fera en moins de temps, je puis vous assurer que la connaissance que j'ai de l'une et de l'autre route qui depuis Bazas quelque ouvrage qu'on y fasse à moins que de passer les sables qui se trouvent en grande quantité, ce qui, comme vous sentez, M..... serait fort dispendieux et fort difficile, on sera certainement plus longtemps à parcourir, même à cheval, la route des Petites Landes que celle des Grandes. Vous sentez combien il est différend pour un voyageur de faire dix lieues de plus.

« Secondement, et c'est parce que je vais avoir l'hon-

(1) Archives de la Gironde, C, 2557.

neur de vous dire que les regards de l'administration doivent porter principalement, les Grandes Landes sont un pays immense et, comme M. Daine vous l'annonce, très peu peuplé. Il m'est vérifié que par le passage de la poste, qui est pour lui de la plus grande ressource, il n'en auroit plus aucune si on transportoit la poste sur la route des Petites Landes et si on supprimoit celle des Grandes Laudes. On s'est fort occupé, M^r, des moyens de tirer parti de ce vaste païs qui serait propre à une infinité de cultures s'il n'y manquoit de bras. Dans toutes les parties voisines de l'habitation, le seigle et les menus grains viennent à merveille, il en est de même des bois pins, chênes ou autres ; ils y viennent presque naturellement.

« Le gouvernement, instruit des avantages qu'on pourroit tirer de ce païs immense, se propose d'ici à quelque temps d'y envoyer une colonie qui, avec de faibles secours, peuvent être au royaume, avant peu d'années, d'une très grande ressource.

« Ce n'est point, M^r, au moment où l'on forme des projets si utiles pour un pays qu'il est presque question de créer, qu'il faut songer à le priver du seul avantage dont il jouisse actuellement.

« Si les maîtres de poste ont besoin de quelque secours pour soutenir les frais que leur service exige, je me ferai toujours un plaisir de leur accorder, dans la partie qui me concerne, tous ceux qu'ils pourront justement espérer. M. l'Intendant de Bayonne en fera sans doute de même dans le surplus, et nous conserverons par là, à une étendue de terrain prodigieuse, des ressources sans lesquelles il n'y auroit peut-être plus ni habitans ni culture. De tout ce que je viens d'avoir l'honneur de vous dire, M^r, je conclus avec votre permission qu'il est très avantageux d'établir la poste par la route des Petites Landes, pourvu qu'on ne la supprime point par celle des Grandes. Le public y trouvera double avantage, et les voyageurs choisiront la route qui leur sera la plus commode.

« S'il falloit même opter absolument entre les deux, et que l'on ne dût conserver la poste que sur l'une ou l'autre, je n'hésiterois pas à demander instammeut que les choses restassent dans l'état où elles sont aujourd'hui. Mais rien n'est si facile que de concilier ces différentes vues, en laissant subsister la poste par les Grandes Landes et en l'établissant par les Petites.

« Telles sont, Mr, les réflexions que j'ai cru devoir vous présenter sur ce projet, pour l'exécution duquel vous pouvez compter que je concourrai avec zèle à tout ce qui peut intéresser le service du public et la partie d'administration importante qui vous concerne.

« J'ai l'honneur, etc. ».

Ce projet fut abandonné pendant quelque temps encore, et le service des postes continua par les Grandes Landes. Certes, à cette époque, le pays des Landes ne présentait pas un coup d'œil ravissant. En 1772, M. Flamichon, ingénieur géographe, fut envoyé dans les Basses-Pyrénées et les pays adjacents pour en lever la carte géographique. Dans un livre intitulé *Théorie de la Terre*, rédigé par Latapie sur les manuscrits de Flamichon (Pau, 1816), on trouve. p. 20, la description suivante de ce pays :

« C'est en entrant dans ces vastes déserts que l'œil, étonné d'une uniformité d'aspect inattendue, est tout surpris d'apercevoir. quoiqu'à 50 lieues de distance, la petite pointe des Pyrénées. dont la cime altière va bientôt se perdre dans les nues. Le tableau des Pyrénées, vu des Landes de Bordeaux, présente un contraste d'autant plus frappant que, si on en excepte quelques dunes ambulantes au gré des vents, le spectateur n'aperçoit pas la plus petite inégalité de sol dans la vaste étendue de pays dont il est environné de toutes parts. Il ne voit que lui seul au centre d'un vaste univers dépouillé de tout. Il aperçoit quelques bouquets de pinadas jetés et perdus çà et là dans la vaste étendue de l'horizon, et il semble que la nature et l'art se soient disputé le droit, malgré la saillie des pinadas, d'égaliser le sol et d'en aplanir la surface, au point que le tout semble dressé à la règle et au cordeau. Aussi, rien n'est plus ennuyeux, rien n'est plus insipide à l'œil, que l'aspect des Landes de Bordeaux. Le ciel seul y circonscrit le point de vue. Les monts Pyrénées, aperçus dans le lointain, au Midi, font, il est vrai, un superbe contraste au tableau.

« La trop grande monotonie d'une perspective ennuyeuse n'est pas le plus grand des inconvénients auxquels on est exposé dans les landes de Bordeaux. Le défaut d'abri contre les injures du temps, le défaut de couvert pendant la nuit, et celui de subsistance pour la vie animale, peuvent être mis au rang des maux les plus ordinaires qu'on doit y redouter : la nature ingrate se refuse aux productions. Les hommes les plus sauvages ne sauraient y fixer leur habitation. Le voyageur est donc réduit à s'y trouver absolument seul et sans ressources ; il n'y rencontre pas une maison ; quelques huttes où l'on fabrique du goudron dans le centre des pinadas, quelques cabanes où se retirent les pasteurs pendant la nuit, dans le milieu des landes, et quelques loges où l'on tient auberge de loin en loin sur les routes les plus fréquentées ; voilà les seules traces des travaux qui paraissent de main d'homme dans ces immenses déserts.

« Au défaut d'abri contre les injures du temps se joint un autre inconvénient, celui des chemins ; il n'en est pas un seul de tracé dans les Landes ; il est même impossible de pouvoir y pratiquer des routes à cause du défaut d'habitans pour les travaux et des matériaux pour ferrer les chaussées. Tout n'est que sable ; c'est ce qui fait que le temps pluvieux, si incommode pour voyager partout ailleurs, est le plus commode pour voyager dans les Landes. La pluie fixe les sables et leur donne une consistance qu'ils perdent dès que le soleil vient à paraître. Aussi, malheur à quiconque se trouve engagé dans les Grandes Landes pendant les fortes chaleurs de l'été. Les rayons du soleil, réverbérés sur un sable aride et brûlant, font de ces contrées une nouvelle zone torride : on y respire à peine, et il faut encore avaler, malgré soi, la poussière brûlante qui se trouve toujours disséminée dans l'air qu'on aspire. Pour surcroît de malheur, on ne trouve pas un filet d'eau pour étancher sa soif.

« Il n'y a dans les Landes ni ruisseaux, ni fontaines ; les sources y sont rares. L'eau des puits n'est pas potable ; comment s'y désaltérer ?...... Le voyageur, accablé de tant de maux, bénirait le ciel si, pour abréger ses peines, il pouvait accélérer sa marche ; mais le ciel ne l'a pas voulu. On ne peut pas courir dans les Landes ; il faut, au contraire, rétrograder deux pas en arrière pour en avoir un de fait en avant. La mobilité du sol et le défaut de point d'appui s'opposent à l'accélération du mouvement animal ».

. . .

Vers cette époque (1778), un abbé espagnol, D. José de Viera, donne aussi une description peu flatteuse du pays des Landes. Dans une lettre qu'il adresse à son ami l'abbé Antonio Cavanilles, il maudit ce pays en ces termes (1) :

Bayonne, le 1er août 1778.

« Monsieur l'abbé V..., l'un des deux prêtres espagnols de la suite de leurs Excellences les seigneurs ducs de l'Infantado, que nous avions commencé d'installer ici sous le pauvre costume des abbés de l'église gallicane, est arrivé avant hier dans cette ville où il mettra au croc encore une fois le dit costume, donnera sa démission d'abbé et encore une fois recouvrira ses jambes, coupera ses cheveux et se drapera dans ses houppelandes. Il nous a paru plus sauvage et plus barbare qu'avant son voyage à Paris, mais nous l'attribuons aux deux jours et demi qu'il a passés dans cet horrible désert qu'on appelle les Landes, terre pour laquelle la nature n'a été qu'une marâtre, puisqu'elle lui a refusé toutes ses grâces, toutes ses richesses et tous ses dons.

« M. de Bomaré (2) dirait que les Landes, avant la fameuse inclinaison de l'axe de la planète que nous habitons à cette époque reculée des siècles, dont la date même nous est inconnue, formaient le fond du lac Styx par lequel juraient les dieux et que maintenant c'est un vaste désert de sablonnières calcinées offrant partout un centre et de circonférence nulle part. Les arbres de ces Landes sont de tristes pins ; ses plantes, le stramonium venimeux et la fougère ; ses oiseaux, la pie ; ses habitants, quelques Français sauvages parlant un incompréhensible patois ; les

(1) *Études sur l'Espagne*, par A. Morel-Fatio, Paris, Bouillon, 1890, deuxième série.

(2) Le célèbre naturaliste Jacques-Christophe Valmont de Bomare.

villages y sont gîtes de lièvres ; pour marcher, les hommes
sont pourvus d'échasses et les femmes dépourvues de sou-
liers. Il n'y a ni élévation de terrains ni chemins en cette
Libye ou Arabie, de sorte que la meilleure façon de che-
miner est d'essayer de passer par où l'on n'a point passé
encore. La boussole est aussi nécessaire ici pour s'orienter
que sur l'Océan.

« Voilà les déserts où se traînait M. l'abbé V... de quatre
heures du matin à neuf heures du soir ! Mais quoi ! Toutes
les campagnes ne sont-elles pas des Landes, tout n'est-il
pas désert pour qui vient de quitter Paris ? » (1).

.˙.

(1) Voici le texte espagnol de cette lettre :

« *Bayona, 1º de agosto de 1778.*

« Monsieur l'abbé V°°°, uno de los dos curas españoles de la comitiva de los
Ex·°° S·°° duques del Infantado que el año pasado empezamos à instalar aqui en
el augusto trage de abates de la yglesia galicana, llego antes de ayer à esta ciudad,
en donde haborcara otra vez dichos habitos, harà demision de la abadia y volverà
à ocultar las piernas, à trasquilarse los cabellos y desplegar las sopalandas. Nos ha
parecido mas salvage y mas barbaro que antes de haber ido à Paris ; pero lo
atribuimos à los dos dias y medio que paso en el horroroso desierto de la tierra de
maldicion que llaman las Landas, tierra de quien la naturaleza ha sido madrastra,
pues le ha negado todas sus riquezas, todas sus gracias y sus dones.

« M. de Bomaré diria que las Landas, antes de la famosa inclinacion del exe
del planeta que habitamos, en aquella epoca remotisima de los siglos de que no
tenemos la fecha, eran el fondo de la laguna Estigia por laqual juraban los
dioses, y haora un vasto desierto de arenales tostados, donde todo es centro y
nada circunferencia. Sus arboles son tristes pinos ; sus plantas el estramonio ponzo-
ñoso y el helecho ; sus aves la chicharra ; sus habitantes, unos salvages Franceses ;
el lenguage un patois ininteligible ; los pueblos camadas de liebres ; los hombres
montados sobre zancos y las mugeres desmontadas de los zapatos. No hay botidero,
no hay camino en esta Libia ò Arabia desierta, y el mejor modo de caminar es
procurar ir por donde jamas han ido los otros. La aguja nautica es aqui tan
precisa para seguir el rumbo como en el Occeano. Tales son los paramos que sur-
caba Monsieur l'abbé V°°° desde las quatro de la mañana hasta las nuebe de la
noche. Tales son las Landas. Peroque ? Todos no son Landas ? Todo no es desierto
para el que acaba de dexar à Paris ?...... ».

M. Elie de Beaumont, avocat célèbre au Parlement de Paris et intendant du comte d'Artois, fut appelé à Bayonne en 1773, pour défendre une affaire. Il suivit la route des Grandes Landes, et le triste aspect de ce pays fit sur lui une grande impression. Il offrit un prix à l'Académie de Bordeaux pour être décerné à l'auteur du meilleur mémoire indiquant les moyens de transformer ce pays et les améliorations qu'on pourrait y introduire.

M. de Secondat, fils de l'illustre Montesquieu, présenta à l'Académie cette proposition. M. Desbiey, receveur des fermes à La Teste, frère de l'abbé Desbiey, répondit à cet appel et publia un excellent *Mémoire sur la meilleure manière de tirer parti des Landes de Bordeaux, quant à la culture et à la population* (in-4°, Bordeaux, Michel Racle, 1776). Ce mémoire remporta le prix.

Voici quelques passages relatifs à la route des Grandes Landes, pages 22, 23 et 24 :

« M. Turgot, secondé par le zèle de M. l'intendant de la généralité de Guienne, obtint du ministère de la guerre, l'année dernière (1773), l'agrément d'employer le régiment Royal-Vaisseaux à la reconstruction du grand chemin des postes de Bordeaux à Bayonne. On ne peut s'empêcher ici de rendre justice à la bonne volonté de ce corps estimable ; d'admirer même son zèle, son intelligence et son activité dans les travaux les plus pénibles, sur un sol brûlant, entièrement découvert, et pendant les plus fortes chaleurs de l'été. Dans une seule campagne, cette troupe a ouvert près de huit lieues de grand chemin (1). Mais

(1) « Son travail eût été encore beaucoup plus considérable, si le gouvernement n'avoit été forcé d'employer une partie de ce régiment à l'exécution des précautions ordonnées contre l'épidémie épizootique. Dans l'une et dans l'autre de ces commissions, ce corps, le mieux commandé et le mieux discipliné qu'on eût vu depuis

elle ne pouvoit qu'exécuter le plan qui lui étoit tracé par
des ingénieurs ; et ces MM., malgré l'étendue des lumières
et des talens qui les distinguent, et auxquels je rends
l'hommage le plus sincère, n'avoient malheureusement
pas toutes les connaissances locales et pratiques qui eussent pu leur faire éviter de grandes fautes. Ce chemin est
parfaitement aligné : le peu de terre qu'on a eu à y répandre a été très bien distribuée : il n'eût fallu enfin que le
paver ou le ferrer pour le rendre parfait, s'il eût été
construit sur tout autre local que celui des Landes de
Bordeaux. Cependant, ce nouveau chemin est beaucoup
plus dangereux, beaucoup plus difficile qu'il ne l'étoit
ci-devant : il a même été impraticable en plusieurs
endroits pendant l'hiver de cette année 1776 ; et les maîtres de poste ont été obligés de recourir à l'autorité de
M. l'Intendant pour faire ouvrir les biens des particuliers,
afin d'éviter les précipices et les bourbiers qui se sont
formés sur cette nouvelle route. Voici la raison de tous
ces inconvénients.

« Messieurs les ingénieurs, pendant l'été, ne voyaient
dans les Landes qu'un terrain sec et aride, qui n'étoit

longtemps dans cette province, a rempli sa tâche avec une exactitude et une justice
si scrupuleuse, que loin d'avoir occasioné des plaintes et des murmures, il a
laissé des regrets sincères dans les lieux mêmes où la sûreté publique a exigé
qu'il fît main-basse sur les nombreux troupeaux de plusieurs particuliers. Le pays
de Born et celui de Marensin auront toujours en vénération les noms de MM. Je
Promesson, de Villiers et de Kersarsdeck, qui s'y sont succédés dans le commandement des troupes de Royal-Vaisseaux. Déjà, par leurs soins, le Marensin était
à l'abri de la contagion ; leur vigilance continuelle avoit préservé l'intérieur du
Born de toute communication dangereuse, lorsqu'au moment du succès le plus
complet, ils furent relevés par un officier et des soldats malheureusement imbus
d'autres principes. Je me fais un devoir de rendre ce témoignage de l'estime
publique aux officiers aussi humains qu'éclairés du régiment Royal-Vaisseaux, et
de l'éternelle reconnaissance que tout ce régiment a sçu inspirer aux habitans
infortunés de ces tristes contrées ».

sillonné d'aucun ruisseau, d'aucun torrent, qui même estoit privé de toute espèce d'eau vive et courante dans le lieu où ils opéroient. Ces MM. ont imaginé que des fossés ordinaires seroient suffisants pour contenir et les eaux fluviales qui tomberoient sur le chemin, et celles qui pourroient s'y rendre de chacun des côtés. Ils ont même été persuadés qu'en profitant de quelques pentes qu'ils rencontroient de distance en distance, et dont ils ont tiré tout le parti qu'ils pouvoient, en ouvrant les fossés vers chacune de ces pentes, ils pourroient se dispenser de faire construire des ponts dans les endroits les plus exposés à la surabondance des eaux pluviales. Ils ne se sont trompés que parce qu'ils n'avoient qu'une idée très imparfaite de l'état de ces Landes pendant l'hiver. Elles ont été couvertes d'eau à l'ordinaire dans cette saison, et les fossés de chacun des côtés du nouveau chemin en ont été bientôt remplis. Les terres formant le sol de ce chemin, déjà abreuvées par la pluie qui tomboit sur leur surface, l'ont été plus encore par la filtration continuelle des eaux, retenues dans les fossés, et qui toujours tendoient à se mettre au niveau. La filtration et le séjour de ces eaux ont tellement divisé les molécules de ces terres, qu'elles ont été dissoutes, pour ainsi dire, et qu'elles ont formé des bourbiers d'où les voitures se pouvoient sortir, et où les chevaux qui y sont tombés ont failli périr. La continuité des pl. es ayant augmenté ensuite le volume des eaux, celles-ci ont cherché des issues, et elles n'ont pu s'en procurer qu'en rompant ce chemin en trois différents endroits, indiqués par cela même pour les lieux où des ponts deviennent indispensables.

« M. de Clugny, actuellement intendant de la Guienne, s'est empressé de parcourir les Landes, bien dignes, en effet, d'exciter l'humanité d'un homme public par la misère où on les laisse plongées. Il a marché sur ce chemin, il a dû voir les causes de son imperfection, les moyens d'y remédier et surtout la nécessité de le poursuivre. On est trop sûr de son amour pour le peuple et de ses principes d'administration, pour n'être pas également certain qu'il emploiera toute son autorité pour achever un ouvrage si indispensable.

« Ce qui nous reste des travaux des Romains en ce genre, sur des fonds de semblable nature, prouve qu'ils les connoissoient beaucoup mieux. En prenant quelques précautions de plus, on eût réussi comme eux, non seulement à éviter les inconvénients qu'on vient de relever, mais encore à faire des routes toujours utiles et durables ».

« Chemin à travers les Grandes Landes jusqu'à Bayonne, qui va se faire avec des troupes. Le régiment de Royal-Vaisseaux vient pour cela y camper. Chemin inutile, dit-on, celui par les Petites Landes seroit préférable » (1).

Le régiment de Royal-Vaisseaux forme aujourd'hui le 43ᵉ régiment d'infanterie. Ce corps fut levé en 1638, sous le nom de régiment des Vaisseaux et pour le service de mer, par de Sourdis, archevêque de Bordeaux, lieutenant général des armées navales. Il fit, dans cette même année, le siége de Fontarabie. En 1719, il prit encore part au siége de Fontarabie, de Saint-Sébastien, etc. En juin 1775, il était à Bazas, en janvier 1776, à Dax et à Saint-Sever, et ensuite à Bayonne.

Dans le cahier général des demandes du Tiers-État de la sénéchaussée de Guienne (1789), on remarque les réclamations suivantes :

____

(1) *Voyages de Guibert en France et en Suisse, faits en 1775, p. 9, Paris 1806.*

« La paroisse de Harp réclame le remboursement d'une somme de 1,012 livres pour fourniture par elle faite, en 1773, par ordre de l'Intendant, au régiment Royal des Vaisseaux, lors employé au travail de la route de Bordeaux à Bayonne ».

« *Chemins.* — Que les troupes de terre soient occupées à ce travail pendant la paix, soit pour les entretenir dans cet état de force et de vigueur qui peut leur faire supporter sans peine les fatigues de la guerre, soit pour laisser aux malheureuses campagnes leurs manœuvres qui deviennent très rares et qui sont si nécessaires à la culture des terres..... ».

On sait que les Romains, Charlemagne et Philippe-Auguste, employèrent leurs troupes pour la confection et la réparation des chemins. En 1605, Henri IV avait commencé le premier grand canal qui ait été construit en France : le canal de Briare. Il avait fait affecter à ces travaux six mille hommes de troupes royales. Les troupes françaises ont exécuté en Algérie des travaux considérables.

« Les travaux publics en Algérie, non seulement peuvent être confiés à l'armée, mais ne peuvent guère être accomplis que par elle. En l'absence d'ouvriers civils, avec la cherté et la rareté de la main-d'œuvre européenne, les cinquante mille bras que l'armée compte et qu'elle n'occupe, Dieu merci, qu'assez rarement, sont une ressource inappréciable et inépuisable, à laquelle tout le monde, gouvernement et particuliers, ne cesse d'avoir recours. Il n'y a point de monument, point de travaux d'art, point de route, point de pont qui, depuis trente ans, n'aient été construits par des mains militaires. Il n'est point de faveur plus recherchée par les colons que l'auxiliaire des soldats pour leurs travaux, soit de bâtiment, soit de culture. Et ce n'est pas une des moindres raisons de l'infériorité où les préfets des territoires civils sont restés jusqu'à présent vis-à-vis des généraux, leurs collègues et leurs voisins, que l'impossibilité où ces fonctionnaires se trouvent de mettre le moindre plan à exécution sans le concours d'ouvriers armés, qui ne leur obéissent pas. Tout ce dont la colonisation a besoin, par conséquent, en ce genre de facilités matérielles, l'armée peut le lui fournir, et on ne peut l'attendre que d'elle ». (*Une réforme administrative en Afrique*, par A. de Broglie, 1880).

.·.

Un grand ministre réformateur, Turgot, que le malheureux Louis XVI n'eut pas le courage de conserver, bien qu'il eût dit : « Il n'y a que M. Turgot et moi qui aimions le peuple », réunit en 1775 toutes les entreprises particulières des messageries pour former, sous la direction de l'Etat, une entreprise générale. On donna alors le nom de *Turgotines* aux voitures publiques.

« Le 7 août 1775, arrêt du Conseil, qui réunit au domaine et met en régie les messageries et diligences. Les lourds coches à dix ou onze lieues par jour sont remplacés par des véhicules plus actifs et marchant en poste sur toutes les grandes routes. Promesse est faite d'organiser le service sur les routes de traverse, et il est expliqué que l'exploitation par l'Etat n'est qu'une transition préparant un régime de liberté. Turgot avait bien compris quelle puissante assistance la facilité des voyages et la multiplication des rapports apporteraient à la cause du progrès..... Le coche ou carrosse de Bordeaux mettait quatorze jours pour arriver à Paris : la *turgotine* arriva en cinq jours et demi » (1).

Des attaques passionnées, injustes, furent alors dirigées contre Turgot et, cependant, ce ministre n'avait en vue que le progrès et le bien de l'Etat. Je cite l'épigramme suivante :

> Ministre ivre d'orgueil, tranchant du souverain,
> Toi qui, sans t'émouvoir, fais tant de misérables,
> Puisse ta poste absurde aller un si grand train
> Qu'elle te mène à tous les diables !

.   .

En 1780, M. Garnier de Saint-Julien, capitaine en premier du génie, présenta à l'assemblée des ponts et chaussées un Mémoire accompagné de plans et profils relatifs à la construction des chaussées en bois de pin sur la route de Bordeaux à Bayonne par les Grandes Landes.

Jusqu'alors, on employait bien quelquefois le bois de pin dans les endroits marécageux. On plaçait, sans les équarrir, les troncs des arbres et les rondins sur la chaussée, et on les joignait les uns contre les autres. On peut penser combien ces chaussées non entretenues devaient être cahotantes.

M. Garnier de Saint-Julien avait imaginé un nouveau système de pavage, qui ne fut pourtant pas pratiqué.

Les Archives départementales de la Gironde renferment son Mémoire et une correspondance relative à ce pavage. Il m'a paru intéressant d'en citer quelques pièces.

Aujourd'hui, le pavage en bois de pin des Landes procure de grands avantages, et il est appliqué sur une grande

_____

(1) *Histoire de France*, par Henri Martin, t. xvi, p. 362.

échelle à Paris et presque dans toutes les grandes villes. C'est en 1884 qu'on a fait à Paris les premiers essais, et l'on a reconnu depuis que ces pavés sont meilleurs que ceux du Nord.

Réponse au Mémoire présenté par M. Garnier de Saint-Julien relativement aux chaussées à construire sur la route des Grandes Landes (1).

« L'objet de ce Mémoire est de proposer des chaussées en pavé de bois de pin pour subvenir à l'impossibilité où l'on est d'en faire soit en pierre, soit en gravier, dans une grande partie de la route de Bordeaux à Bayonne par les Grandes Landes.

« Le moien proposé exigerait une dépense plus considérable qu'on ne l'imagine ; pour former du pavé de bois, il faudrait des troncs d'arbres d'environ 10 pouces de diamètre qui, sur une hauteur supposée de 30 pieds, ne fourniraient que 30 pavés qui ne formeraient pas un quart de toise et ce couterait néanmoins, pour les abattre, les équarrir quoique grossièrement, les scier de longueur convenable et les transporter à 3 ou 400 toises de distance réduite pour le plus près malgré l'observation de plusieurs pignadas qu'on dit être à pied d'œuvre, au moins 5ˢ pièce ; en supposant que l'achat du bois ne coutât rien, ce qui formerait près de 20 l. pour ce qui entrerait dans une toise carrée, sans compter la main d'œuvre pour les poser sur pied, une toise courante de chaussée de pavé de 15 pieds de largeur reviendrait à 50 l., prix énorme, puisque les 67500 toises qui sont énoncées au mémoire être dans le cas d'être pavées ainsi reviendraient à 3375000 l.

(1) Archives de la Gironde, C, 1922.

« Mais, indépendamment de l'inconvénient d'une dépense
de cette force, on doit observer que le bois de pin étant
très poreux, placé dans le sens de sa coupe, recevant les
impressions de l'air et de la pluie, serait en peu de temps
détruit par la seule intempérie des saisons, à quoi il convient d'ajouter que le passage des voitures accélérerait
encore sa ruine ; mais, outre cela, ces pavés ne pouvant
résister par leur pesanteur au renversement que tenterait
continuellement de faire le poids des voitures qui passeraient, ils seraient en peu de temps désunis sur la largeur
de la chaussée et par conséquent entièrement détruits. Ces
différentes considérations font regarder le projet proposé
comme l'effet d'un zèle très louable, mais dont l'effet ne
serait pas avantageux au bien du service.

« A Bordeaux, le 30 janvier 1780.

« VALFRAMBERT ».

DE LA MILLIÈRE, CONTROLEUR GÉNÉRAL, A M. DE NÉVILLE,
INTENDANT (1).

« Paris, le 4 mai 1785.

« J'ai adressé, Monsieur et cher confrère, le 25 x^{bre} 1783,
à M. Dupré de St-Maur un mémoire de M. Garnier de
St-Julien, capitaine en premier au corps Royal du Génie,
qui avoit proposé de paver en bois de pin une partie de la
route de Bordeaux à Bayonne par les Grandes Landes. Cet
Intendant m'a fait passer, le 28 janvier suivant, un rapport
de l'ingénieur en chef de la Généralité de Bordeaux sur
cet objet ; d'après l'examen qui en fut fait alors à l'assemblée des ponts et chaussées, on a adopté le projet d'enfon-

(1) Archives de la Gironde, C, 1922.

cer des piquets à la masse, et de la manière indiquée dans l'avis de l'assemblée dont j'ai envoyé copie à M. Dupré de St-Maur le 9 mars 1784, et il fut en même temps arrêté qu'on en feroit l'essay sur une certaine quantité de toises et dans un local fréquenté et à l'abry des vents qui pourroient porter les sables sur cette partie de chaussée ; mais avant de faire autoriser cet essay, j'ai crû devoir demander de nouveau à M. l'Intendant son avis à cet égard : il m'a parû qu'avant de le donner il avoit désiré connoître quel seroit l'objet de la dépense, et qu'il avoit en consé quence chargé M. de Valframbert des opérations nécessaires à cet effet ; mais les circonstances et la maladie que cet Ingénieur a essuyée et à laquelle il a succombé, ne luy ont pas permis de s'en occuper. Je vous prie, Monsieur et cher confrère, de vous faire représenter la correspondance qui s'est tenûe à ce sujet avec M. Dupré de St-Maur et de me mettre en état de faire connoître à M. le contrôleur général votre opinion sur ce projet. J'attendrai que vous ayez bien voulu me répondre pour luy proposer d'autoriser l'essay dont il s'agit.

« J'ai l'honneur, etc.

« LA MILLIÈRE ».

En marge :

« M Henriot pense qu'il n'y a rien à faire ».

Rapport de l'ingénieur en chef Brémontier sur différents moyens de construction de chaussées en bois de pin, à proposer pour la route de Bordeaux à Bayonne dans les Grandes Landes (1).

« Dans le rapport fait à l'assemblée des ponts et chaussées, le 29 février 1784, on propose deux sortes de cons

(1) Archives de la Gironde, C, 1922.

truction de chaussées en bois de pin sur la route de Bordeaux à Bayonne ; la première composée d'un nombre de pieux et piquets garnissant la surface de la chaussée, et entretenus par 4 cours de liernes posés horizontalement, et liés ensemble par 2 cours d'entretoises espacées de 9 en 9 pieds ; la seconde formée par des bois de pin placés horizontalement et jointifs sur toute la largeur de la chaussée et entretenus par deux cours de chapeaux ou liernes formant encaissement ou bordures. Ces deux sortes de chaussées devront être exécutées sur 15 pieds de largeur chacune..... Suit le détail estimatif :

« Valeur d'une toise courante de chaussée selon le premier moyen proposé, 90 l. 7 s. 1 d.

« Valeur d'une toise courante de chaussée suivant le second moyen proposé, 30 l. 13 s. 5 d.

« Résumé :

« L'Ingénieur pense : 1° Que si l'on adoptait un de ces deux moyens, on doit non seulement donner la préférence au second, mais même rejetter absolument le premier comme couteux et impraticable ;

« 2° Qu'en executant le bombement de la chaussée ou le rechargement en pierre broyée, autant vaudrait-il presque l'exécuter toute en pierre ;

« 3° Qu'il est assez indifférent que le dessus de la chaussée soit platte ou bombée, parce que le rechargement étant en sable, les eaux filtreront facilement au travers.....

« Fait par nous, Ingénieur en chef des ponts et chaussées de la Généralité de Bordeaux, ce 30 avril 1786.

« BRÉMONTIER ».

M. DE NÉVILLE, INTENDANT A BORDEAUX (1).

« Le 14 juin 1787.

« M. Garnier de St-Julien me demande, Monsieur et cher confrère, de lui procurer une décision sur la proposition qu'il a faite de paver en bois de pin une partie de la route de Bordeaux à Bayonne par les Grandes Landes.

« Permettés moi, Monsieur et cher confrère, d'avoir l'honneur de vous rappeler la lettre que j'ai eu celui de vous écrire à ce sujet le 4 may 1785. Il paroit, par une notte que je retrouve en datte du mois de mars 1786, que vous avies annoncé alors à M. Brémontier que vous vous proposiés de traiter cet objet avec moy aussitôt après votre arrivée à Paris, qui alors devoit être très prochaine. Il y a lieu de croire que cet Ingénieur aura oublié lui même de vous en faire souvenir. Il seroit cependant à désirer qu'on pût faire examiner définitivement ce projet sur lequel l'auteur ne cesse d'insister. Je vous prierai en conséquence, Monsieur et cher confrère, de vous faire représenter ma lettre du 4 may 1785, ainsi que la correspondance qui s'est tenue à ce sujet avec M. Dupré de St-Maur, et de vouloir bien me mettre ensuite en état de faire connoître à M. le contrôleur général votre opinion sur la proposition de M. de St Julien.

« J'ai l'honneur d'être, etc.

« De LA MILLIÈRE ».

Le projet de M. Garnier de St Julien fut abandonné et la route des Grandes Landes était toujours mal entretenue.

(1) Archives de la Gironde, C, 1923.

Les maîtres de poste, mécontents, adressaient souvent des plaintes à qui de droit.

En 1779, un courrier de poste, le sieur Thimothée Lachapelle fils, conduisant la malle de Bayonne, trouva le chemin absolument dégradé, notamment à la poste de Magescq, « où il s'était embourbé jusqu'au moyeu de la brouette ».

Le sieur Dubourg confirma la vérité du fait et l'intendant Dupré de Saint-Maur donna les ordres nécessaires pour réparer « le mauvais pas de Magescq » (décembre 1779) (1).

Voici encore un rapport de Brémontier, relatif aux représentations du sieur Bascary, maître de poste de Castets (2) :

« L'Ingénieur, qui a parcouru, il n'y a que quelques jours, la route de poste de Bordeaux à Bayonne, par les Grandes Landes, a reconnu qu'il y avait effectivement plusieurs mauvais pas qui peuvent faire craindre que cette route ne soit bientôt interceptée, si on ne procédait pas à sa réparation.

« Les ouvrages à faire consistent particulièrement dans le rétablissement de diverses parties de chaussées anciennement faites en bois de pin et qui, n'ayant point été réparées depuis longtemps, se trouvent dans un état de délabrement qui met les voitures en danger d'être brisées par les subressauts qu'elles éprouvent, et de verser par les inégalités et les trous qui se sont formés dans les parties où les bois ont été pourris ou enlevés.

« Il est infiniment urgent de rendre ces parties de route

(1) Archives Dubourg-Cannègre.
(2) Archives de la Gironde, C, 1923.

plus praticables. Différents redressements qui doivent être faits par la suite, soit aux abords de Magescq, soit à ceux de Castets, et que les circonstances ne permettent pas en ce moment d'entreprendre à cause des sommes considérables que leur construction pourrait exiger, déterminent l'Ingénieur à ne proposer que des réparations provisoires, mais nécessaires.

« La longueur ensemble des diverses parties à réparer est d'environ 300 toises, estimées par aperçu à 3300 l. Si Monsieur l'Intendant veut disposer de cette somme pour être employée sur cette route, l'Ingénieur fera former un devis et un détail à cet effet ; mais il a l'honneur d'observer à ce magistrat qu'il sera fort difficile de faire exactement l'estimation de la dépense, parce qu'on n'en pourra connaître la conséquence qu'à fur et mesure que l'on exécutera les ouvrages, par l'impossibilité de s'assurer de l'état actuel des bois qui pourront resservir ou qu'il faudra remplacer.

« Ce 7e 9bre 1789.

« BRÉMONTIER ».

⁂

En juin 1777, Joseph II, empereur d'Autriche, qui avait pris le nom de comte de Falkenstein, avait traversé les Grandes Landes pour se rendre de Bordeaux à Bayonne.

« M. le maire (de Bayonne) a dit, qu'ainsi que le corps le sçait, l'empereur Joseph d'Autriche, frère de la Reyne, arriva en cette ville le 24 de ce mois (juin 1777), vers les cinq heures du soir, sous le nom de comte de Falkenstein, accompagné des comtes de Colloredo et de Cobensal, et qu'il étoit allé loger à l'auberge de Saint-Etienne, à la Place d'Armes, tenue par le sieur Mezin..... » (1).

M. Félix Arnaudin a trouvé dans un vieux recueil, contenant les actes de l'état-civil de Labouheyre, la mention du passage de ce souverain dans cette localité (2).

« Le 23 juin 1777, rapporte le recueil, Joseph II, roy des Romains, empereur d'Allemagne, étant venu parcourir la France, aïant séjourné quelques jours à Paris et à Bordeaux, a passé à Labouheyre ce jourd'hui, allant à Baïonne et jusqu'au port d'Espagne..... en laissant mille marques de libéralité » (3).

.·.

Le 12 juillet 1782, le comte d'Artois, frère de Louis XVI. devenu depuis Charles X, arriva à Bayonne. Il venait de traverser les Grandes Landes, et il avait couché la veille au château de Lesperon avec les seigneurs de sa suite : le comte de Maillé, maréchal de camp, premier gentilhomme de la chambre ; le chevalier de Crussol, brigadier, d'Alsace ; prince Dhenin, capitaine des gardes ; le chevalier d'Escars, capitaine des gardes ; le marquis de Vaudreuil, maréchal de camp.

Quelques jours après (24 juillet), le duc de Bourbon, qui avait suivi la même route, arriva à Bayonne. Les deux princes se rendaient au siége de Gibraltar, mais ils arrivèrent trop tard : le siége était levé. Au retour, qui eut

(1) Archives de Bayonne, BB, 63.

(2) *Une branche des Pic de la Mirandole dans les Landes.*

(3) « Il fut loin de laisser partout des preuves de sa courtoisie. Le voyage du peu gracieux monarque fut signalé à Bordeaux par quelques incidents passablement piquants relatés en détail dans un journal du temps que le hasard m'a fait tomber sous les yeux ». (Note de M. Félix Arnaudin).

lieu quatre mois après, ils repassèrent par Bayonne et par Bordeaux, et suivirent encore la route des Grandes Landes.

« Le comte d'Artois était descendu à l'évêché, suivant l'usage des princes de la maison royale de France. Précisément l'évêque avait à cette époque dans son palais sa famille, qui était venue de Bretagne pour passer quelque temps auprès de lui. Les quatre ou cinq jours que le frère du roi resta à Bayonne s'écoulèrent en fêtes et en divertissements. Mais les amusements n'empêchèrent point que le jeune prince, très enclin, comme on sait, à la galanterie, ne s'éprît d'une des nièces du prélat, et ne témoignât trop clairement jusqu'à quel point il était sensible à ses attraits. M. de la Ferronnays ressentit vivement cet oubli des droits sacrés de l'hospitalité et du respect qui était dû à son caractère d'évêque. Aussi, quatre mois après, le comte d'Artois devant repasser à Bayonne à son retour d'Espagne, l'évêque jugea-t-il à propos de s'absenter de sa ville épiscopale ; il partit pour une tournée, laissant son vicaire général de confiance, M. d'Iturbide, chargé de faire au prince les honneurs de son palais, et de lui expliquer au besoin les motifs réels de son absence. Le comte d'Artois ne s'arrêta qu'une seule nuit à Bayonne ; et, dès le lendemain matin, il se remit en route pour retourner à la cour » (1).

Les Intendants et les grands personnages, pour traverser les Grandes Landes, voyageaient souvent à cheval. C'est ainsi que, le 11 août 1784, l'intendant de Neville arriva à Labenne à cheval. Les députés de Bayonne, qui étaient allés à sa rencontre, Faurie et Sans, l'invitèrent à prendre place dans leur voiture, ce qu'il accepta (2).

(1) *Vie de M. Daguerre*, par l'abbé Duvoisin, p. 414.
(2) Archives de Bayonne, BB, 63.

A l'âge de quatre-vingts ans, l'abbé Daguerre, fondateur du séminaire de Larressore, fit, pour la dernière fois (1782), le voyage de Bayonne à Bordeaux. Il voyagea à cheval, accompagné d'un piéton et, malgré ses années et le mauvais état de la route, il soutint parfaitement la fatigue de ce long trajet (1).

(1) *Vie de M. Daguerre*, par l'abbé Duvoisin, p. 405.

LES VOLONTAIRES DES LANDES
SOUS LA RÉVOLUTION. — FIN DU XVIIIe SIÈCLE

I

Après la prise de la Bastille, les classes privilégiées furent en proie à de vives alarmes. Le comte d'Artois, le prince de Condé, plusieurs personnages de la cour, émigrèrent les premiers.

Vers la fin de 1791, l'émigration prit une grande importance ; elle était devenue une mode, un point d'honneur, et la plupart des fugitifs considéraient leur excursion à l'étranger comme une promenade. Plusieurs nobles et ecclésiastiques gagnèrent l'Espagne et, pour se rendre de Bordeaux à Bayonne, ils suivirent la route des Grandes Landes.

Lorsque la guerre avec l'Espagne fut déclarée (7 mars 1793), les émigrés français, pour combattre l'armée républicaine et travailler, d'accord avec l'ennemi, à renverser le gouvernement national, avaient formé la légion royale des Pyrénées, sous le commandement du marquis de Saint-Simon. Une compagnie de cette légion était commandée par le marquis de Marcillac, né à Vauban (Bourgogne), en 1769, lequel a écrit l'histoire de cette guerre avec un parti-pris évident, intéressé qu'il était à vouloir rehausser les exploits des émigrés.

Dans ses *Aperçus sur la Biscaye, les Asturies et la Galice*, avant-propos, v (1807), il se plaint des auberges des Landes où il ne trouve pas le confortable désirable :

« En suivant les Grandes Landes de Bordeaux à Bayonne, dit-il, j'ai souvent désiré même les *ventas* de la Galice. On appelle *venta* une auberge isolée et éloignée de toute habitation, quelquefois de plusieurs lieues. J'ai rencontré de ces *ventas* que j'aurois préférées, pour la propreté et la qualité des provisions, aux meilleures hôtelleries de France..... ».

Les préparatifs de la guerre avaient été longs. Le général Servan avait dû organiser son armée. La Convention nationale avait envoyé dans le mois d'octobre 1792 trois commissaires, Carnot, Lamarque (de Périgueux) et Garrau, pour visiter les places de la frontière et les mettre en état de défense. Dès leur arrivée à Bayonne, ils écrivirent, le 13 octobre, à la Convention :

« Citoyens,

« ..... Nous arrivâmes hier au soir à Bayonne, après avoir passé par les villes d'Agen, Auch, Tarbes et Pau.....

« ..... Les citoyens de la ville de Bayonne nous attendaient avec impatience ; ils nous ont accueillis avec les plus vives acclamations..... » (1).

J'extrais de deux autres lettres les passages suivants :

LES COMMISSAIRES A BAYONNE A LA CONVENTION NATIONALE

« *Bayonne, 16 octobre 1792, an I de la République.*

« Citoyens, nos collègues,

« ..... La place de Bayonne est en bon état ; elle se défendra parfaitement contre un siége en forme, qui d'ailleurs n'est aucunement probable ; mais elle est à

____

(1) *Moniteur*, n° 295.

l'abri d'un bombardement. Nous avons cherché les moyens d'y parer, ou du moins d'en atténuer les effets, par des ouvrages qui pussent être exécutés pendant l'hiver..... La citadelle est excellente. La troupe de ligne, les bataillons de volontaires qui forment la garnison, et la garde nationale de cette ville, ainsi que celle de la petite ville de Saint-Esprit, qui n'est séparée de Bayonne que par l'Adour, sont remplies d'ardeur..... » (1).

LES COMMISSAIRES A BAYONNE A LA CONVENTION

« *Bayonne, 20 octobre 1792, an I de la République.*

« Citoyens, nos collègues,

« ..... Nous n'avons plus d'ennemis à craindre que ceux qui sont au milieu de nous, que ceux qui veulent rompre l'unité de la République et faire dominer une section du peuple sur toutes les autres. La France vous observe ; elle s'indigne des obstacles qu'on ne se lasse point d'opposer à votre courage. Persévérez, citoyens, continuez à déployer toute votre énergie contre les malveillants, pulvérisez ces agitateurs qui, par l'anarchie et la division, veulent vous ramener à l'état monarchique et, s'ils le pouvaient, à quelque chose de plus détestable encore.

« *Les Com^{res} de la Convention nationale à l'armée des Pyrénées,*

« L. CARNOT, LAMARQUE.

« Notre collègue Garrau n'est pas encore de retour du département des Landes » (Arch. Nat., C, ii, 51) (2).

---

(1) *Recueil des actes du Comité de salut public,* publié par M. Aulard, t. 1er, p. 110.
(2) Idem, t. 1er, p. 170.

Leur mission terminée, les commissaires repartirent pour Paris et s'arrêtèrent de nouveau à Bordeaux. Je ne sais si, à leur retour, ils suivirent la route des postes. Ils adressèrent à la Convention nationale un rapport rédigé par Carnot, duquel j'extrais les passages suivants :

« Parmi les objets qui ont appelé notre attention, aucun n'a dû la fixer plus particulièrement que les routes et canaux de navigation : sans eux, l'agriculture et les arts ne sauraient prospérer. Le besoin de communication renferme, en quelque manière, tous les autres : là où il est facile d'arriver, l'instruction se répand, l'industrie s'éveille, et l'on voit s'établir tout le degré de mouvement dont la localité est susceptible.

« Il est difficile d'exprimer à quel point de dégradation les routes sont tombées dans la plus grande partie des contrées que nous avons parcourues, notamment dans les Basses-Pyrénées, le Lot, le Lot-et-Garonne, la Dordogne, les Landes et la Gironde.....

« Ce que nous avons dit des chemins est également vrai pour les canaux. Il en est plusieurs dont les départements voisins des Pyrénées réclament l'exécution ; il en est, dont les projets sont connus, qui assainiraient et vivifieraient les Landes, tel est celui qui joindrait la Garonne à l'Adour ; ..... d'autres qui donneraient lieu à des établissements infiniment désirables, et surtout à l'exploitation des mines, très nombreuses dans le département de la Dordogne et dans ceux des Hautes et Basses-Pyrénées.

« Assez longtemps ces pays ont été oubliés pour toute autre chose que les impositions ; assez longtemps ils ont contribué à l'entretien de travaux publics dont ils ne profitaient en aucune manière. Il appartient à la République de vivifier à leur tour ces régions délaissées..... ».

L'ambassadeur de la République française en Espagne écrivait à la Convention, le 24 octobre 1792 :

« Sans détourner les Français, habitans des frontières limitrophes de l'Espagne, des préparatifs de précaution, je crois devoir les rassurer cependant sur les dispositions de la cour de Madrid..... L'Espagne n'a rien de menaçant et, dans tous les cas, elle ne peut rien avoir de redoutable.....

« Je sais que quelques personnes prétendent qu'il y a jusqu'à quinze mille émigrés en état de joindre leurs armes à celles de l'Espagne. Mais parmi les fugitifs il n'y en a peut-être pas 200 capables de s'armer. Presque tous les officiers qui avaient passé en Espagne s'y sont embarqués pour l'Angleterre et pour l'Allemagne, et tous les autres émigrés ont eu ordre de s'éloigner de nos frontières pour s'établir dans l'intérieur du royaume » (1).

Toutefois, le gouvernement espagnol s'était empressé d'envoyer sur les frontières de France une puissante armée munie d'une forte artillerie. On pensait que ce corps d'invasion allait se porter sur Bayonne et Bordeaux et aboutir à la Vendée : que les Landes allaient être traversées par l'ennemi. Aussi, plusieurs corps de volontaires de la Gironde, du Gers, des Landes, des Basses-Pyrénées s'empressèrent-ils de partir pour l'armée des Pyrénées-Occidentales, qui devait défendre et garantir le territoire français.

La patrie venait d'être déclarée en danger. On vit aussitôt, dans toute la France, le peuple se soulever, s'enrôler volontairement pour défendre le sol sacré de la patrie. Le département des Landes produisit un grand nombre de

(1) *Moniteur*, n° 298.

volontaires, dont plusieurs sont devenus des soldats illustres.

Dartigoeyte, un des représentants dans le Gers et les Landes, écrivait de Saint-Esprit, le 21 avril 1793, à la Convention, la lettre suivante :

« Citoyens, mes collègues,

« J'apprends dans l'instant d'une manière très positive que nos troupes du camp des Trois-Croix viennent d'humilier la morgue espagnole. Un détachement commandé par le républicain Labeyrie, premier lieutenant-colonel du 2ᵉ bataillon du département des Landes, s'est porté contre un corps de troupes espagnoles qui ont été mises en pleine déroute. Les soldats de la Liberté se sont emparés du corps de garde ennemi et du village de Zugarramurdi. On y a trouvé 3,000 cartouches, une trentaine de fusils, 40 baïonnettes et des hallebardes. Nous n'avons eu que 3 blessés ; les Espagnols ont dû perdre beaucoup de monde. Ce premier succès présage nos triomphes sur cette partie de la frontière, si l'on s'occupe de quelques mesures dont j'ai rendu compte au Comité de salut public.

« Salut et fraternité.

« DARTIGOEYTE.

« P.-S. — Le lieutenant-colonel Labeyrie s'était déjà distingué dans une autre attaque par une bravoure, un sang froid dignes des plus grands éloges. C'est un témoignage que le 2ᵉ bataillon des Landes lui a rendu en ma présence » (1). — (Arch. nat., C, 254. — *De la main de Dartigoeyte*).

(1) *Recueil des actes du Comité de salut public*, publié par M. Aulard, t. 3, p. 375.

J'extrais encore, d'une lettre adressée de Mugron, le 26 avril 1793, à la Convention nationale, par le conventionnel landais Dartigoeyte, le passage suivant :

« Citoyens, mes collègues,

« Les Espagnols ont attaqué du côté d'Andaye ; et des lettres particulières, qui méritent une entière confiance, nous annoncent que nos braves soldats se sont distingués par des prodiges de valeur, et que malgré l'infériorité du nombre, ils ont poussé les Espagnols dans la Bidassoa, la baïonnette dans les reins. Les généraux rendront sans doute à la Convention nationale un compte détaillé de cette attaque, qui peut-être s'est réitérée, et dont je ne connois qu'imparfaitement les résultats. Mais il est de mon devoir de vous apprendre, citoyens, mes collègues, qu'au premier bruit de l'invasion des Espagnols, tous les jeunes gens de la ville de Saint-Sever, au nombre de 75 ; ceux de la ville de Hagetmau, au nombre de 40 ; ceux de la petite ville de Mugron, au nombre de 9, se sont inscrits pour voler sur le champ au secours de nos frères de Baïonne. Les citoyens de Mugron ont fait don de leurs habits uniformes et distribué des gratifications en argent aux volontaires. On me marque que les villes et principaux lieux du département des Landes se distinguent par la même ardeur ; que partout un enthousiasme vraiment civique électrise les âmes ; qu'ainsi les Espagnols trouveront une résistance invincible..... etc. » (1).

Ainsi, un enthousiasme patriotique se répandit à cette époque dans les Landes (2). On n'avait pas besoin de réqui-

(1) *Journal des débats et des décrets* (n° 232).

(2) Il existe à la mairie de Mimbaste (Landes) un registre contenant plusieurs

sition ; on n'écoutait que la voix de la patrie qui appelait tous ses enfants pour la défendre.

II

Laroche, né à Condom (Gers) en 1757, fut élu, en septembre 1792, chef du quatrième bataillon des volontaires des Landes. Il devint bientôt après chef d'état-major à

détails sur la Révolution. Je donne ici la copie d'une délibération prise le 2 mai 1793 par le Conseil général de cette commune :

« Le 2 mai 1793, l'an second de la République française, vers neuf heures du matin, dans le lieu ordinaire des séances, le Conseil général de la commune de Mimbaste y étant assemblé, le maire leur a dit : Citoyens, frères et amis, la municipalité est debout depuis six heures du matin, sur l'éveil qui lui a été donné par une circulaire de Pouillon, chef-lieu du canton, que les Espagnols avaient souillé le territoire français du côté d'Orogne, qu'ils en avaient été instruits par une lettre de leurs confrères de Peyrehorade, qui réclamaient les secours possibles pour se mettre en état de défense ; sur cet avis, un de nous a été devers l'administration du Directoire du district, qui a répondu verbalement n'avoir reçu aucun ordre de l'administration supérieure, ni invitation du district d'Ustaritz ; qu'à la vérité ils ont reçu quelque circulaire des municipalités du canton de Saint-Esprit. Nous avons envoyé un second exprès à Pouillon, et nous ne sommes pas plus instruits que ce matin, puisque la réponse est à peu près la même. Notre garde a été doublée. Tous les citoyens se sont rendus au son du toscin et au rappel de deux tambours que nous avons fait courir dans la paroisse. Les citoyens sont assemblés dans l'église et y attendent les ordres que nous devons leur donner.

« Le Conseil général, pénétré du plus vif intérêt pour la République et désirant la conserver au péril de sa vie, arrête, ouï le Procureur de la commune : 1° que les citoyens assemblés seront instruits par le citoyen maire du sujet qui les rassemble et que le serment de *vivre libres ou de mourir* sera de nouveau renouvelé ; 2° qu'il soit envoyé de nouveau un exprès au Directoire du district pour sçavoir s'il a reçu quelque ordre depuis ce matin ; 3° que le citoyen maire, qui s'est offert d'aller devers la municipalité de Pouillon, pour sçavoir s'ils ont reçu de nouvelles réclamations de la municipalité de Peyrehorade, partira dans un moment, afin de leur donner les secours qui seraient en notre pouvoir, en faisant voler auprès d'eux tous les citoyens de notre commune en état de porter les armes, et avertir ceux des paroisses de Clermont, Sort, Castelnau, Gamarde, Hins et Divielle, qui nous ont fait des circulaires pour nous annoncer qu'ils étaient debout ; 4° que, dès cet insl'armée des Pyrénées-Occidentales, et ensuite général. Dans un *Mémoire justificatif* du 20 ventôse de l'an IV, imprimé à Paris, le général Laroche s'exprime en ces termes :

« Mes longs services dans la ligne ne devaient pas me permettre de rester dans les fonctions civiles ; elles devaient me valoir une place dans un des états-majors des armées ; mais c'est en vain que je la sollicitai ; je n'obtins que des promesses ; on n'avoit point encore net-

tant, le Conseil général sera en état de permanence, et un officier municipal et un notable resteront pendant vingt-quatre heures dans le lieu ordinaire de nos séances et seront renouvelés par un même nombre jusques à ce que l'administration supérieure trouve à propos que la permanence soit interrompue ; 5° enfin, qu'il soit établi une garde de six fusiliers avec un chef et remplacés toutes les vingt-quatre heures dans la maison du pont d'Oro, sur la grande route qui conduit de Dax à Orthez.

« Fait en assemblée du Conseil général où était J° Deslous, maire, etc. *(Suivent les signatures)*.

« Et de suite étant entrés dans la dite église et ayant appelé les citoyens qui en étaient sortis et qui y sont rentrés, ainsi que les citoyens de la commune de Sort munis de différentes armes qu'ils ont porté en quittant leurs charrues et leurs familles, le citoyen J° Deslous, maire, leur a fait part des motifs qui ont obligé la m[uni]cipalité de faire sonner le tocsin, et après leur avoir lu la lettre des officiers m[unicip]aux de la commune de Pouillon et leur avoir peint la conduite barbare que les Espagnols ont tenue et veulent tenir encore envers des Français libres, pour les remettre dans les fers, il a demandé aux citoyens s'ils étaient prêts à maintenir le serment qu'ils avaient prêté de vivre libres ou de mourir et deffendre la liberté jusqu'à la mort.

« Tous ont, d'unanime voix et par un même élan, répété qu'oui et promis d'exterminer tous les tirans et leurs satellites.

« Au même moment, et pendant que le citoyen maire était à la tribune pour y exhorter les citoyens assemblés, en leur faisant connaître l'avantage d'une telle union et le fruit qu'il en résulte, le citoyen Cardenau, de la commune de Gamarde, juge de paix du canton de Montfort, est entré dans l'assemblée et a dit : « Citoyen « maire, je suis à la tête des citoyens des communes de Gamarde, Goos et Divielle ; « j'ai environ mille hommes ; faut-il marcher ou faut-il que je les fasse rétrograder ? » Le maire lui a répondu : « Citoyen républicain, frère et ami, vous voyez aussi « dans cette assemblée plus de mille personnes qui sont prêtes comme vous, chers « concitoyens, à voler où le salut de la patrie les appelle ; des commissaires de « plusieurs communes des campagnes sont venus m'apporter les mêmes vœux de

toyé les étables d'Augias ; on ne s'empressoit point d'accueillir, à Paris, les mémoires des militaires patriotes et prononcés ; le mien resta de côté, et ce ne fut qu'après avoir rempli les fonctions d'agent supérieur pour l'exécution de la loi du 23 février, que je fus nommé lieutenant-colonel du quatrième bataillon des Landes, à l'unanimité des suffrages.

« Je connoissois les peines qu'il en coûte pour former

« la part de leurs concitoyens armés et debout, et qui n'attendent qu'une réquisi-
« tion pour partir ; j'ose assurer que demain à midy nous nous trouverions au
« moins à Peyrehorade plus de vingt cinq mille hommes. Il lui a dit qu'après
« des réflexions faites, sur les renseignements qu'il s'était procuré en faisant mar-
« cher des exprès devers l'administration du district et la municipalité de Pouillon
« qui nous a fait sonner le toscin ; que ceci n'était qu'une fausse alarme, qu'il
« devait retenir ses concitoyens, et les faire rétrograder et les exhorter de se tenir
« toujours prêts et dans les mêmes dispositions au premier éveil qui pourrait nous
« être donné ».

« Les citoyens se sont retirés avec des protestations de fraternité et d'amitié en
chantant l'himne des Marseillais.

« Etant au lieu de nos séances pour y rédiger le présent verbal, le citoyen
Grailhat, curé républicain de la commune de Hins, est entré et a dit : « Citoyens,
« au bruit qui s'est répandu que les Espagnols avaient souillé le territoire de la
« République et que le toscin sonnait dans votre commune et communes voisines,
« je l'ai fait sonner dans la mienne, et mes concitoyens ont été dans un instant
« rassemblés sous les armes ; la municipalité patriote à leur tête a résolu de les
« faire transporter ici, d'après les renseignements qu'elle a eus que plusieurs com-
« munes y avaient porté leurs forces, et nous venons avec les sentiments de nous
« ensevelir sous les ruines de la République plutôt que de souffrir qu'on porte
« atteinte à notre liberté naissante ».

« Le citoyen maire lui a répondu : « Citoyen, heureuses les campagnes qui
« possèdent un si digne pasteur ; avec une telle conduite, un troupeau ne peut
« jamais s'égarer ».

« Le Conseil général ayant quitté le lieu de ses séances et s'étant rendu sur la
place publique avec le citoyen Grailhat, les officiers municipaux de la commune
de Hins étant arrivés armés à la tête de près de deux cents de leurs concitoyens
de tout âge et ayant formé un rond sur la dite place, le citoyen maire étant entré,
il leur a témoigné combien une telle conduite était digne des héros de la Liberté et
combien peu les peuples esclaves pouvaient compter nous la ravir ; et voyant qu'ils
étaient fatigués, la municipalité leur fait porter quelques bouteilles de vin pour les

un corps avec des officiers et sous-officiers qui ne sont pas instruits. J'en avois fait l'expérience une fois ; je ne désirois point la renouveler ; mais l'amour de la patrie et de la liberté, supérieurs à toutes les considérations, à tous les calculs, l'emporta ; je fus le joindre à la citadelle de Bayonne, où il venoit de se rassembler.

« Il ne m'appartient pas de parler de ce bataillon, que j'ai formé en si peu de temps, et qui s'est toujours montré courageux et républicain ; il ne m'appartient pas de par-

délasser. Le maire a ensuite prononcé un discours rempli de patriotisme et les a exhortés de se retirer, ce qu'ils ont fait avec les protestations les plus énergiques de verser jusqu'à la dernière goutte de leur sang pour le soutien de la République, et de se porter au premier éveil là où les besoins de leur chère patrie les appellera.

« De tout quoi, nous avons dressé le présent verbal et chargé le citoyen maire de l'envoyer aux corps administratifs, à la Convention nationale et au citoyen Servan, général de l'armée du Midy, pour lui donner une vrai connaissance de l'esprit et des sentiments des concitoyens ci-dessus, district de Dax, département des Landes, frontière du Midy » *(Suivent les signatures).*

—

Sur le même registre, je trouve transcrits un discours prononcé par le citoyen Deslous, maire, et quatre strophes en patois, qui avaient été chantées sur l'air de la *Marseillaise* par les jeunes filles de Mimbaste, le 2 ventôse an II, à l'occasion de la plantation d'un arbre de la Liberté.

Voici le dernier couplet :

Arbre sacrat, que le réldure
Les grands calous et tous lous airs
Respectin toustem ta berdure !
Existe aitant que l'univers (bis) !
Nous que biram chaque décade
Te salude, te canta,
Si quoque man bo te couppa,
Hal te toumba morte et secade.

Refrain

Bibe l'égalitat !
Qui bengue lous nos camps
Cantam (bis) a plei de cap,
Lous bets jours dous paysans.

ler de ce que j'ai fait comme adjudant-général, chef de
brigade, comme commandant de la ville et de la citadelle
de Bayonne en état de siége, comme général de brigade,
chef de l'état-major général de l'armée des Pyrénées-
Occidentales, et comme chargé du commandement de la
première division en Espagne ; j'en laisse le soin à ceux
qui m'ont vu, à ceux qui m'ont suivi, ils diront que je ne
suis point l'homme des hommes, mais celui de la chose,
et que je n'ai été si souvent persécuté que parce que je
n'ai voulu appartenir qu'à moi. Mais, fort de ma cons-
cience, fort de mes principes et de mes revers, je demande
justice au gouvernement français, je la demande aussi à
la Convention batave.

« N. B. — Le Gouvernement vient de me réintégrer
dans mes fonctions et de m'employer à l'armée du Rhin :
j'espère que la Convention batave s'empressera de réparer
aussi les fautes du despotisme..... ».

Le hasard avait fait tomber dans mes mains deux précieux registres contenant la correspondance du général
Laroche.

J'ai donné lecture à la Société des Sciences et Arts de
Bayonne (séance du 3 décembre 1879) de quelques lettres
inédites de ce général contenues dans ces registres. Les
quatre suivantes méritent d'être reproduites :

Du 12 brumaire (2 novembre 1793).

« Aux administrateurs du District de Dax,

« La saison est très rigoureuse, citoyens, les pluies qui
règnent ici depuis plusieurs jours rendent les campements sous la toile impossibles, les défenseurs de la Patrie
couchent dans la boue, ils sont toujours inondés dans

leurs tentes, trop faibles pour résister à des pluies accablantes et continuelles ; nous ne pouvons plus longtemps mettre leur patience vraiment héroïque à l'épreuve, il est indispensable que nous les mettions à couvert ; ce serait une coupable négligence que de ne pas pourvoir à des établissements qui puissent les mettre à l'abri de l'intempérie des saisons ; mais nos désirs, nos vœux et toutes nos démarches seroient infructueuses, si vous ne venez pas à notre aide. Je vous ai déjà demandé avec le plus vif empressement la plus grande quantité de planches que vous pourrez nous envoyer. Je vous les réitère, ces demandes, le cœur navré de douleur de l'état misérable où se trouve le volontaire réduit à coucher dans la boue et dans l'eau, après avoir été mouillé pendant 24 heures en montant la garde ou le piquet. Au nom de la chose publique, au nom de l'humanité, envoyez-nous à lettre vue des planches pour barr... r nos braves deffenseurs ; nous devons compter pour quelque chose leur entier dévouement à la République ».

« Du 11 pluviôse (30 janvier 1795).

« A Calon, général de brigade, directeur du dépôt
de la guerre,

« Au moment, citoyen, où j'ai été chargé de la direction de l'état-major de l'armée des Pyrénées-Occidentales, j'ai trouvé les bureaux à peu près dénués de tous les plans et mémoires dont je savois cependant que le dépôt de la guerre avoit pourvu les généraux qui m'avoient précédé. Je n'ai pas perdu un seul instant pour recueillir tous ceux de ces objets dont on a pu retrouver quelques traces, et sous peu de jours j'adresserai au ministre de la guerre un inventaire qui contraste avantageusement avec la pénurie où nous nous sommes trouvés.

« L'adjudant-général Lomet, chargé de cette partie, et le citoyen Louis Puissant, ingénieur-géographe, plein de talent et de bonne volonté, que tu nous a envoyé, travaillent sans relâche à former des matrices de cartes de chacune des divisions de cette armée, et à une concordance des mémoires militaires qui s'y rapportent. Je sens toute l'importance de ces objets et j'y donne une surveillance toute particulière (1).

« Du 26 pluviôse (14 février 1794).

« A Lefranc, chef de la 40⁰ demi-brigade,

« Si j'étois un homme de paille ou un chef d'état-major pour rire, mon cher Lefranc, il pourroit sans doute se commettre des abus pareils à ceux que tu me dénonces. Mais, certes, avec de la barbe au menton, on ne doit point se laisser faire la loi et permettre des injustices. Jamais il n'y aura des préférences ni des préférés dans le système que je suis chargé de produire. Les élus sont tous les bons bougres qui marchent la tête haute et qui parcourent avec plaisir, exactitude et zèle, la brillante carrière de leurs devoirs. Mon ami, cette armée a été longtemps livrée à l'intrigue, aux machinations, aux corruptions ; mais les intrigants, les machinateurs, les corrupteurs sont foutus, du moins en partie, et les hommes purs, les montagnards sans tache commencent à la décorer de leurs vertus et de

(1) Puissant, savant mathématicien, né au Châtelet (Seine-et-Marne), membre de l'Académie des Sciences, ingénieur-géographe. Il a coopéré à des opérations géodésiques de la plus grande importance et publié plusieurs ouvrages sur la géodésie, etc.

leur moralité. Fais toujours respecter ces déesses ; fais aimer la liberté et l'égalité à tes soldats ; dis-leur que la République compte sur eux pour établir son triomphe et consolider son bonheur.

« Tous les capons, tous les malins êtres, tous les éclop-pés et tous les estropiés sortiront de la demi-brigade, et ils seront remplacés par de bons lurons.

« Je ne te dis rien d'Arolla : tu connais l'importance de ce fameux rocher et la nécessité de le garder ».

« Du 26 pluviôse (14 février 1794).

« A Digonet, lieutenant, commandant le 4ᵉ bataillon des Landes et provisoirement le camp des sans-culottes,

« Je suis fâché, mon cher Digonet, que le général Frége-ville n'ait pas parlé, dans sa narration, de l'affaire glo-rieuse du 17 pluviôse, du courage, de l'audace et de la valeur du 4ᵉ bataillon des Landes. Mais cette faute, qui ne peut être qu'un oubli de sa part et même involontaire, devoit-elle lui mériter les reproches, l'indignation et les épithètes vraiment horribles dont tu l'accables ? Ah ! mon ami, je crains bien qu'on ait monté ta tête, aigri ton esprit et cherché à opérer, par cette perfide insinuation, par une misérable gloriole, un schisme entre Frageville et toi, un germe de discorde entre le bataillon du Tarn et le 4ᵉ des Landes, et enfin une division entière dans toute l'armée. Qui ne reconnaît pas à tout ceci l'œuvre des malveillants, les moyens affreux qu'ils emploient pour diviser partout les patriotes et les vrais montagnards. Mais, certes, ils n'auront pas raison, ces vils intrigants, ces êtres méprisables, plus attachés aux idées de la tyran-nie et de l'esclavage qu'à celles de la liberté et de l'égalité.

Leurs trames, leurs machinations honteuses seront encore une fois déjouées, et la bonne armée des Pyrénées-Occidentales, l'armée par excellence et qu'on peut appeler celle des Thermopiliens et des Salaminiens, restera toujours ferme, toujours fidèle à la cause sacrée qu'elle défend et qu'elle saura faire triompher en dépit des jaloux, des pervers et machinateurs.

« Mon ami, c'est au nom des représentants du peuple qui t'aiment et t'estiment ; c'est au nom du général en chef de l'armée, et c'est aussi au nom de notre amitié réciproque, que je t'écris pour te prier de ne pas donner de suite à une affaire qui pourroit produire le plus grand mal dans l'armée et te devenir funeste à toi-même. Il faut, pour être républicain, savoir tout sacrifier, tout faire pour son pays, et surtout ne jamais s'abandonner aux mouvements d'un orgueil ou d'une vanité puérile. Le bataillon que tu commandes a fait ses preuves, il a combattu l'ennemi en héros. Toute l'armée le sait. Son triomphe ne peut donc être perdu, il reste écrit dans le cœur de chacun de nous, et j'espère qu'il s'y gravera encore plus et à mesure que les occasions qu'il aura de se signaler se présenteront. Adieu, mon brave ami, oublie les sentiments d'une fausse sensibilité, d'un orgueil mal entendu, d'une vanité déplacée. Ecarte les conseils perfides que voudroient te donner les faux amis de la patrie. Ne voies que cette mère chérie, ne porte ta sollicitude et tes regards que sur les enfants qu'elle t'a confiés et ne voies dans la belle carrière que tu parcours que les devoirs de l'homme libre, d'un franc et d'un sincère républicain.

« *P.-S.* — C'est dans le plan de l'affaire du 17 pluviôse, qui a été envoyé au Comité de salut public et au ministre,

qu'il faut voir la conduite du 4⁰ bataillon des Landes. C'est
dans la légende de ce plan que l'on voit et que l'on lit
plusieurs fois le nom du 4⁰ bataillon. On le trouve dans
toutes les marches repoussant l'ennemi, marchant le pas
de charge et criant toujours : Vive la République ! Vive la
Liberté et l'Égalité ! ».

La Convention décrétait souvent, après chaque victoire,
que l'armée des Pyrénées-Occidentales ne cessait de bien
mériter de la patrie.

Il existait dans cette armée un homme célèbre, le
premier grenadier de France, La Tour-d'Auvergne, qui
commandait l'avant-garde et cette terrible colonne, dite
Colonne infernale, dans laquelle plusieurs volontaires des
Landes ont fait leurs premières armes.

« La Colonne infernale, dit le général Foy dans son
Histoire des guerres de la Péninsule, observait une discipline
qui rappelle la conduite des armées romaines dans les
beaux temps de la République : elle campait une fois, en
Biscaye, dans des vergers plantés de cerisiers, et les soldats n'osèrent pas cueillir les fruits qui pendaient aux
arbres..... Paix aux chaumières ! telle était la devise qu'ils
avaient reçue de leur chef, et leur respect pour les pro-
priétés s'étendait à la demeure du riche comme à celle du
pauvre ».

La Tour-d'Auvergne avait appartenu au régiment d'Angoumois. Le colonel de ce régiment lui proposa, en 1792,
d'émigrer avec quelques autres officiers. Il répondit
énergiquement à ses chefs qu'il ne pouvait comprendre
l'émigration des militaires quand la patrie était cernée
par une invasion étrangère..... « Malheur, dit-il, à qui
abandonne son pays au moment du danger ! Jusqu'à la
mort, je serai l'ami de ma patrie et j'embrasserai sa cause

jusqu'au dernier soupir. J'appartiens à la patrie ; soldat, je lui dois mon bras ; citoyen, je dois respect à ses lois ».

III

Le *Moniteur* cite les traits de bravoure des volontaires des Landes. Dans la séance du 13 ventôse an II, le ministre de la guerre, à propos de la victoire du 17 pluviôse, rapporte le fait suivant :

« Dugoyen, fusilier au quatrième bataillon des Landes, est atteint d'une balle au commencement du combat ; il ne quitte pas son poste. Dans le cours de l'action, il reçoit une seconde balle au bras ; son capitaine veut le faire retirer ; Dugoyen secoue son bras : *Il n'est pas coupé*, dit-il, *je veux me venger et renvoyer à ces J. f. la balle que j'ai reçue.* Il continue de se battre (1).

Parmi les volontaires des Landes qui s'enrôlèrent dans les bataillons et qui furent dirigés sur la frontière d'Espagne ou ailleurs, je vais citer les noms de quelques héros qui sont devenus illustres et qui ont atteint les plus hauts grades :

Maximilien Lamarque, né à Saint-Sever le 22 juillet 1770. Il devint bientôt capitaine dans la Colonne infernale et fut désigné pour porter à la Convention les drapeaux qu'il avait pris à Fontarabie. Général, député, grand orateur, Lamarque est devenu une illustration landaise.

(1) *Moniteur*, n° 523.

Une femme de Castres, Alexandrine Barreau, endossa l'habit militaire et suivit à l'armée des Pyrénées-Occidentales son mari Leyrac et son frère. Elle combattit auprès d'eux, avec la plus grande intrépidité, à la redoute d'Alloqui où son frère fut blessé mortellement et son mari atteint d'une balle.

Durrieu, né à Grenade le 30 juillet 1775, partit à l'âge de 18 ans et servit aussi sous les ordres de La Tour-d'Auvergne, dans l'armée des Pyrénées-Occidentales. Il est devenu ensuite général de division, député, pair de France.

Son neveu, Durrieu (François-Louis-Alfred), sorti de l'école de Saint-Cyr en 1830, est aussi devenu général de division. Il a été sous-gouverneur de l'Algérie.

Lanusse (François), né le 3 novembre 1763, à Habas. Après avoir suivi quelque temps la carrière du commerce à Limoges, il s'enrôla en 1793 dans un bataillon de la Haute-Vienne, et partit pour l'armée des Pyrénées-Orientales où il obtint, par sa bravoure, un avancement rapide. Le général Lanusse est mort à Aboukir, en combattant les Anglais.

Son jeune frère, Lanusse (Pierre-Robert), né aussi à Habas, est devenu général de brigade sous l'Empire. On voit à Habas, au château de *Fortisson*, appartenant à M. Louis Fourcade, les bustes en bronze de ces deux généraux.

Dubalen (Raymond-Martin), né à Saint-Sever le 30 juillet 1777, entra au service en 1793, à l'âge de seize ans, engagé volontaire au 4e bataillon des Landes. Il est arrivé au grade de colonel. Après avoir été blessé grièvement, le 16 juin 1815, à la bataille de Ligny, il mourut le 20 du même mois des suites de ses blessures. Le colonel Dubalen a eu deux autres frères dans l'armée, dont l'un était commandant, et l'autre qui mourut lieutenant, en 1803, à la suite de ses blessures.

Augustin Darricau, né à Tartas le 5 juillet 1773. Capitaine au 1er bataillon des volontaires des Landes, il fut envoyé, avec ce bataillon, à l'armée des Alpes, en 1793. Il est arrivé au grade de général de division. Son nom est inscrit sur l'arc de triomphe de la Grande Armée.

Ducos (Nicolas), frère de Roger Ducos, consul, naquit à Dax le 7 mars 1756. Il s'engagea dans le régiment de Bourbonnais à 18 ans. Le 27 avril 1803, il était général de brigade.

Castenau (Bernard-Augustin, baron de), né à Dax le 5 août 1768. Il entra au service dans le premier bataillon de volontaires des Landes, le 1er juin 1791 ; il fut attaché à l'état-major du général Moncey dans l'armée des Pyrénées-Occidentales et devint plus tard général de division et député des Landes.

Son frère, Castenau (Philippe), né à Dax le 16 décembre 1773, a aussi débuté par être volontaire au premier bataillon de volontaires des Landes, le 1er juin 1791. Il rejoignit l'armée des Pyrénées-Occidentales et il fut blessé le 7 thermidor, au passage de la Bidassoa. Nommé colonel en 1809, il fut tué à Ebersbourg, le 3 mai 1809.

Lefranc (Jacques), né à Mont-de-Marsan le 4 novembre 1750, fut nommé chef du 3e bataillon des Landes le 15 janvier 1793, et il s'illustra dans tous les combats qui eurent lieu à l'armée des Pyrénées-Occidentales. Il devint ensuite général.

Caunègre (Raymond), né à Moliets (Landes), partit comme volontaire en 1791, dans le 1er bataillon des Landes. Il était fils de Pierre de Caunègre, juge de Magescq. Il s'illustra au siége de Toulon et en Italie, où il devint colonel. Il fut tué à la bataille d'Arcole (1). M. Dompnier de Sauviac le fait naître à Dax.

(1) « Racontons le trépas glorieux de notre compatriote, le brave commandant Caunègre : Raymond Caunègre était né à Dax. Sa famille y était justement considérée. Au premier appel de la patrie, il abandonna parents et amis et renonça aux

Latitte (Michel-Pascal), né à Dax le 28 septembre 1774. Il fut incorporé, en 1791, dans le second bataillon des volontaires des Landes. Il est devenu général de brigade en 1813. Mort en 1859, maire de Saint-Vincent-de-Xaintes.

Peyris (Vincent), né à Dax le 15 novembre 1775, s'engagea, en juillet 1794, dans le 4e bataillon des volontaires du Gers, qui se trouvait dans l'armée des Pyrénées-Occidentales. Il était colonel à la bataille de Waterloo (1815), où il reçut sa dernière blessure. Il fut fait maréchal de camp le 2 avril 1831. Il a commandé la place de Bayonne et le département des Landes (1830). Mort à Hinx (Landes), le 13 juin 1851.

Le département des Landes a produit plusieurs autres officiers généraux de grand mérite, qui se sont distingués dans les guerres de la République et du premier Empire. Je citerai encore :

Le général d'Argoubet, né à Dax le 31 juillet 1764, mort à Arsague le 21 février 1844 ;

avantages d'une fortune importante pour voler à sa défense. Le 17 novembre 1796, il se trouvait à la tête de son bataillon, incorporé à la 75e demi-brigade, en face du pont d'Arcole. Le moment était décisif. Il était urgent de forcer le passage du pont avant l'arrivée des renforts attendus par les Autrichiens. Augereau, à la tête de sa colonne, s'avance sur la chaussée et ne parvient pas à déboucher. Alors, un élan d'enthousiasme s'empare de tous les officiers supérieurs, qui se précipitent à la tête de la colonne, pour essayer de franchir le pont à travers une grêle de boulets et de mitraille. Caunègre accourt. Bonaparte lui crie, en le voyant passer : « En avant, général ! ». Un drapeau à la main, Augereau, suivi de tous ces braves, s'élance jusque sur la moitié du pont et reste exposé au feu le plus destructeur. Les grenadiers épouvantés reculent ; quatre généraux tombent blessés ; Caunègre est coupé en deux par un boulet. Par décret du 21 janvier 1805, l'empereur accorda une pension de 450 fr. à Mme veuve Caunègre, née Bourges, dont le mari, chef de bataillon à la 75e demi-brigade, *avait été tué à l'affaire d'Arcole*, le 24 brumaire an V (17 novembre 1796) ».

(*Chroniques de la cité et du diocèse d'Acqs*, par Dompnier de Sauviac (1859), liv. x, p. 110).

Le général Picot de Dampierre, né au Vigneau, contribua à la victoire de Jemmapes ; il fut mortellement blessé le 8 mai 1793 devant Valenciennes. La Convention décerna à cet intrépide général les honneurs du Panthéon ;

Le maréchal de camp baron d'Ismert, d'Arengosse ;

Le général Gratien Ferrier, né à Peyrehorade (1771-1822) ;

Le général Monnet, né à Ozourt ;

Le colonel Jean Laurède, né à Dax en 1775, tué à la bataille de Fleurus (1815).

Notre pays a toujours produit d'excellents soldats. Au temps de Machiavel, voici quel était le renom de l'infanterie gasconne : «Tout soldat français, mais qu'il fût vaillant, on le tenait pour Gascon».

IV

On connaît la suite et l'issue de la guerre avec l'Espagne. Le général Moncey s'était emparé de plusieurs villes et se trouvait sur le point de passer l'Èbre. La cour de Madrid demanda la paix, qui fut signée à Bâle le 12 juillet 1795 et acceptée des deux côtés avec une grande joie. La France abandonna ses conquêtes, parce qu'elle n'avait aucun intérêt à affaiblir l'Espagne ; elle remporta un triomphe moral et détacha de la coalition une forte puissance qui avait à sa tête un Bourbon qui reconnaissait la République. Ce traité de paix eut une grande influence sur la pacification de la Vendée et sur nos succès en Italie (1).

(1) Si la patrie venait à être envahie du côté de l'Espagne, on verrait de nouveau accourir, pour la défendre, nos braves Landais, Basques et Béarnais. Ils feraient leur devoir et sauraient mourir pour elle.

Les Pyrénées-Occidentales sont presque ouvertes, et l'Espagne possède les deux revers de la grande chaîne. Elle vient de fortifier toute sa frontière du Nord-Ouest

Vers la fin de cette guerre, l'illustre capitaine La Tour-d'Auvergne, dont la santé était délabrée, sollicita et obtint un congé pour aller respirer l'air natal et revoir sa Bretagne. Il se reposa quelque temps à Bayonne et consacra ses loisirs à l'achèvement de son ouvrage sur les *Origines gau-*

et l'on aperçoit, sur les hauteurs de Fontarabie, les pièces d'artillerie tournées vers la France. Le gouvernement espagnol voudrait-il se rapprocher de la triple alliance? Une armée auxiliaire de l'Allemagne pourrait bien, à un moment donné, nous inquiéter de ce côté des Pyrénées et nous créer des embarras.

Je crois que la nation espagnole a tout intérêt de vivre dans les meilleurs termes avec la France. Les deux peuples devraient s'aimer réciproquement, se tenir la main et se protéger comme des frères. Si nos regards sont tournés vers Strasbourg et Metz, nos voisins peuvent bien regarder Gibraltar.

Comme rien n'est impossible dans l'état actuel de l'Europe, il est de notre devoir de nous fortifier, de veiller et de nous tenir sur nos gardes. Un distingué publiciste, M. Léonard Laborde, rédacteur en chef du *Progrès de la Chalosse*, s'efforce depuis longtemps, dans les colonnes de son journal, d'attirer l'attention du gouvernement de la République sur la défense de nos frontières du côté de l'Espagne, afin de les préserver d'une invasion. Il est question d'établir des forts dans les alentours de Bayonne, sur les hauteurs de Cambo, de Mouguerre, etc., mais on ne met pas la main à l'œuvre.

L'histoire nous apprend que notre frontière d'Espagne préoccupait souvent le bon roi Henri IV. Voici ce qu'il mandait, le 20 mai 1595, au duc de La Force :

« Monsieur de la Force, estant adverty de divers endroicts que le roi d'Espaigne assemble des forces à la coste de Biscaye, je me laisse aisément persuadé que ce doit estre pour quelque desseing qu'il a sur ma ville de Bayonne, laquelle je sçais qu'il œillade il y a longtemps. J'escris présentement à mon cousin le maréchal de Matignon, qu'il pourvoie par tous les moyens qu'il aura en main et au comte de Gramont, qui en a le commandement, qu'il y fasse aussy de son costé du mieulx qu'il luy ... possible.. ... (*Lettres missives d'Henri IV*, par Berger de Xivrey ».

Vers la fin du mois d'août 1815, après l'abdication de Napoléon, après le rétablissement sur son trône de Louis XVIII par les alliés, une armée espagnole, composée de 18,000 hommes, pénétrer, sans provocation, sur notre territoire, occuper St-Jean-de-Luz et arriver jusques aux portes de Bayonne. Pris à l'improviste, les habitants de cette cité s'armèrent immédiatement et attendirent l'ennemi de pied ferme. Devant cette fière attitude, l'armée espagnole recula et effectua l'évacuation du territoire français.

Notre illustre compatriote, le général Lamarque, se trouvait dans ce moment à St-Sever sous la surveillance de la police et à la veille d'être exilé.

« Ma santé est tout-à-fait dérangée, écrivait-il le 30 août 1815, je suis hors

boiser. Déjà, en 1790, il avait fait imprimer à Bayonne, chez Fauvet, son savant ouvrage : *Nouvelles recherches sur les langues, l'origine et les antiquités des Bretons, pour servir à l'histoire de ce peuple.*

La Tour-d'Auvergne prit ensuite la route des postes, coucha à Magescq (1) et traversa les Grandes Landes pour se rendre à Bordeaux, où il s'embarqua le 5 juin 1795 sur

d'état de monter à cheval, et cependant on nous annonce depuis hier que les Espagnols ont franchi nos limites : tout court aux armes autour de moi. On ne sait à quoi attribuer cette saillie belliqueuse des Espagnols ; il est possible que le licenciement de l'armée leur ait donné l'idée de nous faire supporter les dernières insultes que supporta le lion mourant..... » (*Mémoires et souvenirs du général Lamarque*, t. II, p. 257).

Dans une autre lettre du 5 janvier 1817, datée d'Amsterdam, le général Lamarque disait encore :

« ..... Est-il vrai que les Espagnols aussi veulent la dépouille du lion ? est-il vrai que notre frontière soit menacée ? S'ils franchissent nos grandes limites, je veux demander d'aller les combattre ; fussent-ils trente mille, j'en ferais mon affaire avec six mille soldats et avec les habitans de nos montagnes. Je reviendrais après dans mon exil, car je ne voudrais rien être tant que l'étranger dictera des lois à la France ». (*Mémoires et souvenirs du général Lamarque*, t. II, p. 305).

On sait très bien qu'en 1870, après nos premiers désastres, le prince de Bismarck avait envoyé à Madrid le major Von Versen. Il demandait la marche de 30,000 soldats espagnols sur Bayonne et de 30,000 autres sur Perpignan. Si le cabinet de Madrid ne prit pas une détermination, ce fut à cause de sa situation financière.

D'après le nouveau système de défense, on doit échelonner des camps retranchés sur toute la ligne des frontières, où nos armées puissent se réfugier et se reformer en cas de défaite.

Le général Pierron vient de consacrer une partie de son premier volume *Défense des frontières de la France*, 1892, à la frontière espagnole. Il prévoit le cas où l'Espagne serait alliée à l'Allemagne ou à l'Italie. Il demande, entre autres choses, la création de forts d'arrêt pour mettre à l'abri d'un bombardement les places de Bayonne et de St-Jean-de-Luz, et un camp retranché à Peyrehorade pour défendre l'issue des Gaves. Il serait temps d'y songer et de mettre la main à l'œuvre, car, d'après le grand patriote Carnot, « tous les efforts de la France doivent être tournés vers la sûreté de ses frontières ».

(1) A cette époque, la messagerie partait de Bayonne de grand matin, les 3, 6, 8 et 10 de chaque décade ; elle allait dîner à Saint-Vincent et coucher à Magescq. Le lendemain, elle passait à la pointe du jour à Castets. Le prix pour

la *Lormontaise,* qui devait le transporter à Brest. Ce petit transport fut pris par un bâtiment de guerre anglais, et notre héros resta une année captif en Angleterre. Il revint ensuite offrir ses services à son pays et se distingua encore dans plusieurs batailles.

Après le 18 brumaire, le premier consul, Napoléon Bonaparte, nomma La Tour-d'Auvergne *premier grenadier de France* et lui décerna un sabre d'honneur.

Ce fut le ministre de la guerre, Carnot (1), qui lui annonça cette nouvelle et lui adressa son rapport, dans lequel je lis le passage suivant :

« En fixant mes regards sur les hommes dont l'armée s'honore, je vous ai vu, citoyen, et j'ai dit au premier Consul : « La Tour-d'Auvergne Corret, né dans la famille « de Turenne, a hérité de sa bravoure et de ses vertus.

chaque personne jusqu'à Bordeaux était de 65 fr., y compris le porte-manteau ou sac de nuit.

En 1792, l'adjudant-général Lacuée, ami de Carnot, avait eu pour mission de mettre Bayonne en état de défense. Dans une lettre du 15 octobre 1792, qu'il écrivit de cette ville au ministre de la guerre, il signalait le mauvais état des routes en ces termes :

« Les commissaires de la Convention nationale qui ont été, comme moi, témoins et victimes de ce délabrement des chemins, en rendent compte au Corps législatif. Joignez donc, citoyen, je vous en conjure au nom du bien public, vos instances à celles des citoyens commissaires, afin que l'on mette au moins cinq millions à la disposition du ministre de l'intérieur pour faire mettre en état les routes de Bordeaux à Bayonne, de Bordeaux à Toulouse, de Toulouse à Bayonne, d'Agen à Auch, de Bayonne à Hendaye, du Mont-de-Marsan à Bayonne, ainsi que toutes les communications et ramifications importantes qui communiquent à nos places frontières. Plus sages que nous, les Espagnols ont entretenu leurs chemins et nous nous apercevons qu'il ont, eux, deviné qu'un jour il y aurait encore des Pyrénées » (Archives de la guerre, armée des Pyrénées).

(*Correspondance générale de Carnot,* publiée par Étienne Charavay, t. Ier, p. 213. — 1892).

(1) Le grand Carnot vit pour la première fois La Tour-d'Auvergne à l'armée des Pyrénées-Occidentales (1792). Il s'établit depuis entre eux une relation amicale.

« C'est l'un des plus anciens officiers de l'armée ; c'est
« celui qui compte le plus d'actions d'éclat : *partout les*
« *braves l'ont surnommé le plus brave.....* ».

Le 21 juin 1800, à la bataille de Neubourg (Bavière),
La Tour-d'Auvergne mourut au champ d'honneur. Ses
cendres ont été ramenées à Paris vers la fin de juillet 1889
et transférées au Panthéon, avec celles de Carnot, Marceau
et Baudin.

V

Le 27 juin 1798 arriva à Bayonne le célèbre général
polonais Kosciuszko. Il revenait de Philadelphie et de
Lisbonne et se rendait à Paris. Après avoir reçu de l'administration municipale bayonnaise le meilleur accueil et
les honneurs dus à son rang, il prit la route des Grandes
Landes et passa par Bordeaux.

On sait que Kosciuszko avait été nommé en Amérique
général de l'Union par Washington, et qu'il obtint de
l'Assemblée législative le titre de citoyen français (1792).

Le 10 septembre 1794, Kosciuszko, qui était à la tête
des troupes polonaises, fut vaincu, blessé et fait prisonnier : la Pologne disparut de la carte d'Europe.

« Paul Ier, empereur de Russie, inaugura son avènement par un acte de justice et d'humanité : accompagné
de ses deux fils, Alexandre et Constantin, il se rendit au
château-fort qui renfermait les prisonniers d'État, et là,
il fit au héros polonais l'offre de la liberté, en lui disant :
« Je vous rends votre épée, général, en vous demandant
« votre parole d'honneur de ne jamais vous en servir con-
« tre les Russes ».

« L'Empereur lui demanda ensuite où il comptait se

rendre : « J'irai en Amérique, répondit Kosciuszko, j'y
« retrouverai mes compagnons d'armes et de glorieux
« souvenirs » (1).

Dès le commencement de l'an V, le brigandage commença à se répandre dans les Landes. Dans le courant de
l'an VII, un noyau de bandits se forma dans Magescq et
Castets. Le 3 et le 5 du mois de frimaire an VII (fin
novembre 1798), dix hommes armés arrêtèrent et volèrent
la diligence et la malle. Ému par cette agression, Dubourg,
alors adjoint de Magescq, dépêcha le citoyen Dondits,
« garde national de la commune » dans la section de Sar-
remale et Ligardon, pour aller de maison en maison
inviter les habitants à se rendre le 8 frimaire, à dix heures du matin, devant la maison commune. Là, on les ins-
truisit de la loi du 10 vendémiaire « qui rend responsables
tous les citoyens des communes où se commettroient des
vols et assassinats » (2).

Il se pourrait que ces arrestations, commises à main
armée, furent une des raisons pour faire changer la
direction de la malle-poste, car c'est vers 1800 que la
poste abandonna la route de Bordeaux à Bayonne par les
Grandes Landes et que les relais furent transportés sur
celle des Petites Landes. Cependant, ces sortes de brigandages étaient à cette époque assez exercés dans toute
la France, puisqu'ils motivèrent un arrêté des Consuls,
du 17 nivôse an IX (8 décembre 1800), dans le but de les
réprimer (3).

(1) *Revue des races latines*, 30 janvier 1803. — *Kosciuszko*, par Roux-Ferrand.
(2) *Annuaire des Landes*, 1873, p. 149. — *Registre de correspondance de Magescq*,
7 frimaire an VII. — Notes de M. l'abbé Foix.
(3) Les Consuls de la République arrêtent ce qui suit :
« Art. 1ᵉʳ. — Aucune diligence partant à jour et heure fixe, à dater, pour Paris,

Quoi qu'il en soit, on porta un rude coup au pays des Grandes Landes en lui enlevant la ligne de poste, et M. l'ingénieur Billaudel avait bien raison, en écrivant ces quelques lignes :

« Cependant cette route, si elle eût conservé sa première direction par les Grandes Landes, y eût déjà été d'un utile secours pour le transport des produits actuels.

« Comment est-il donc arrivé que les bienfaits du gouvernement aient été préjudiciables aux Landes proprement dites ? Était-il juste d'enlever la ligne de poste de Bordeaux à Bayonne par les Grandes Landes et de reporter cette ligne exclusivement sur la nouvelle route qui parcourt les Petites Landes par Roquefort, Mont-de-Marsan et Tartas ?

« Comment a-t-on pu se décider sans retour à tout enlever au pays qui avait le plus grand besoin de secours, pour tout donner au pays que favorisait et la nature des lieux et la circonscription départementale ?

« Comment cette injustice, car il faut l'appeler ainsi, qui date d'une époque de troubles et de révolution, qui a été consacrée par un gouvernement militaire, a-t-elle reçu l'approbation tacite d'un gouvernement paternel et réparateur ? Est-il possible que la même administration,

---

du 20 nivôse, et pour tous les départements, du 1ᵉʳ pluviôse, ne pourra voyager qu'elle n'ait quatre soldats commandés par un caporal ou sergent sur l'impériale, armés de leurs fusils et munis de vingt cartouches, et qu'elle ne soit accompagnée de nuit de deux gendarmes au moins, armés de fusils et à cheval.

« II. — Lorsqu'il y aura dans la diligence plus de 50.000 fr. appartenant, soit à la République, soit à des particuliers, la diligence ne pourra faire route si, indépendamment des cinq hommes d'infanterie, elle n'est accompagnée au moins de quatre gendarmes ou autres hommes à cheval.....

« V. — Tous cochers et postillons conduisant les diligences seront tenus d'être munis d'un couteau de chasse et d'une paire de pistolets..... ».

qui institue des comités et des associations charitables pour venir au secours des infirmités et de l'indigence, condamne volontairement à une éternelle disgrâce une province qui pourrait prendre rang avec les plus civilisées de la France ?..... » (1).

<hr>

(1) *Les Landes en 1826*, p. 45, par J.-B. R. (Billaudel).

LA CORVÉE ET LES IMPOTS DANS LE MARENSIN
ET LES LANDES AVANT LA RÉVOLUTION

I

Avant 1789, les seigneurs avaient le droit d'employer à leur profit et sans salaire les hommes et les animaux qui dépendaient de leur seigneurie. On appelait ce droit la *corvée.*

Il y avait aussi la *corvée royale,* et les pauvres paysans, taillables et corvéables à merci, car c'étaient leurs droits de naissance, étaient obligés de réparer et d'entretenir, sans obtenir le moindre salaire, les grandes routes ou chemins du roi. Ils n'avaient point d'argent pour donner aux rois et aux seigneurs, mais ils donnaient gratuitement leur temps et leur travail. Ces iniquités leur arrachaient des plaintes indignées. La corvée, frappant sur la classe la plus pauvre, n'atteignait point la noblesse ni le clergé, qui profitaient principalement des routes. « Ces chemins, disait le marquis de Mirabeau en 1756, sont des remuements de terre dont la fange est détrempée de la sueur et des larmes de nos malheureux paysans..... Ma prophétie, à moi, est que, si l'on continue à exercer la corvée dans le royaume, on ne fera qu'un vaste cimetière de tout le territoire de l'Etat..... La corvée ruine la campagne pour faire de mauvaises routes qu'une colonie de taupes détruit en un an ».

Le contrôleur-général Orry avait, en 1737, généralisé le système de la corvée royale, qui existait déjà en réalité dans plusieurs provinces.

« On forçait, en 1726, les habitants des villages à faire
de nouveaux grands chemins à leurs dépens : il y en avait
qu'on envoyait jusqu'à quatorze lieues ou davantage. Les
hommes n'en étaient exempts qu'à soixante-dix ans, les
femmes à soixante. Quand il n'y avait pas assez d'hommes
pour y aller, on prenait deux femmes pour un homme.
On faisait relayer les travailleurs au bout de deux jours et
plus..... » (1)

L'Intendant faisait emprisonner les récalcitrants par
la maréchaussée et leur envoyait quelquefois des garni-
saires.

Les habitants du Marensin et des Landes n'étaient pas
mieux partagés. Ils étaient requis arbitrairement et arrachés à leur champ et à leur famille, pour être conduits à
plusieurs lieues de leur résidence et contraints à des travaux pénibles.

En 1762, les habitants de Magescq reçurent une ordonnance de l'Intendant obligeant tous les bouviers et manœuvres de travailler chaque vendredi et samedi par quin-
zaine « de sept heures du matin jusqu'à cinq heures du
soir, sur la route d'Angoumé, distante de deux lieues. Cette
corvée inattendue fit jeter les hauts cris à toute la communauté. On s'assemble, on discute, on arrête les termes
d'une protestation que le sieur Vincent Labat fera parvenir à l'Intendant. Cette requête est comme un cahier de
doléances que nous résumons ainsi : « Les habitants de la
paroisse de Magescq, pays de Marensin, remontrent très
humblement que la grande route de Bayonne à Bordeaux
contient deux lieues dans cette paroisse, qu'une grande
partie de cette route est *pavée de bois de pin* pour la tenir

(1) *Manuscrits de Semillard*, iii, 923, Bibliothèque de Troyes.

solide, attendu que la paroisse est marécageuse », ... Il faut curer les ruisseaux, construire et réparer les ponts. Ils sont obligés, en outre, de transporter chaque année « avec leurs bœufs une grande quantité de foin pour les chevaux du service de la poste..... etc. » (1).

Le subdélégué Lafargue écrivit de Dax à l'Intendant, le 14 décembre 1779, la lettre suivante :

« Monseigneur,

« Je viens de recevoir une lettre, du 12 de ce mois, du sieur Courrèges, directeur du bureau des lettres de Bayonne, avec la copie d'un procès-verbal du 11 par le courrier, sur le mauvais état de quelques morceaux de chemin à la poste de Magescq et à celle de St-Vincent et Cantons. Je joins ici la lettre avec le procès-verbal, dont vous verrez que le sieur Courrèges a envoyé l'original à M. l'Intendant général des postes. Ces réparations étant urgentes, j'écris par ce même courrier au sieur Courrèges que je préviens trois ordres pour faire travailler tout de suite aux réparations de Magescq qui regardent précisément le pont et la cote de Lestage, et que, pour les réparations à la poste de St-Vincent et Cantons, il faut qu'il s'adresse à M. Ducournau, qui est si à portée de lui, et subdélégué de cette partie. Vous voyez que c'est fort à propos que m'est arrivée, par le courrier d'avant-hier, votre lettre du 9 de ce mois, pour m'autoriser, suivant les circonstances, *ou à emprisonner les défaillants de Magescq, ou à les punir d'une amende de 3 livres payable même par corps....* etc.

« J'ai l'honneur. etc.

« *Signé :* LAFARGUE » (2).

(1) Archives Dubourg-Caunègre. — Notes de M. l'abbé Foix, curé de Laurède.
(2) Archives des Landes, C, 127.

Pendant cette même année 1779, on exécuta des travaux par ateliers de charité sur la route de Bordeaux à Bayonne par les Grandes Landes. Voici un extrait du rapport relatif à l'atelier de Lesperon :

« La partie de la route depuis Lesperon jusqu'à Magescq se trouve située dans les Grandes Landes, où la corvée ne sauroit suffire aux travaux de la route qui les traverse : aussi, cette même partie de route ne se trouve point alignée, et le risque de s'égarer à chaque instant au milieu des hautes et épaisses bruyères et des immenses pignadars qui couvrent la surface du terrein, est le moindre de ceux que le voyageur a nécessairement à courir dans cette route dangereuse.

« L'ouverture de cette partie de route a été commencée cette année par la corvée qui est chargée du dessouchement d'une longueur de 5544 toises. Pour continuer ce dessouchement et ouverture de route sur 6336 toises qui restent pour completter les 11880 qu'il y a de Lesperon à Magescq, il sera procédé comme suit..... etc. » (1).

Il existe encore dans les Archives des Landes (C, 146, 1777-1780), concernant la même route, les procès-verbaux d'adjudication des travaux mis à la charge des communautés de Tosse, Saubion, Benesse-Maremne, Ondres, Biarrotte, des chrétiens de Saint-Esprit, des juifs de Saint-Esprit, des paroisses de Sorts, Orx, Saint-Vincent-de-Tyrosse, Saint-Martin-de-Seignanx, Tarnos, Labenne, etc.

Le généreux Turgot, ce précurseur de la Révolution, abolit, en 1776, la corvée qui épuisait les campagnes. Il la remplaça par des taxes sur la propriété foncière. J'extrais de l'édit du 12 mars 1776 les passages suivants :

(1) Archives des Landes, C, 123.

« ..... Nous avons vu, avec peine, qu'à l'exception d'un très petit nombre de provinces, les ouvrages de ce genre ont été, pour la plus grande partie, exécutés au moyen des corvées exigées de nos sujets, et même de la portion la plus pauvre, sans qu'il leur ait été payé aucun salaire pour le temps qu'ils y ont employé. Nous n'avons pu nous empêcher d'être frappés des inconvéniens attachés à la nature de cette contribution. Enlever forcément le cultivateur à ses travaux, c'est toujours lui faire un tort réel, lors même qu'on lui paye les journées.....

« ..... Prendre le temps des laboureurs, même en le payant, serait l'équivalent d'un impôt. Prendre son temps sans le payer, serait un double impôt ; et cet impôt est hors de toute proportion, lorsqu'il tombe sur le simple journalier qui n'a pour subsister que le travail de ses bras..... La corvée est un détestable moyen de faire et d'entretenir les routes, car l'homme qui travaille par force et sans récompense, travaille avec langueur et sans intérêt ; il fait dans le même temps moins d'ouvrage, et son ouvrage est plus mal fait.....

« Presque tous les chemins du royaume ont été faits gratuitement par la partie la plus pauvre de nos sujets. Tout le poids est donc retombé sur ceux qui n'ont que leurs bras et ne sont intéressés que très secondairement aux chemins. Les véritables intéressés sont les propriétaires, presque tous privilégiés, dont les biens augmentent de valeur par l'établissement des routes. En forçant le pauvre à entretenir seul celles-ci, en l'obligeant à donner son temps et son travail sans salaire, on lui enlève l'unique ressource qu'il ait contre la misère et la faim, pour le faire travailler au profit des riches....., etc. ».

Le garde des sceaux, de Miroménil, s'était fait le défenseur des intérêts privilégiés de la noblesse :

« Il est dangereux, disait-il dans ses *Observations,* de détruire absolument tous les priviléges..... Je ne puis me refuser à dire qu'en France, le privilége de la noblesse doit être respecté, et qu'il est, je crois, de l'intérêt du roi de le maintenir.

« ..... Réduire la noblesse à la condition ordinaire des roturiers, c'est étouffer l'émulation et faire perdre à l'Etat une de ses principales forces..... ».

Malheureusement, Louis XVI, malgré l'édit de 1776, eut la faiblesse de rétablir la corvée après la chute de Turgot, c'est-à-dire peu de jours après son abolition, et les mêmes charges pesèrent encore sur les pauvres habitants des campagnes.

En 1784, le Parlement de Bordeaux fit faire une enquête générale dans toute la Guyenne sur le fait des corvées, impôt si justement odieux aux populations. Il rédigea des remontrances au roi et signala les abus commis par l'Intendant et ses subdélégués. De là, une querelle qui exista longtemps entre le Parlement et l'intendant Dupré de St-Maur. Les corvées disparurent enfin à la suite des décrets du 4 août 1789.

Voici quelques déclarations faites par des déposants des sénéchaussées de Tartas et des Lannes, extraites des Archives de la Gironde (C, 2008) :

SÉNÉCHAL DE TARTAS. PAROISSE DE RION (1).

« L'an 1784 et le seizième du mois d'avril, à deux heures de relevée, par devant nous Salvat de Neurisse, seigneur

---

(1) La paroisse de Rion formait une baronnie et une juridiction ressortissant au siége de Tartas. Le marquis de Pontonx, baron de Rion, Laharie, etc., avait la

baron de Laluque, conseiller du Roy, lieutenant général, commissaire enquetteur et examinateur au Sennechal de Tartas, commissaire à ce députté par arrèt de la souveraine Cour du Parlement de Bordeaux du 27 mars dernier, rendu toutes les chambres assemblées, écrivant sous nous notre greffier ordinaire, a comparû le sieur procureur du Roy au présent siége qui a dit qu'en exécution dudit arrèt de la Cour et de l'acceptation que nous avons faite de la commission a nous adressée par ledit arrèt et de notre ordonnance du trois de ce mois, il a fait assigner les nommés Jean Lasserre, Jean Barbasse, Pierre Lasserre, laboureurs, et Paul Lasnavères, huissier et greffier de la com-

haute justice. En 1651, Me Louis Daygrand, juge de Rion, avait été désigné par la communauté de Rion pour nommer les députés du Tiers-Etat dans la sénéchaussée de Tartas.

On voit : en 1652, Guillaume Destouesse, juge de Rion ; en 1742, Planton, juge, Cauna, greffier ou bayle ; en 1763, Bafoigne, juge, Durosse, procureur, Lesnaverres, greffier, Mathieu Maque, ancien, tenant l'audience en l'absence du juge ; en 1775, André Camjouan était bayle de la baronnie et juridiction de Rion ; en 1784, Pierre Cazaux, ancien, Camjouan, greffier, Ducasse, procureur.

En 1791, le curé de Rion, Jean Napias, né à Baigts le 3 avril 1742, était assermenté et l'un des 78 prêtres jureurs du diocèse de Dax. « Dartigoeyte faisait prendre à Baigts des renseignements très précis sur Napias qui, devenu fou sous la Terreur, avait recouvré la raison après le 9 thermidor, pour la perdre encore au 3 brumaire. Une seconde fois, il fut déclaré fou. Décidément, le bon curé de Rion méritait sans appel ce titre de caméléon à toutes couleurs ». (*Les diocèses d'Aire et de Dax*, par l'abbé Légé, t. II, p. 131).

Laborde-Magnos, dominicain, curé constitutionnel, fut curé de Rion de 1799 à 1803. Bafoigne, ancien curé de Ponson, frère du député de Tartas, émigra en Espagne au commencement de la Révolution. A son retour il fut nommé, en 1803, curé de Rion.

Aujourd'hui la commune de Rion forme le chef-lieu de la circonscription ecclésiastique du canton de Tartas (ouest) et fait partie de ce canton. Son étendue est de 11,735 hectares. Elle est traversée par le chemin de fer de Bayonne à Bordeaux et par la route départementale n° 15 ; sa gare est très importante.

Il existe à Rion une brigade de gendarmerie et plusieurs fabriques. La population était, en 1845, de 1,537 habitants ; elle est aujourd'hui (1892), de 2,535 habitants.

munauté de Rion, habitants de la paroisse de Rion, à comparoître ce jourd'hui, deux heures de relevée, par devant nous, suivant la relation du jour d'hier faite par Ducasse jeune, huissier, düement contrôllée, pour déposer en l'enquête ordonnée par led. arrêt de la Cour et sur le contenu dud. arrêt, circonstances et dépendances, et attendu que lesd. témoins sont ici présents, ledit sieur procureur du Roy requiert qu'il rous plaise recevoir leur serment et ensuite procéder à la reception de leurs dépositions et a signé ainsy :

« *Signé :* LAFITTE, procureur du Roy..... ».

« Jean Lasserre, laboureur, habitant de la paroisse de Rion, âgé de 36 ans ou environ, lequel après serment par lui fait de dire la vérité.....

« Dépose qu'il fut nommé collecteur de l'imposition des corvées pour l'année 1777 ; qu'il ignore le motif qui porta la paroisse à préférer l'imposition, au lieu de faire la tache en nature, selon le choix qui leur en avoit été donné ; qu'il ne fut point poursuivy rigoureusement pour le payement de la dite imposition, ainsy qu'il conste de la datte de ses quittances que le greffier nous remettra ; mais que tout ce qu'il a à dire, c'est que, quoique la parroisse ait payé quatre années, on n'a encore rien fait aux taches qui leur avoient été données..... ».

« Paul Lasnavères, huissier et greffier de la communauté de Rion, habitant audit Rion, âgé de 45 ans ou environ, lequel après serment par lui fait de dire vérité, enquis sur les objets du droit et de l'ordonnance s'il est parent, allié, serviteur, ni domestique d'aucune des parties et à quel degré, a dénié lesdits objets, et après qu'il nous a eu remis l'exploit d'assignation à luy donné le jour d'hier par Ducasse, huissier, pour déposer en la présente enquête et sur le contenu dudit arret dont lecture lui a été faite,

« Dépose qu'ils avoient précédemment une tache considérable à faire sur la grande route de Bayonne à Bordeaux, par eux-mêmes, en nature, et qu'elle étoit très avancée quand ces travaux en furent suspendus, à raison de l'épisotie ; que quelques années après ils reçurent des ordres pour faire de nouvelles taches sur la même route, et en même temps on leur manda de la subdélégation que le Roy leur donnoit le choix de faire la tache par eux-mêmes ou bien par la voye de l'adjudication et de l'imposition ; que la parroisse assemblée obta de faire sa tache par elle-même ; qu'on fut en donner avis à la subdélégation ; mais qu'au lieu d'adhérer à leur choix, quinze jours ou trois semaines après on leur donna ordre d'imposer la parroisse, et en même temps Larrieu, porteur de contrainte, arriva chez eux, aux frais de la parroisse, pour les forcer à faire led. rolle ; que depuis ce moment la paroisse s'est laissée imposer tranquillement ; qu'ils ont encore receu deux porteurs de contrainte pour une autre imposition que la précédente avant que les rolles fussent faits, ni receu ordre de les faire ; qu'ils envoyèrent un exprès avec une lettre au subdelégué pour lui demander de retirer les porteurs de contrainte et sçavoir le montant de l'imposition, afin de pouvoir faire le rolle ; que le s^r subdélégué leur répondit et leur manda la somme principale a imposer, lui enjoignant d'y ajouter neufs deniers pour livre pour les frais de l'adjudication, et ce en vertu d'une lettre particulière du sous-intendant, ces neuf deniers pour livre n'étant point imposés dans le principe, et le s^r Lafargue retira pour lors les deux porteurs de con^{te}, moyennant seize livres qui leur furent donnés par la parroisse ; que c'est ordinairement vers le temps des récoltes qu'on leur donnait leur tache ; qu'il s'est présenté avec des jurats et des prudhomes plusieurs fois aux endroits indiqués sur la grande route pour y recevoir leurs taches, mais qu'ils y ont constamment attendu vainement l'ingénieur, qu'il ne s'y est jamais lui-même rendu, et que sy on leur a donné leurs taches aux endroits portés par les mandements, on ny a rien fait que depuis quelques jours, dans une des taches seulement ; les dites taches leur étoient données chaque année dans des endroits différends ; qu'on ne leur a jamais fait connoitre l'adjudicataire a supposé qu'il y en ait, et qu'une fois entr'autres, ils reçurent une lettre du s^r Lafargue pour se rendre à Dax à la subdélégation, afin d'assister à l'adjudication qui devoit se faire un jour donné, et cette lettre ne leur parvint qu'un mois après le jour ou l'adjudication-avoit dû être faite ; qu'on ne leur a pas fait connoitre non plus le partage de la route entre les différentes parroisses, et qu'au moyen de quoi ils n'ont pas pu juger s'il y avoit de la justice dans la répartition des taches, et sy on en avoit donné assés pour finir cette route, qu'il y a des quartiers de ladite parroisse qui sont éloignés de la route de quatre grandes lieues, et les plus proches de deux grosses lieues qu'est tout ce qu'il a dit sçavoir lecture a lui faite de sa déposition, a dit icelle contenir vérité, y a persisté et a signé avec nous et notre greffier et na requis sçalaire. Ainsy signé LASNAVÈRES, de Monsieur de LALUQUE, lieutenant général, et FARGUES, greffier.

« Et à l'instant ledit Lasnavères, greffier, nous a remis quatre rolles, le premier de la somme de 505 livres quinze sols pour l'année 1779, vérifié à Dax, le 2e aoust 1780, le second pour l'année 1780, pour la somme de 435 livres douze sols, vérifié à Dax, le 2 mars 1781, signé les deux, Lafargue, subᵉ, le troisième pour l'année 1782, de la somme de 443 livres 13 sols, non vérifié, et renvoyé pour estre fait au marcq la livre de la capitation, par Camperdon, secrétaire, en absence du sieur Lafargue, le quatrième pour l'année 1783, pour la somme de 421 livres 19 sols, vérifié à Dax, le 20 juin 1883, signé Lafargue, subdélégué ; puis cinq quittances, etc.

« FARGUES, greffier ».

Sénéchaussée des Lannes au siége de Dax (1).

« Enquête faite en la ville et cité de Dax, et dans notre Hôtel, devant nous, Pierre-François de Neurisse, conseiller du Roi, lieutenant-général de la Senéchaussée des Lannes et siége présidial de la dite ville, commissaire député par la Cour du Parlement de Bordeaux, écrivant Mᵉ Etienne Senjean, procureur au présent siége, greffier par nous pris d'office et duquel nous avons reçu le serment au cas requis......,

« Sur les faits exprimés en l'arrêt de la dite Cour de Parlement, du vingt-septième mars dernier, à quoi faire a été procédé le 15 avril 1784, comme s'ensuit :

« *272ᵉ témoin.* — Dominique Ducos, dit Clément, forgeron, habitant de la paroisse d'Herm, âgé de cinquante-trois ans, etc., etc.

« Dépose, moyennant son serment, qu'en l'année 1782 il étoit jurat de sa communauté ; que les rôles relatifs aux corvées ne lui furent pas adressés, et que sa communauté

(1) Bordeaux, 1785.

ne fut travailler cette année-là qu'un jour, sur la route de Castets à Bayonne ; que ce jour-là tous les manœuvres de sa paroisse y furent arracher des souches et ôter la broussaille qui s'y trouvoit dessus, mais que l'année suivante, 1783, sa communauté fut obligée de payer sa tache de l'année 1782, et qu'il fut fait un rôle pour l'imposition du rachat de cette tache, dont le montant fut réparti au marc la livre de la capitation.

« *280e témoin.* — Continuation de la dite enquête, faite à Dax le 14 mai 1784.

« Sieur Jean Dubourg, bourgeois, habitant de la paroisse de Magescq, âgé de trente-un an ou environ, etc., etc.,

« Dépose, moyennant son serment, qu'en l'année 1779 il étoit jurat de sa communauté ; qu'il fut aussi collecteur de l'imposition du rachat des corvées ; qu'il lui fut remis un mandement par lequel la tache de sa communauté étoit fixée à la route des Grandes Landes, depuis Castets jusques à Magescq, à l'atelier de la maison de la poste de Castets, et la quantité portée à 498 toises de longueur de route neuve à escarper et déboucher, le dit ouvrage estimé 182 liv. 12 sols pour la tache du printemps, et un autre ouvrage égal et de la même valeur pour la tache de l'automne de la même année ; que sa communauté auroit fait sa tache par elle-même, si on la lui avoit fixée à portée de son bourg où il avoit un atelier où on faisoit également travailler ; mais comme elle lui avoit été imposée au bourg de la paroisse de Castets, distante de celle de Magescq de près de trois lieues, tandis qu'on avoit fixé la tache de la communauté de Castets près du bourg de Magescq, sa communauté préféra de la faire faire en payant, pour n'être pas obligé d'aller si loin à la corvée ; qu'en conséquence il y eut une imposition établie pour le rachat de cette tache, qui fut répartie au marc la livre de la capitation sur tous les habitans, sur un rôle qui en fut remis au déposant, vérifié le 18 septembre 1779 par le sieur Lafargue, subdélégué, montant à la somme de 373 liv. 10 den., y compris les frais du papier et faction du rôle, et ceux de la vérification d'icelui ; que le déposant fit faire en partie le recouvrement de cette imposition ; qu'il ne put point parvenir à se faire payer de plusieurs articles, mais qu'ayant essuyé des contraintes pour faire le paiement de cette imposition, il en remit le montant au sieur Maisonnave, qui lui en donna sa quittance finale. Dit aussi le déposant qu'on a fait passer la nouvelle route de Castets à Bayonne contre la maison du déposant ; qu'on doit même en faire sauter une partie ; qu'on a également pris pour ce chemin une partie de son jardin ; qu'on y a arraché plus de cent arbres fruitiers, des treilles considérables où il se récoltoit une barrique de vin ; qu'on a coupé et traversé une de ses prairies, et qu'on a arraché contre sa maison un très beau chêne, qui appartenoit au déposant, et que les sieurs Robert et Loustau, ingénieur et piqueur, ont fait écarrir, après avoir défendu au déposant d'y toucher ; que celui-ci a présenté requête à ce sujet à M. l'Intendant, pour demander son indemnité, et que le dit sieur Robert lui a dit qu'il n'y avait qu'un ou deux articles de sa requête dont il seroit dédommagé ; que le dit Robert ne voulut point lui remettre sa requête, qui avoit été répondue de M. l'Intendant, et qu'il ne lui lut qu'une partie de la décision. Ajoute que sa communauté n'a point voulu se rendre sur sa tache pour l'aller reconnoître et voir marquer, à raison de son éloignement, et qu'il est de sa connaissance que la susdite tache n'est point parachevée. Qui est tout ce qu'il a dit sçavoir ».

II

Avant 1789, les habitants des Landes étaient accablés par une infinité de charges, le paysan et l'ouvrier étaient en butte à toutes les vexations, à toutes les misères. Je ne ferai point la nomenclature de tous les impôts qui frappaient les populations rurales : ce serait trop long. Un des plus lourds, des plus iniques, était la taille. La taille épargnait le clergé, la noblesse, les fonctionnaires et la bourgeoisie privilégiée.

J'ai publié en 1870 (1) une brochure sur *l'Impôt foncier dans les Landes en 1758*. L'intendant d'Étigny avait procédé, à cette époque, à une nouvelle répartition de la taille dans l'élection des Lannes et arrêté le montant afférent à chacune des communautés ou paroisses.

Dans les Archives de la Gironde (C, 2515), j'ai trouvé la répartition de la taille de l'élection des Lannes en 1707 et 1708. Voici l'état de quelques paroisses :

ESTAT ET DÉPARTEMENT DES PARROISSES DE L'ÉLECTION DES LANNES (2).

SIÉGE DE DAX

PARROISSES	TAILLE DE 1707	AUGMENTATION	TAILLE DE 1708
Benesse............................	263 l.	2 l.	265 l.
Sort..............................	410	3	413
Mées.............................	290	2	292

(1) Bayonne, Lasserre.
(2) Archives de la Gironde, C, 2515.

PARROISSES	TAILLE DE 1707	AUGMENTATION	TAILLE DE 1708
Magescq......................	883 l.	6 l.	889 l.
Herm......................	941	6	947
Gourbera......................	233	1	234
Poy sur Dax et Goos........	654	4	658
Thétieu......................	301	3	304
St-Paul......................	1039	6	1045
Bediosse......................	291	2	293
Sauvaignac et la Torte......	315	2	317
Arzet......................	94	1	95

SIÉGE DE TARTAS

PARROISSES	TAILLE DE 1707	AUGMENTATION	TAILLE DE 1708
La ville de Tartas............	2058	13	2071
Lesgo......................	271	2	273
Ponson......................	376	2	378
Audon......................	738	5	743
Begua......................	678	4	682
Carcarés......................	376	2	378
St-Yaguen......................	1016	6	1022
Carcen......................	196	1	197
Bost......................	165	1	166
Arrion......................	1332	8	1340
Lesperon......................	549	4	553
Hautbeylongue et Basbeylongue......................	666	4	670
Morcens......................	1331	8	1339
Taller......................	293	2	295
Castels......................	1736	11	1747
Vielle en Marensin........	139	1	140
St-Michel......................	74	»	74

PARROISSES	TAILLE DE 1707	AUGMENTATION	TAILLE DE 1708
Escalus	118 l.	1	119 l.
Azur	331	2	333
Messanges	850	5	855
Le Boucau vieux	611	4	615
Mouliets	377	3	380
Mixe	177	1	178

BARONNIE DE MAREMNE

PARROISSES	TAILLE DE 1707	AUGMENTATION	TAILLE DE 1708
Soustons	3497	22	3519
Tosse	433	3	336
Seignosse	806	5	811
Sors en Maremne	208	1	209
Angresse	468	3	471
St-Vincent de Tirosse	433	3	436
Saubion	352	2	354
St-Geours de Maremne	703	4	707

BARONNIE DE SAUBUSSE

PARROISSES	TAILLE DE 1707	AUGMENTATION	TAILLE DE 1708
Laluque	667	4	671

SIÉGE DE BAYONNE

PARROISSES	TAILLE DE 1707	AUGMENTATION	TAILLE DE 1708
Saubrigues	968	6	974
St-Martin de Hinx	1752	11	1763
Ste-Marie de Biarrotte	2053	13	2066
Biaudos	704	4	708
St-Laurens	943	6	949
St-Jean de Marsac	701	4	705
Orx	536	3	536

BARONNIE DE SEIGNANS

PARROISSES	TAILLE DE 1787	AUGMENTATION	TAILLE DE 1788
St-André de Seignans.......	1319 l.	8 l.	1327 l.
St-Martin de Seignans......	3022	19	3041
Tarnos....................	1029	6	1035
St-Étienne de Seignans	593	4	597
Ondres	490	3	493

BARONNIE DU ROY

Capbretton.................	1073	7	1080

La charge de collecteur était bien pénible et sa responsabilité bien grande. Il était, en effet, responsable du montant intégral qu'il avait à percevoir. Manquant de bases certaines, il évaluait le plus souvent les biens du contribuable et le produit de son travail, d'après une appréciation arbitraire et inexacte. Il arrivait souvent que, guidé par l'intérêt personnel, il se déchargeait lui-même et déchargeait ses parents et ses amis.

Je lis dans une circulaire du 1er février 1786, adressée aux collecteurs par le receveur de Dax, Planter, les passages suivants :

« Il est encore un usage abusif auquel la négligence et la tolérance mal entendue des collecteurs donne lieu. Ce sont les maîtres ou propriétaires qui souvent enlèvent la récolte entière des biens, sous prétexte de prêts, sans payer les impositions et sans laisser aux métayers les moyens de les acquitter. Il est donc de votre devoir et de votre intérêt de surveiller attentivement tous ces articles ;

de saisir de bonne heure la récolte ; d'établir de bons séquestres, afin de vous assurer que les fruits ne soient enlevés par personne, sans avoir préalablement payé les impositions.....

« ..... Je crois devoir, Messieurs, vous faire toutes ces observations en détail, parce qu'il m'est revenu que, dans certaines paroisses, surtout dans le canton de la Lande et du Marensin, les collecteurs hébergent l'huissier, dès qu'il arrive ; ils l'engagent à se retirer sans rien faire, et lui signent des bulletins pour sept à huit jours, qu'ils remplissent au hasard ; et pour retrouver ces frais, ils font des répartitions abusives et prohibées avec d'autant plus de raison qu'il résulte de là que les redevables les plus aisés ne payent rien que fort tard, et que la classe la plus infortunée supporte des frais qui lui sont onéreux, lorsqu'elle en auroit été exempte, si les collecteurs, comme ils le doivent, avoient exigé le payement des plus forts articles, pour procurer un peu de délai aux pauvres.....

« ..... Je vous ai déjà parlé de la peine prononcée contre les collecteurs, *elle est par corps. Vous devez payer aux quartiers échus, et retirer la quittance finale au plus tard à la fin de l'année.....* Une autre loi, qu'il vous est important de connoître, c'est la déclaration du Roi du 7 février 1708, contre les collecteurs qui divertissent les deniers du Roi ; elle condamne les uns au *carcan et au fouet*, et d'autres *aux galères pour trois ans*, suivant l'objet du divertisse ment..... ».

L'habitant des campagnes était donc bien malheureux. En payant exactement, il courait la chance d'être augmenté l'année suivante. « S'il ne paie pas, on enlèvera de dessus les buissons ses hardes qui sèchent au soleil, on prendra ses meubles, son lit, on « *dépendra* », suivant l'énergique expression de Vauban, les portes de la maison, on arrachera les poutres, les solives, on enlèvera le toit lui-même s'il est couvert de tuiles !..... » (1).

« Ainsi, quelle que soit la condition du taillable, si dégarni et si dénué qu'il puisse être, la main crochue du fisc est sur son dos. Il n'y a point à s'y méprendre : elle ne se déguise pas, elle vient au jour dit s'appliquer directement et rudement sur les épaules. La mansarde et la chaumine, aussi bien que la métairie, la ferme et la maison, connaissent le collecteur, l'huissier, le garnisaire ; nul taudis n'échappe à la détestable engeance. C'est pour eux qu'on sème, qu'on récolte, qu'on travaille, qu'on se prive ; et, si les liards épargnés péniblement chaque semaine finissent au bout de l'an par faire une pièce blanche, c'est dans leur sac qu'elle va tomber » (2).

« M. de Choiseul-Gouffier (3), voulant faire à ses frais couvrir de tuiles les maisons de ses paysans exposées à des incendies, ils le remercièrent de sa bonté et le prièrent de laisser leurs maisons comme elles étaient, disant que, si elles étaient couvertes de tuiles, au lieu de chaume, les subdélégués augmenteraient leurs tailles ».

III

Les villages redoutaient avec raison les troupes en passage ou qui séjournaient. Le logement des troupes était un impôt des plus lourds, des plus désastreux. Pendant les guerres de la Fronde surtout, les Landes souffrirent

(1) Clément de Reignié. *L'impôt avant 1789* (1873).
(2) Taine. *L'Ancien régime*, 4ᵉ édit., p. 462 (1877).
(3) Champfort, 93.

énormément de la présence des armées du roi et de celles
des princes. Les populations du Marensin, écrasées d'impôts, s'étaient refusées à payer les nouveaux subsides
pour l'entretien des troupes cantonnées dans le Marsan.
On envoya quelques compagnies du régiment de Guyenne
pour les y contraindre (1).

Dans le courant du mois de décembre 1652, Gaston,
« commandant le régiment de Balthazar », se jeta sur
Magescq avec « un régiment de caballerie quy a logé dans
la dite parroisse durant cinq jours ». La compagnie de
Hayet au régiment de Guitault logea aussi à Magescq. En
1653, la brigade de M. de Candale y séjourna quelque
temps. Le 31 juillet 1654, une compagnie de cavalerie,
commandée par Duplessy, y logea, et l'année suivante
(août 1655), Magescq reçut la compagnie « de la mestre du
camp du seigneur Ducq de St-Simon ». En 1656, une compagnie d'Aubeterre séjourna trois mois à Magescq. Le
26 février 1656, la compagnie de « cavalerie de M. Valier »
arriva à Magescq pour y demeurer en quartier d'hiver (2).

Un « extrait des registres du Conseil d'État » nous montre tout ce que le régiment de Navailles coûta au pays
d'argent et de procès : « Les maire, jurat et habitans de la
ville Dacqz, soubz pretexte d'avoir fourny en l'année mil
six cent cinquante, suivant l'ordre de Sa Majesté et du
duc d'Espernon, ci-devant gouverneur de Guienne, la subsistance par forme d'estappes au régiment de Navailles,
durant dix-sept jours » firent ordonner, le 16 septembre
1655, « qu'il seroit imposé et levé en ladite année et les
deux suivantes également, sur les contribuables aux

<hr>

(1) *Documents inédits sur la Fronde en Gascogne*, par M. de Carsalade du Pont,
p. 15 (1883).
(2) Notes de M. l'abbé Foix, curé de Laurède.

— 289 —

tailles des paroisses et communautés du siége et gouvernement de la dite ville Dacqz et des siéges de Marensin et Born, la somme de seize mil six cens quatre-vingtz-quinze livres, ensemble celle de six cens livres pour les frais, pour estre employée a lacquit des sommes par eux empruntées pour les despences des logements des dits gens de guerre..... ».

De plus, « par une ordonnance du sieur Lallement, intendant de la justice, police et finance, en la généralité de Guyenne, le 2 febvrier 1658 », ils firent « taxer les habitants de Castetz, Saubusse, Lesperon et autres parroisses deppendantes du siége de Tartas pour le paiement des dites sommes ». Mais dans une requête présentée au Roi, le syndic de Tartas protesta contre cette dernière prétention des Dacquois, « attendu que le dit siége de Tartas n'est point du ressort du dit siége presidial Dacqz, mais de celui de Nérac où leurs appellations ressortissent, joinct que lesdits habitants du dit siége de Tartas ont souffert en leur paroice plusieurs logemens de gens de guerre, qui les ont réduicts à telle extrémité qu'ils ne peuvent plus payer les deniers de Sa Maiesté ». En conséquence, « les dits maire, jurats et habitants de la ville Dacqz » furent « assignéz au Conseil du Roy pour, parties ouyes, estre faict droit. — Fait au Conseil d'Estat du Roy tenu à Paris le vingt huitième jour d'aoust mil six cent cinquante huit ». Archives de la ville de Tartas (1).

La gabelle était cet odieux impôt sur le sel, cette denrée si nécessaire pour les hommes et pour les animaux. Le roi seul avait le droit de vendre le sel. Il le vendait à des

____

(1) *Les guerres de la Fronde,* par M. l'abbé Gabarra. *Revue de Gascogne,* 1878, p. 105.

prix énormes, et tout habitant était tenu d'en consommer une quantité fixée.

Cet impôt avait provoqué dans diverses provinces des révoltes sanglantes. En 1664, une de ces révoltes éclata dans la Chalosse, et ce fut un nommé Daudijos, de Coudures, qui se mit à la tête de l'insurrection. Daudijos tint tête aux armées du roi pendant deux années.

En dehors des droits féodaux, le paysan devait aussi la dîme au clergé. La dîme emportait aussi une partie de ses produits (1) Ce n'est donc pas étonnant si la misère était affreuse avant la Révolution. En 1751, d'Etigny fut nommé intendant d'Auch et Pau. Dès son arrivée, il fut témoin de la grande misère qui désolait le pays, et il écrivit au ministre :

« On trouve des gens morts sur les chemins. Les habitants de la campagne viennent en foule dans les villes pour y chercher à vivre. La plupart de ces pauvres gens ont à peine une figure humaine, par la faim qui les dévore ».

IV

Une ère nouvelle, ère de liberté et de délivrance, allait bientôt s'ouvrir pour la France. La Révolution de 1789 vint enfin détruire l'ancien régime. Le Tiers-État avait

---

(1) A Rion, la dîme en grains se montait à 4,751 livres, le curé en avait les 9/10 ; il avait aussi le 10e de la dîme des agneaux, des chevreaux, des abeilles, etc. ; à Audon, la dîme valait 3,400 livres et se levait 1/10 sur les grains et 1/13 sur le vin ; à Gouts, le curé n'avait qu'un tiers de la dîme, les deux autres tiers appartenaient aux bénédictins de St-Sever ; à Sainte-Colombe, la dîme se prélevait 1/11 sur les grains et 1/12 sur le vin ; le curé avait deux parts et le chapitre de Saint-Girons, trois ; à Sarraziet, la dîme était divisée en quinze parts : le curé en avait trois, l'église, deux, le chapitre de Saint-Loubouer, huit, et M. de Castelnau, deux. — (Tartière. *Rapport de l'archiviste. Conseil général des Landes*, session de 1862).

rédigé ses cahiers, imposant ses devoirs aux représentants de la nation. L'abbé Sieyès, grand-vicaire de Chartres, publia sa fameuse brochure et discuta ces trois questions : « Qu'est-ce que le Tiers-État? — Tout. — Qu'a-t-il été jusqu'à présent dans l'ordre politique? — Rien. — Que demande-t-il? — A devenir quelque chose ».

En avril 1789, Brissot de Warville publia son *Plan de conduite pour les députés du peuple aux États-Généraux de 1789.* « Qui paye, dit-il? — La Nation. — Pourquoi paye-t-elle? — Pour être gouvernée. — Qui a le plus grand intérêt à ce que les deniers soient bien employés? — La Nation. — Qui, par conséquent, a le droit de veiller au bon emploi de ces deniers, c'est-à-dire à un bon gouvernement? — La Nation. Voilà ce que dit le sens commun ».

Parmi les journaux qui parurent au commencement de mai 1789, il faut citer les *Révolutions de Paris,* par Prudhomme, Loustalot et Tournon, avec leur enseigne si fameuse : *« Les grands ne nous paraissent grands que parce que nous sommes à genoux..... Levons-nous ! »*.

Dans le cahier des remontrances, plaintes et demandes du Tiers-État de la sénéchaussée d'Albret au siége de Tartas (23 avril 1789), publié par M. de Cauna dans l'*Armorial des Landes,* p. 78, je remarque les demandes suivantes formulées par nos pères :

« Que le droit de consentir des lois appartenant à la nation soit exclusivement dévolu à ses représentants librement élus.....

« Que nul impôt ni emprunt ne soit légal qu'autant qu'il aura été consenti par la nation dans l'assemblée des États-Généraux.....

« Que l'impôt consenti soit généralement et également réparti sans distinctions ni priviléges.....

« Que la législation civile et criminelle soit réformée, et que surtout il soit donné des bornes à la durée des procès et aux frais énormes qu'ils entraînent.....

« Que les officiers municipaux soient élus par les communautés, auxquelles ils seront tenus de rendre compte chaque année de leur administration.....

« L'uniformité d'un seul poids, d'une seule mesure, d'un seul aunage et arpentage dans tout le royaume.....

« Que les États-Généraux prennent en considération l'éducation de la jeunesse, objet le plus important et le plus négligé ; et que dans cette vue il soit donné quelque collége à cette sénéchaussée.....

« Que les États-Généraux prennent en considération la dépopulation, la détresse, la langueur de cette sénéchaussée. Son sol ingrat, sablonneux, couvert de bruyère, ne produit que du millet, du panis et un peu de seigle. Les députés sont chargés de demander qu'on prenne tous les moyens possibles pour y appeler la population et le commerce, et y faire diminuer l'énormité des impôts, surtout celui des droits réservés, qui porte sur la triste et amère consommation que la détresse arrose de ses larmes et de ses sueurs, et de demander pour ce malheureux pays des bureaux de charité et la suppression de la milice de terre et de mer, qui a dépeuplé ses campagnes désolées, où la nature ne produit qu'à regret et à force de bras qu'elle perd chaque jour.....

« Que les États-Généraux jettent un regard de commisération sur le pays soumis à la gabelle, et qu'ils en préservent surtout cette sénéchaussée, attendu la grande consommation de sel qui s'y fait pour les salaisons du menu bétail qui est sa seule ressource, et plus encore pour le peuple qui ne vit que de menus grains, nourriture grossière et fade, dont il ne pourrait faire usage sans le secours du sel.....

« La liberté de la chasse pour chaque propriétaire dans ses domaines.....

« Que les corvées seigneuriales et les banalités soient abolies comme contraires à la loi naturelle.....

« Qu'on s'occupe du desséchement du marais d'Orx et des Landes de Bordeaux, dans lesquelles les eaux stagnantes gâtent les pâturages et corrompent la salubrité de l'air, et qu'on procure un écoulement sûr et facile aux eaux qui doivent traverser les paroisses voisines de la mer, et notamment le Vieux-Boucau, Contis, Mimizan, etc. Qu'on cherche tous les moyens possibles d'arrêter les progrès des sables depuis Bayonne jusques et y compris Biscarrosse.....

« Qu'il soit permis à chaque propriétaire de troupeaux de pourvoir ses pasteurs d'une arme à feu pour écarter les loups qui les ravagent journellement..... ».

Dans la nuit mémorable du 4 août 1789, l'Assemblée nationale décréta la cessation de tous les abus, la destruction de tous les priviléges, l'égalité des impôts, le rachat de la dîme et des droits féodaux, l'admission de tous les citoyens aux emplois civils et militaires, l'abolition des corvées, etc.

Dans cette fameuse nuit, la vieille société s'évanouit et la Révolution fit un pas immense. La noblesse française et le clergé donnèrent l'exemple d'un grand patriotisme et renoncèrent à leurs priviléges. Tous firent avec enthousiasme leur offrande à la patrie.

Un député de la Bretagne, Le Guen de Kerengal, parut à la tribune dans son costume de paysan breton. Il parla en ces termes :

« Le peuple, impatient d'obtenir justice et las de l'oppression, s'empresse de détruire ces titres, monument de la barbarie de nos pères.

« Soyons justes, messieurs ; qu'on nous apporte ici ces titres qui outragent, non-seulement la pudeur, mais l'humanité même ; qu'on nous apporte ces titres qui humilient l'espèce humaine, en exigeant que les hommes soient attelés à une charrette, comme les animaux de labourage ; qu'on nous apporte ces titres qui obligent les hommes à passer les nuits à battre les étangs, pour empêcher les grenouilles de troubler le sommeil de leurs voluptueux seigneurs.

« Qui de nous, messieurs, dans ce siècle de lumière, ne ferait pas un bûcher expiatoire de ces infâmes parchemins, et ne porterait pas le flambeau pour en faire un sacrifice sur l'autel du bien public ? »

LE XIXe SIÈCLE. — LES LANDES ET LES CHEMINS DE FER

I

En conformité de la loi du 28 pluviôse an VIII (17 février 1800), le territoire français fut divisé en départements et en arrondissements. Mont-de-Marsan devint chef-lieu de préfecture.

Suivant décret du 16 décembre 1811, les routes impériales, devenues depuis nationales, furent divisées en trois classes. La route des Petites Landes a été comprise dans la première classe, sous le n° 10, et celle des Grandes Landes dans la troisième classe, sous le n° 132.

En 1814, lord Vellington envahit, du côté du Midi, la France avec une forte armée composée d'Anglais, de Portugais et d'Espagnols. Le maréchal Soult (1), malgré des

(1) Voici une lettre du maréchal Soult, commandant en chef l'armée sur les Pyrénées, au ministre de la guerre :

« Bayonne, 14 novembre 1813.

« Je me détermine à prendre Bayonne, qui déjà est ma place d'armes, comme pivot de mes opérations. En conséquence, j'ai donné l'ordre à M. le comte d'Erlon, qui commande sur la rive droite de la Nive, que si l'ennemi lui forçait le passage, il devrait manœuvrer de manière à se rapprocher du restant de l'armée et tenir fortement la position de Villefranque, afin que, lorsque j'aurai réuni aux troupes sous son commandement celles que j'amènerais moi-même de renfort, nous marchions aux ennemis pour les combattre avant que la plus forte partie de leur armée eût passé.

« J'ai aussi chargé l'ordonnateur en chef de faire diriger sur Bayonne, par la

prodiges de valeur, ne put arrêter sa marche sur les bords de la Bidassoa, de l'Adour, de la Nive et du Gave. Après la bataille d'Orthez, le maréchal Beresford se détacha de la grande armée anglaise et se porta de Mont-de-Marsan sur Bordeaux avec un corps de troupes. Il suivit la route des Petites Landes et passa par Roquefort et Bazas.

« En arrivant à Hagetmau, dans la nuit du 27 au 28 février (1814), le duc de Dalmatie fit savoir par un piéton dévoué, au général de division Darricau (1), qui était à Dax, les résultats de la bataille d'Orthez, et lui donna l'ordre de sortir de la ville avec quelques compagnies qu'il avait, et de manœuvrer comme il le jugerait convenable pour échapper à l'ennemi dont il était débordé par toutes les directions. Ce général avait été envoyé à Dax, soit pour mettre ce point à l'abri d'un coup de main, soit pour l'organisation des gardes nationales du département des Landes. C'était un des meilleurs généraux de l'armée, et nous craignions qu'il ne fût perdu pour elle. Cependant le baron Darricau rassemble sa petite troupe, se met à sa tête, et s'engage dans les Grandes Landes de Bordeaux, vastes plaines incultes qu'on est tout étonné de trouver en France ; et s'il était permis de comparer les petites choses aux grandes, cette retraite du général Darricau, au milieu des sables, rappellerait la marche du législateur des juifs dans le désert, ou la retraite des dix mille. Il a le bonheur enfin d'arriver à

grande route des Landes, et sur cel... de Langon par Mont-de-Marsan et Dax, la presque totalité des denrées qui doivent être expédiées sur l'armée par les départements frappés d'appels ».

(1) Le général Darricau, né à Tartas (Landes), le 5 juillet 1773.

Langon sans avoir essuyé de pertes, et de se trouver plus tard à la bataille de Toulouse » (1).

Après le départ du général Darricau, le général anglais Wandaleur se présenta devant Dax et fit précéder son entrée de la sommation suivante, consignée dans les registres de la Préfecture :

EXTRAIT DES REGISTRES DE LA MAIRIE DE DAX. — SOMMATION.

« *3 mars 1814.*

« Pour sauver la ville de Dax des suites d'un assaut, je vous somme à la rendre *aux troupes britanniques* sous mes ordres. L'officier qui est porteur de cette lettre attendra votre réponse.

« *Signé :* WANDELEUR ».

Le même jour, 3 mars, le général anglais adressa l'ordre suivant à M. le Maire :

EXTRAIT DES REGISTRES DE LA MAIRIE DE DAX.

« *3 mars 1814.*

« Monsieur le Maire,

« D'après *les ordres du feld-maréchal, marquis de Wellington,* commandant en chef *les armées alliées,* je suis chargé de vous transmettre que les autorités constituées, dans les villes et villages du territoire français, doivent continuer leurs fonctions jusqu'à nouvel ordre. D'après cela, M. le

(1) *Mémoire sur la campagne de l'armée française dite des Pyrénées en 1813 et 1814,* par J. Pellot, commissaire des guerres (1818).

maire de Dax continuera ses fonctions avec les autres membres qui composent l'administration et la municipalité de Dax, malgré les ordres qu'ils auraient reçus *du gouvernement français ;* et s'ils s'y refusaient, ainsi que les autres fonctionnaires, je prendrais des mesures pour les y contraindre, ainsi que ceux qui n'obéiraient point à l'ordre que je leur fais connaître.

« *Signé :* WANDELEUR ».

Bientôt après, la déchéance de Napoléon Ier fut proclamée et les Anglais, qui avaient assiégé inutilement la citadelle de Bayonne, s'embarquèrent en partie à Bordeaux pour revenir dans leur pays. Ils suivirent, pour se rendre de Bayonne à Bordeaux, la route des Grandes Landes.

Voici la traduction d'une dépêche de lord Wellington, adressée le 11 juin 1814 au ministre Bathurst, à Londres, et que j'ai détachée d'un ouvrage écrit en anglais (1) :

« *Bordeaux, 11 juin 1814.*

« J'ai ordonné que les deux brigades de la garde qui sont encore dans le voisinage de Bayonne marcheront sur Bordeaux, comme cela a été démontré par lord Keith. Impossible d'envoyer des vaisseaux de guerre à Bayonne, à Saint-Jean-de-Luz ou à Passages. Elles s'embarqueront pour Plymouth avec le 43e et le 52e régiments, quand les navires seront de retour.

« WELLINGTON ».

(1) *Les dépêches du maréchal Wellington, etc.*, par le lieutenant-colonel Gurwood, 12e vol., p. 53 (1838).

L'armée de lord Wellington se conduisit avec la plus grande modération dans l'ancienne Guyenne, qui avait appartenu pendant trois siècles à la nation anglaise.

Pendant leur séjour dans ce pays, les Anglais, pour ne pas froisser les habitants, payaient très cher et au comptant les denrées qu'ils achetaient. Cette conduite fait supposer que le gouvernement anglais avait formé le projet de s'approprier de nouveau cette province.

Le 13 mars 1814, le général de Wellington, se trouvant à Aire, adressait la dépêche suivante au comte Bathurst :

« J'ai fait marcher, le 7 du courant, un détachement, sous les ordres du major-général Fane, pour prendre possession de Pau ; et un autre le 8, sous les ordres du maréchal sir William Beresford, pour prendre possession de Bordeaux.

« J'ai le plaisir d'informer V. Exc. que le maréchal est arrivé hier dans cette ville (les petites forces qui y étaient ayant passé de l'autre côté de la Garonne, dans la soirée précédente) et que cette place importante *est en notre possession.*

« Quatre-vingt-quatre pièces de canon ont été trouvées dans la place, et on a déjà recueilli une centaine de caisses d'armes cachées ».

Ainsi les Anglais prenaient possession des villes du Midi pour Georges III, roi d'Angleterre.

« Vingt ans, disait Wellington à son gouvernement, se sont écoulés depuis que les princes de la maison de Bourbon ont quitté la France ; ils sont plus inconnus à la France que les princes de toute autre maison royale de l'Europe. Il faut, sans doute, pour la paix du monde, que l'Europe expulse Bonaparte, mais il importe peu qu'il soit remplacé par un prince de la maison de Bourbon ou par tout autre prince d'une maison couronnée ».

« Le marquis de Wellesley et ses collègues, les ministres du roi d'Angleterre, dit M. Thiers, se souciaient peu de rétablir les Bourbons en France ; ils étaient prêts à traiter avec Napoléon » (1).

Tout fait donc présumer que le gouvernement anglais avait quelque arrière-pensée. Mais les temps étaient bien changés ! Le sentiment patriotique, très prononcé dans notre pays, avait fait déjoner ce projet. Les Anglais n'avaient d'ailleurs laissé aucune trace de leur passage et de leur domination sur la Gascogne.

Bien que la malle-poste ne passât plus par la route n° 132, celle-ci était encore fréquentée dès le commencement de ce siècle. On y voyait passer des rouliers et des diligences allant de Bayonne à Bordeaux.

« A la fin de 1822, le gouvernement ordonna l'établissement d'une ligne télégraphique de Paris à Bayonne. Elle ne put être mise en activité que le 3 avril 1823. Il y a trente télégraphes de Bayonne à Bordeaux, et cent de Bordeaux à Paris. Un seul signal est transmis en douze minutes d'une extrémité de la ligne à l'autre. Les signaux passent à raison de deux, trois et quelquefois quatre, suivant la réunion d'une plus ou moins grande quantité de circonstances favorables. Une dépêche de cent cinquante signaux, équivalent à environ la moitié d'une page d'écriture de papier à lettre, passe de Bayonne à Bordeaux dans une heure, et de Bayonne à Paris dans une heure et demie. Les employés subalternes, et même

____

(1) *Histoire du Consulat et de l'Empire*, t. xii, p. 107.

les inspecteurs, ne peuvent connaître la signification des signaux » (1).

La route n° 10 recevait toujours les plus fortes allocations, tandis que celle n° 132 avait été délaissée. Il avait été question d'adopter un nouveau tracé dans la partie comprise entre Lipostey et Castets. On voulait diriger la route vers les bourgs d'Onesse et de Lesperon. Le Conseil général des Landes avait, en 1849, adopté ce projet, mais par une décision rendue le 22 janvier 1852, l'administration supérieure fut d'avis que la route serait maintenue dans son tracé actuel.

Un industriel, M. Bertrand Geoffroy, maître des forges à Abbesse, près Dax, avait, en 1840, obtenu la concession d'un chemin à rails de bois entre Magescq et Saint-Paul-lès-Dax. Ce chemin a été prolongé depuis au delà de Magescq. Il traversait les territoires des communes de Linxe, Saint-Michel-Escalus, Léon, Magescq et passait par les forges d'Abbesse.

Exploité par M. Bertrand Geoffroy, il a fonctionné pendant une douzaine d'années.

Dans un rapport présenté au Conseil général des Landes,

(1) *Nouvelle Chronique de la ville de Bayonne*, par un Bayonnais, p. 450 (1827). Ce fut l'abbé Claude Chappe qui inventa le télégraphe aérien. La Convention, pour en faire l'essai, prescrivit la construction de plusieurs postes télégraphiques entre la capitale et la frontière du Nord. La première dépêche transmise par le télégraphe fut l'annonce d'une victoire. Le 30 août 1794, Carnot, au nom du Comité de Salut Public, parut à la tribune, et lut la dépêche suivante :

« Condé est restitué à la République. La reddition a eu lieu ce matin à six heures ». L'enthousiasme de la Convention fut indescriptible ; elle décréta aussitôt que l'armée du Nord avait bien mérité de la patrie. Bientôt après, plusieurs dépêches annonçant d'autres victoires des Français ne tardèrent pas à être transmises au gouvernement.

Le télégraphe électrique est venu remplacer ensuite le télégraphe aérien. C'est en 1845 qu'on en fit l'essai et qu'une ligne fut établie entre Paris et Rouen.

par M. Jaubert, préfet des Landes (1850), je lis le passage
suivant :

« L'achèvement de la route 132 a toujours été l'objet de
vos préoccupations. Un moyen est offert d'abréger la construction de la lacune entre Castets ou Lesperon et Lipostey. M. Bertrand Geoffroy, de Dax, offre d'établir sur l'un
des accotements un chemin de bois.

« Sa proposition a un double but. Il demande à être
autorisé à emprunter cet accotement, ou depuis Bordeaux
jusqu'à Bayonne, ou depuis Lipostey jusqu'à Castets.
M. Bertrand Geoffroy a été autorisé à compléter ses études
et à présenter un projet régulier. Un grand intérêt est
attaché à la réalisation de ce dessein. L'administration le
secondera. Ce n'est que pour une œuvre perfectionnée,
c'est-à-dire, ayant double voie, qu'une subvention est
réclamée. Ses seules ressources suffiront à M. Geoffroy
pour d'autres combinaisons. Déjà cet entrepreneur a
formé des établissements de cette nature. Il peut parfaitement, dès lors, se rendre compte des sacrifices. J'ajoute
qu'il connaît trop l'état commercial du pays pour n'avoir
pas exactement apprécié les avantages. Il y a donc chance
que le projet arrive à bonne fin ».

Dans cette même session (1850), le Conseil général n'accueillit pas la demande faite par M. Bertrand Geoffroy.

En 1846, la route 132 avait été déviée dans la partie
comprise entre Mageseq et Saint-Vincent-de-Tyrosse. De
Mageseq, on la fit rentrer sur la route n° 10, à Saint-
Geours-de-Maremne. On supprima ainsi quatre kilomètres de l'ancienne route et on allongea le parcours de
2 kilomètres 700 mètres pour arriver à Bayonne (1).

(1) Voici les distances des deux routes nationales conduisant de Bordeaux à
Bayonne :

Avant l'ouverture du chemin de fer, un service direct de voitures publiques avait été établi, à partir du 20 février 1853, entre Bordeaux et Bayonne par Belin, Labouheyre, Castets et Saint-Geours. Malgré la lacune de 46 kilomètres qui existait entre Lipostey et Castets, ce nouveau service gagnait plusieurs heures sur les messageries qui faisaient le trajet par Mont-de-Marsan et Bazas. Le prix des places était fort au-dessous du tarif des messageries.

ROUTE NATIONALE N° 132

De Bordeaux au Barp..........................	30^k 000^m
Du Barp à Belin..............................	13 000
De Belin au Muret............................	10 350
Du Muret à Lipostey..........................	10 400
De Lipostey à Labouheyre.....................	12 150
De Labouheyre à Laharie......................	20 000
De Laharie à Souquet.........................	10 200
De Souquet à Castets.........................	12 200
De Castets à Magescq.........................	12 500
De Magescq à St-Geours.......................	10 700
De St-Geours à Bayonne.......................	32 000
TOTAL...........................	173^k 500^m

ROUTE NATIONALE N° 10

De Bordeaux à Langon.........................	43^k 000^m
De Langon à Bazas............................	14 700
De Bazas à Captieux..........................	15 600
De Captieux à Roquefort......................	29 500
De Roquefort à Mont-de-Marsan................	22 000
De Mont-de-Marsan à Tartas...................	27 000
De Tartas à Dax..............................	23 400
De Dax à St-Geours...........................	15 000
De St-Geours à Bayonne.......................	32 000
TOTAL...........................	227^k 200^m

La première route présente une réduction de longueur de 53 kilomètres 700 mètres. Le chemin de fer de Bordeaux à Bayonne a une longueur de 198 kilomètres.

II

Les chemins de fer sont un progrès, une amélioration
sur les voies déjà connues, un immense perfectionnement
des routes de terre ordinaires. Ils rapprochent les populations et offrent au commerce des moyens de transport
rapides et surtout économiques ; ils développent l'agriculture et l'industrie.

« La bête de somme a été un progrès sur la force mus-
culaire de l'homme. La charrette est un progrès sur le
cheval. La diligence est un progrès sur la charrette ; la
malle-poste est un progrès sur la diligence, et le chemin
de fer est un *double progrès* sur tous les moyens connus,
puisqu'à mesure qu'ils mènent plus vite, ils font payer
plus cher, tandis que le chemin de fer, dont la vitesse
est incomparable, fait payer au contraire meilleur marché » (1).

Dans l'intérêt de la civilisation, les chemins de fer
sont encore utiles. C'est par eux que circule la pensée
humaine ; leur rôle politique consiste dans le transport
des troupes et du matériel militaire. Les chemins de fer
auront sur l'avenir politique des nations les plus grandes
conséquences.

Le chemin de fer de Bordeaux à La Teste est un des
premiers que l'on ait construits en France. Ce fut dans le
courant de l'année 1835 que M. Godinet, notaire à Bordeaux, proposa de construire cette voie ferrée. Après de
longues enquêtes, le projet fut enfin voté par les deux
Chambres, et l'ordonnance rendue le 15 décembre 1837.

(1) *Bayonne et les chemins de fer*, par Edouard Lamaignère, p. 353 (1852).

C'est un député des Landes, M. Laurence, qui fit, au nom
de la commission chargée d'examiner le projet, un rapport remarquable, duquel j'extrais les passages suivants :

« Il existe au Midi de la France, entre l'embouchure de
la Gironde et celle de l'Adour, un vaste territoire s'éten-
dant du rivage de l'Océan jusqu'aux limites de Lot-et-
Garonne, et connu sous le nom de Landes de Gascogne ou
de Bordeaux, à peu près oublié aux extrémités de l'Empire.....

« ..... Une route royale, tracée selon la ligne la plus
droite, de Bordeaux sur Bayonne, figure sur la carte et
dans les états officiels, mais la faiblesse constante des
allocations annuelles qui lui sont faites permet à peine
d'entretenir quelques ponceaux et de maintenir le tracé,
qui disparaîtrait autrement dans les sables. L'éloignement
des matériaux a fait jusqu'ici reculer l'administration
devant l'énorme dépense du pavage, et elle en est venue
tout récemment à se demander s'il ne valait pas mieux
substituer, dans cette direction, un chemin de fer à la
route royale. Des études sont actuellement prescrites dans
cet objet.....

« ..... L'inspection de la carte démontre de plus que le
chemin de fer de Bordeaux à La Teste pourrait devenir,
sur une longueur de 40,000 mètres environ, la tête d'une
des lignes qui de Bordeaux doit se diriger ultérieurement
sur Bayonne ; et le gouvernement l'a sans doute ainsi
pensé, puisque, bien que le projet n'impose que l'établissement d'une seule voie, le concessionnaire est tenu, par
le cahier des charges, d'acquérir le terrain nécessaire à
l'établissement d'une seconde voie, et de souffrir, d'ailleurs, tous les embranchements qui seraient jugés utiles
dans l'intérêt général..... Le projet de loi lui-même ne

contient que des dispositions à l'abri de toute critique, et la commission, à l'unanimité, a l'honneur de vous en proposer l'adoption pure et simple.

« Cette adoption sera un grand bienfait pour le pays des Landes, et un commencement de réparation pour le long oubli dans lequel on l'a laissé. Il est bien à désirer que le gouvernement, exhumant d'un injurieux oubli les projets nombreux qui lui ont été soumis en divers temps, dote enfin ce pays, jusqu'ici déshérité, des communications qui lui manquent..... etc. » (1).

En 1839, le duc d'Orléans se rendit à La Teste et, le 24 août, il posa la première pierre du pont jeté sur la ruette de Ségur, à l'entrée de la gare.

Le 7 juillet 1841 eut lieu l'inauguration du chemin de fer de Bordeaux à La Teste. A cette occasion, l'archevêque de Bordeaux, Mgr Donnet, prononça un beau discours en présence des autorités du département et d'une foule immense. Je cite quelques passages de ce discours :

« ..... Gloire donc à nos pères !..... Mais gloire aussi, nous le voulons sincèrement, nous le proclamons avec bonheur, gloire à ces découvertes modernes, à ces grandes entreprises, où le génie de l'homme, venant dérober à la nature des forces merveilleuses, franchit en un instant les espaces, simplifie les procédés, multiplie les relations et les produits, et semble créer une vie nouvelle pour les peuples étonnés !.....

« ..... Non, non, la religion n'est pas l'ennemie de pareils progrès ; elle honore et bénit ceux qui les enfan-

---

(1) Les prévisions de M. Laurence se sont depuis réalisées. Le chemin de fer de Bordeaux à Bayonne est venu s'embrancher à celui de La Teste. On ne saurait trop rendre hommage à la mémoire de M. Laurence. Cet homme, intelligent et patriote, fait honneur au département des Landes.

tent, ceux qui les propagent. Elle applaudit à tout ce qui contribue au bonheur de ses enfants ; toutes les illustrations, elle les consacre ; et de même qu'elle suspend aux voûtes de ses temples les trophées de nos guerriers, juste et solennel hommage rendu au dieu des batailles, de même elle s'associe aux joies, aux transports de la cité reconnaissante, pour entourer de sa pompe et de ses vœux les infatigables triomphes de ceux qui percent les montagnes, rapprochent les distances, suspendent au milieu des airs de hardis passages, et, à l'aide du plus merveilleux moteur, domptent les deux plus grands obstacles que rencontrent les désirs impatients de l'homme, la terre et l'eau.....

« ..... Béni soit le jour où fut conçue la bienfaisante pensée de cette œuvre si grande ! Bénis soient les bras et les cœurs qui surent l'accomplir ! Oui, Messieurs, la création d'un chemin de fer de Bordeaux à La Teste, et l'emploi des locomotives destinées à le parcourir, sont un bienfait pour la contrée tout entière ; en mettant en commun les richesses de l'industrie et les trésors d'un sol jusqu'ici méconnus, les populations apprendront à se connaître et à s'aimer, et deviendront une grande famille unie par les mêmes intérêts, comme elle l'est déjà par les mêmes croyances.

« Puisse le Dieu des sciences et des arts bénir et féconder lui-même ce rapport nouveau et rapide avec un pays que semblait séparer de nous un vaste désert !..... » (1).

(1) Le 5 juillet 1841 on a célébré, avec beaucoup de pompe, le cinquantenaire du chemin de fer de Bordeaux à La Teste et à Arcachon. M. Céleste, bibliothécaire de la ville de Bordeaux, avait été le promoteur du mouvement en faveur de la célébration du cinquantenaire. MM. Berniquet, préfet de la Gironde, Raynal, Cazauvieilh, députés, Clouzet, Lesca, conseillers généraux, Darriet, Despagnet,

L'administration avait, vers cette époque, fait faire des études par les ingénieurs, pour faire communiquer Bordeaux et Bayonne par un chemin de fer.

« Le chemin de fer de Bordeaux à Bayonne, disait M. Michel Chevalier (1), semble, au premier abord, être l'un des tronçons dont l'ajournement serait le plus naturel ; car, quelle urgence y a-t-il à établir les communications les plus perfectionnées dans une région aussi misérable ? Pourquoi créer ces rapides moyens de transport pour les hommes là où il n'y a pas d'hommes à transporter ? Mais ce chemin de fer importe aux bonnes relations de la France et de l'Espagne ; il hâterait le jour où le défrichement des Landes sera opéré dans la limite où il est possible ; il coûterait incomparablement moins que tout autre chemin de fer. Enfin, considération qui me paraît décisive, il dispenserait le Trésor d'établir ou d'entretenir à très grands frais une route royale au travers des Landes. On sait que dans ces plaines sablonneuses il n'y a de bonnes routes que moyennant un pavage, et il faut y charroyer les pavés de fort loin ».

La loi du 11 juin 1842 avait mis au nombre des voies à créer la ligne de Paris à la frontière d'Espagne, par Tours, Poitiers, Angoulême, Bordeaux et Bayonne.

En 1842, trois tracés différents avaient été présentés : celui par les Grandes Landes ou des plateaux, le second se rattachant au chemin de fer de Bordeaux à La Teste, et le troisième se dirigeant sur Bayonne en passant par

Dubosc, Laroque, adjoints au maire de Bordeaux, Duvignau, président du Conseil général, Mouliets, maire de La Teste, Ravaux, maire d'Arcachon, les ingénieurs, les maires de la contrée, etc., etc., s'étaient donné rendez-vous à La Teste. Au banquet, plusieurs discours ont été prononcés. La foule était immense à Arcachon et à La Teste, où des réjouissances ont eu lieu à cette occasion.

(1) *Des intérêts matériels en France*, 3ᵉ édit., p. 301 (1838).

Mont-de-Marsan et les vallées. Le Conseil général des Landes, dans sa session de 1842, avait émis le vœu suivant :

« Que la portion du chemin de fer de Paris en Espagne, qui doit s'étendre de Bordeaux à Bayonne, soit rattachée à la ligne de l'Océan à la Méditerranée ; que ces deux voies aient un parcours commun jusques à un point déterminé, qui paraît devoir être Langon ou la vallée du Ciron, qui en est très voisine, et qu'après la bifurcation, la voie soit tracée dans le département des Landes, de manière à se rapprocher autant que possible des villes qui bordent le cours de la Midouze et de l'Adour ».

Les années suivantes, le Conseil général des Landes émit encore le même vœu, bien qu'en 1845 le rapporteur de la commission, au nom de la majorité, eût demandé l'exécution du chemin de fer par le tracé direct, avec la condition de deux embranchements, l'un sur Mont-de-Marsan et l'autre sur Dax.

Il fit observer :

« Que le pays des Landes est susceptible d'améliorations qu'il ne peut espérer et attendre que de l'établissement d'un chemin de fer, qui contribuerait à l'enrichir et à le vivifier en lui procurant, ce qui a toujours manqué, un moyen sûr et facile d'exporter ses produits et de satisfaire ses besoins ;

« Qu'il y aurait une économie considérable dans les frais de construction du chemin par le tracé direct à travers un pays où les terrains, étant de peu de valeur et sans accident, ne nécessiteraient que de légères indemnités à payer, et presque pas de mouvements de terre ni de travaux d'art à exécuter..... ;

« Que le chemin par le tracé direct présenterait de

grands avantages pour les relations diplomatiques et pour les opérations stratégiques, qui demandent toujours célérité et économie ;

« Qu'il ne s'agit pas seulement du chemin de fer de Bordeaux à Bayonne ; mais bien de la continuation et du complément de la grande ligne de Paris à la frontière d'Espagne, destinée au mouvement des populations et des marchandises du monde entier ; qu'il y aurait injustice à la grever à tout jamais d'un surcroît énorme de taxe et de parcours......, etc. ».

Le vœu de la loi du 11 juin 1842 ne fût accompli qu'en 1852. Un décret du 24 août 1852 approuva la convention passée le même jour pour la concession du chemin de fer de Bordeaux à Bayonne, etc. Les premiers articles du cahier des charges sont ainsi conçus :

« Art. 1er. — La Compagnie s'engage à exécuter, à ses frais, risques et périls, tous les travaux des chemins de fer ci-après définis, savoir : 1° le chemin de fer de Bordeaux à Bayonne et ses embranchements sur Mont-de-Marsan et Dax ; 2° le chemin de fer de Narbonne à Perpignan.

« Art. 2. — Le chemin de fer de Bordeaux à Bayonne empruntera, entre Bordeaux et Lamothe, le chemin de fer de Bordeaux à La Teste ; de Lamothe il se dirigera sur Bayonne par Labouheyre, traversera le petit Boucaut et aboutira sur la rive droite de l'Adour, au point qui sera déterminé par l'administration. Il sera établi un chemin de jonction entre la gare du chemin de Bordeaux à Cette et le chemin de Bordeaux à Bayonne. Les villes de Mont-de-Marsan et de Dax seront desservies par deux embranchements, qui se détacheront de la ligne principale en des points qui seront déterminés par l'administration.....

« Art. 3. — La Compagnie s'engage à terminer ces chemins et à les rendre praticables et exploités dans toutes leurs parties, dans les délais suivants, savoir : pour le chemin de fer de Bordeaux à Bayonne, deux ans ; pour les embranchements sur Mont de Marsan et sur Dax, trois ans..... ».

Ce cahier des charges a été ensuite modifié par le ministre des travaux publics. Le dernier paragraphe de l'article 2 porte ce qui suit :

« La ville de Mont-de-Marsan sera desservie par un embranchement qui se détachera de la ligne principale en un point déterminé par l'administration. Il en sera de même pour la ville de Dax, *à moins que la ligne principale ne passe près de cette ville* ».

Cette modification avait permis l'inflexion de la ligne vers Dax et la suppression de l'embranchement.

Un décret impérial du 24 mars 1853 approuva la convention relative à l'exécution des chemins de fer de Bordeaux à Bayonne et de Narbonne à Perpignan.

Le traité fut présenté à l'Assemblée législative le 30 du même mois et, à la suite d'un rapport de M. Granier de Cassagnac, l'Assemblée l'adopta dans la séance du 25 avril 1853.

Voici quelques extraits du rapport :

« La commission a considéré le projet sous deux aspects : l'un est le tracé, l'autre l'utilité et la dépense de l'entreprise.

« A partir de Lamothe, ce n'est plus à Laharie, suivant un premier projet, mais à Morcenx, que le chemin de fer doit aboutir. Cette correction du tracé primitif rapproche la voie de huit kilomètres de Mont-de-Marsan et de Tartas, en la dirigeant sur Dax.....

« L'utilité de ce chemin ne peut se contester. Il unit Paris à Madrid et à Lisbonne ; il développe les transactions avec l'Espagne, fertilise les Landes, dont l'Empereur voulait faire le jardin de sa garde ; il déverse par Mont-de-Marsan et Dax plus de cent mille voyageurs par an dans les établissements thermaux des Pyrénées, et ouvre à l'industrie l'impérissable accès des richesses minérales enfouies dans le sol pyrénéen..... ».

Le 28 mai 1853, le Corps législatif avait adopté le projet de loi dont la teneur suit :

« Art 1er. — Sont approuvés, l'article 5 de la convention et les articles 4 et 7 du cahier des charges ci-annexé, relatifs aux engagements à la charge du Trésor pour l'exécution des chemins de fer de Bordeaux à Bayonne et de Narbonne à Perpignan......, etc. ».

Enfin, un décret du 19 août 1854 approuva la convention passée le 16 août 1854 entre le ministre de l'agriculture, du commerce et des travaux publics et la Compagnie des chemins de fer du Midi et du canal latéral à la Garonne, représentée par MM. Pereire, Adolphe d'Eichtal, duc de Galliera.

La ligne de Lamothe à Dax fut ouverte le 12 novembre 1854, et celle de Dax à Bayonne, le 25 mars 1855.

M. Alexandre Léon a écrit dans la *Revue Scientifique* :

« La logique devait conduire le chemin de fer de Bordeaux à Bayonne par l'ancienne route suivie par les diligences et les malles-postes et tracée par la civilisation. Le pays habité promettait la marchandise et les voyageurs. L'inspiration la plus heureuse, à l'encontre de la logique, a lancé la voie de fer à travers le désert des Grandes Landes, et la vie et la civilisation, créées comme par enchantement, sont venues, au point de vue

même des intérêts de l'entreprise, donner raison à l'inspiration ».

On sentit aussi la nécessité de relier les gares établies
sur le chemin de fer de Bordeaux à Bayonne aux autres
centres des départements, à l'aide de routes agricoles. Un
décret impérial du 1er octobre 1857 a déclaré d'utilité
publique l'établissement de routes agricoles dans les
départements de la Gironde et des Landes, sur un développement total de 450 kilomètres environ.

C'est la Compagnie du Midi qui fut chargée d'exécuter
ce réseau de voies de communication.

Voici la désignation de ces routes :

GIRONDE :

De la station de Pierroton à Martignas.
—   de Pierroton à Saucats.
—   de Marcheprime à Saumos.
—   de Marcheprime à Hostens.
—   de Facture à Arès.
—   de Facture à Beliet.
—   de la Hume à Sanguinet.
—   de Caudos à Sanguinet.
—   de Caudos à Salles.
—   de Salles à Belin.

LANDES

De la station de Ichoux à Biscarosse.
—   de Ichoux à Sore.
—   de Labouheyre à Ste-Eulalie, avec embranchement de Pontenx à Mimizan.
—   de Labouheyre à Trensacq.
—   de Sabres à Escource.

De la station de Sabres à Labrit.

— de Morcenx à Mimizan, avec embranchement d'Onesse à Mézos.

— de Rion à St-Julien-en-Born, avec embranchement d'Uza à Lit.

— de Rion à Tartas.

— de Laluque à St-Girons.

— de Laluque à Pontonx.

— de Dax à Castets.

Un décret du 4 octobre 1877 a aussi déclaré d'utilité publique le *chemin de fer des Landes.* Ce réseau, situé dans le département de la Gironde, comprend la ligne de ceinture de Lesparre à Saint-Symphorien et Luxey, passant par Saint-Isidore et par Hourtin, Lacanau, Arès, Audenge, Facture, Salles et Belin, d'une étendue totale de 135 kilomètres. De cette ligne se détachent plusieurs embranchements.

Une loi du 30 mars 1882 a déclaré encore d'utilité publique l'établissement, dans le département des Landes, des chemins de fer d'intérêt local ci-après :

1° De Pissos à Parentis, par Ichoux ;

2° De Sabres à Mimizan, par Labouheyre et Pontenx ;

3° De Morcenx à Mézos, par Sindères et Onesse, avec embranchement de Sindères à Uza, par Lesperon et Lévignacq ;

4° De Tartas à Castets par Laluque, avec prolongement de Castets à Linxe ;

5° De Saint-Vincent-de-Tyrosse à Soustons.

Toutes ces lignes sont actuellement ouvertes à la circulation. C'est la *Société anonyme des chemins de fer d'intérêt local du département des Landes* qui a construit et qui exploite ce réseau, qui se développe sur une longueur de 166 kilomètres 500 mètres et qui est destiné à alimenter le trafic de la ligne de Bordeaux à Bayonne. Le capital de cette Société est de 10,000,000 de francs, garanti par la Compagnie des chemins de fer du Midi.

Les lignes de Labouheyre à Mimizan et de Morcenx à Mézos, avec embranchement de Sindères à Uza, ont été inaugurées le 20 juillet 1889, sous la présidence de M. Etienne, député d'Oran, sous-secrétaire d'Etat aux colonies. Le délégué du gouvernement a reçu un excellent accueil dans le département des Landes. Plusieurs personnages officiels ont accompagné M. Etienne à Mimizan et à Mézos, où des banquets ont eu lieu. Le lendemain, il assistait aux fêtes de Mont-de-Marsan, où il reçut encore une chaleureuse réception.

L'inauguration de la ligne de Sabres à Labouheyre a eu lieu le 11 mai 1890, sous la présidence de M. Yves Guyot, ministre des travaux publics. A cette occasion, on a donné de très belles fêtes. Toutes les autorités civiles et militaires, les députés et les sénateurs des Landes, les conseillers généraux, etc., ont reçu le ministre à la gare de Labouheyre. Le cortège s'est ensuite dirigé sur Sabres, où une réception enthousiaste a été faite à M. Yves Guyot. Au banquet, plusieurs discours ont été échangés.

Les autres lignes ont été livrées à la circulation vers la fin de l'année 1890.

Il est sérieusement question aujourd'hui d'établir un tramway à vapeur de Moliets et Mâa à Dax, qui traversera les communes de Moliets, Léon, Magescq, Herm et Gourbera. Cette nouvelle voie sera d'une grande utilité pour cette contrée du Marensin, qui se trouve déshéritée.

Vers le milieu du XVIIe siècle, pour se rendre de Paris

à Bayonne (783 kilomètres), on mettait 358 heures. Le voyage entre ces deux villes ne durait plus que 200 heures en 1782 ; 116 heures en 1814 ; 64 heures en 1834 ; 27 heures 45 minutes en 1854 et ne dure plus aujourd'hui (1890) que 11 heures 51 minutes ou 30 fois moins qu'au point de départ (1).

Le Sud-Express de Paris à Bordeaux (585 kil.) met 8 heures 40 minutes. La vitesse commerciale est de 71 kil. 926.

Le train rapide de jour de la Compagnie d'Orléans (Paris à Bordeaux, Bastide, 578 kil.) met 8 heures 41 minutes. La vitesse commerciale est de 66 kil. 620.

On parle d'une locomotive nouvelle inventée par M. Flansan, ingénieur de la Compagnie de l'Est, qui permettra d'aller de Paris à Bordeaux en moins de 7 heures. Cette grande vitesse est une chose bien étonnante. Le génie de l'homme où s'arrêtera-t-il ? Que sera ce donc lorsqu'on pourra bien faire fonctionner les chemins de fer électriques ? Faire plier la foudre aux besoins de l'humanité, n'est-ce pas le plus grand effort qu'on puisse accomplir ?

III

On parle encore d'établir une voie ferrée le long du littoral. On pourra alors exploiter plus avantageusement la région boisée.

Les chemins de fer, les voies de communication ont transformé le pays des Landes. Depuis leur création, on a pu tirer parti de ce vaste désert resté si longtemps stérile ;

(1) Cosmos, 8 mars 1890.

il a été assaini, desséché et rendu à la culture. Des campagnes fertiles ont succédé à de tristes solitudes. L'industrie y fait aussi des progrès. Le meilleur moyen, pour mettre les Landes en valeur, est la culture du pin maritime ; c'est l'arbre le plus acclimaté et le mieux approprié à la qualité du fonds. La culture du pin aura donc toujours la préférence. Malheureusement, depuis quelques années, le revenu diminue ; la vente de ses produits n'est plus rémunératrice pour le résinier, et le feu détruit annuellement une partie des forêts des Grandes Landes.

Le chêne-liège réussit aussi très bien dans les sables, et son écorce produit un bon revenu. Certaines parties privilégiées ont été utilisées et converties en prairies et terres labourables.

Depuis quelque temps on s'est appliqué à cultiver la vigne, et l'expérience prouve que le sable des Landes convient très bien à cette culture ; elle y vient dans d'excellentes conditions. En outre, le sable jouit de la propriété inappréciable d'être réfractaire au phylloxéra. Plusieurs propriétaires des Landes ont donné une grande extension à la culture de la vigne ; ils ont planté des vignobles d'une grande étendue, et on admire les plantations faites à Lévignacq, à Mézos, à Solférino, à Sabres, à Geloux, etc.

Je lis dans le *Progrès*, par Edmond About, le passage suivant (1864, p. 105) :

« La vigne y réussit très bien et justifie la prédiction du père de la viticulture :

« Je suis convaincu, dit le docteur Guyot, que la « vigne sera l'arbrisseau rédempteur du pays de maître « Pierre » (1).

---

(1) *Sur la viticulture du Sud-Ouest de la France*, p. 199.

« J'ai goûté du vin des Landes, et je vous assure qu'il vaut son prix. Je ne dis pas qu'il soit possible de reculer les limites du Médoc jusqu'au pied des Pyrénées ; mais n'est-ce pas déjà beaucoup de récolter un vin agréable et léger sur un sol qui, depuis sa formation, ne produisait que des fièvres ».

Autrefois, on cultivait la vigne sur le littoral et dans les Landes. Des noms de localités, de métairies, des actes anciens le prouvent d'une manière évidente.

M. Yves Boucau, dans son excellent ouvrage sur la *Culture de la vigne dans les sables des Landes*, parle de Lévignacq, dont la vraie orthographe est *Le Vignacq*, c'est-à-dire pays de vignes ; du quartier des vignes *(de Les Bignes)*, dans la commune de Pontenx-les-Forges ; de *Vignacol*, dans la commune de Lit-et-Mixe ; du *Trulh* (le pressoir), dans celle de Rion.

Je remarque encore, dans la commune de Rion, les métairies du *Bignaou*, et j'ai trouvé dans un acte du XVIIe siècle que, dans les environs du *Trulh*. il existait des vignobles sur une grande étendue. Le propriétaire actuel vient de planter sur une partie de ces mêmes terrains une nouvelle vigne qui paraît très vigoureuse.

A Capbreton, à Vieux-Boucau, à Messanges, etc., on récoltait des vins les plus estimés. Plusieurs curés du Born recevaient une partie de leur dîme en vin. Vers la fin du XVIe siècle, le curé de Capbreton avait cent barriques de dîmes. En 1609, on récoltait à Capbreton 1,700 barriques de vin (38,760 hectolitres). En 1785, la dîme du curé de Messanges produisait trente barriques. De 1820 à 1830, on récoltait encore annuellement à Capbreton de cinq à six cents barriques de vin rouge. Dans un tableau des impositions de ce bourg, dressé en 1832, je remarque qu'il existait encore une étendue de 40 hectares 74 ares en nature de vigne.

La charte de Mimizan de 1273 « défendait de vendre du vin étranger tant que celui de la localité ou des localités voisines n'était pas épuisé, et qui permettait aux habitants de vendre ou échanger librement maisons, terres, vignes, rentes et autres choses » (1).

En 1419, Pierre de Casteja, chevalier, prit à ferme, du chapitre de Saint-André, le blé et le vin de Saint-Julien-en-Born (2).

La ville de Bayonne jouissait aussi de certains priviléges. L'établissement du 13 janvier 1392 donne « les statuts et priviléges des bourgeois et propriétaires de la banlieue de Bayonne, portant prohibition à toutes sortes de personnes de faire entrer dans Bayonne des vins étrangers, ni les faire vendre et débiter privativement aux vins de la dite banlieue, depuis le jour de saint Michel du mois de septembre jusqu'au dimanche des Rameaux de chaque année » (3).

D'après un arrêté, pris le 8 octobre 1447, par une assemblée de Bayonne, présidée par le gouverneur Johan Darribeyre, il fut fait « défense de charger des vins soit

(1) *Annuaire des Landes*, 1870. *La vigne dans la Lande*, par M. Tartière, archiviste.

(2) Archives de la Gironde, t. vii, p. 415.

(3) « Aprobat per les tots suber les feits de l'entrade deus bins et pomades estranges, qui ne sozt du crescut de le ciutat ; dessens aquere fauborg et jurisdiction, et fo establit et ordenat que degun besin de le ciutat de Bayonne, ni estrange, no pusque meter bins ni pomades per lo Boucau de Bayonne, ni per autre port, dessens le havre so es deud. Boucau entre Forgave, et ni en fa portz, vente ni descargue aucune ; et lou contrary fasen los bins et pomades seran bessats chets tot prolongamen, ni aute conseil, et chens figure de procés, ni audir partide per lo Maire, Esclevins et Conseil, ou autrement aplicats et convertits à la reparation deus ponts ou autes communs afars de quere....., etc. ».

de Boret, soit de Capbreton, soit de Marensin, si ce n'est sur navire de Bayonne, durant le temps de la franchise » (1).

Le 19 mars 1525, il fut accordé des priviléges aux Frères prêcheurs de Bayonne pour faire entrer dans le couvent tout le vin dont ils auraient besoin pour leur provision.

Le 2 mars 1534, le Parlement de Bordeaux avait ordonné que les chanoines de l'église de Dax pourraient en tout temps faire entrer dans la dite ville de Dax du vin du cru de la banlieue, et d'autres vins étrangers pour leur provision (2).

Les environs de Bayonne étaient autrefois couverts de vignes.

En 1626, dans la juridiction de cette ville, on avait récolté 1046 barriques de vin (3).

On présentait chaque année à la ville l'état des récoltes. Voici un des derniers recensements :

« Le 26 octobre 1764, les patrons des quatre portes seraient venus pour remettre les états du vin qu'a produit la vendange dans leurs quartiers :

« Lachepaillet........   25 »» barriques.
« Mousserole.........   219 1/2 Idem.
« Saint-Léon.........   54 1/2 Idem.
« Saint-Esprit........   111 »» Idem.»

Total 410 barriques, d'environ trois cents litres chacune (4).

---

(1) *Études historiques sur la ville de Bayonne*, par Jules Balasque, t. III, p. 497.
(2) *Trésor de Pau*, par de Lagrèze, pp. 301 et 325.
(3) Archives de Bayonne, CC, 219.
(4) *Nouvelle chronique de la ville de Bayonne*, par un Bayonnais, t. Iᵉʳ, p. 82 (1827).

Dans les paroisses environnantes et dans celles qui se trouvaient sur le littoral, on récoltait aussi du vin en abondance. Le 21 septembre 1740, l'intendant Sérilly rendit une ordonnance fixant à trente-six verges la jauge de la barrique pour les vins de cette contrée.

Voici cette ordonnance (1) :

« Nous, M° des Requêtes, Intendant en Navarre, Béarn et généralité d'Auch, ordonnons que les barriques et demi barriques de vin qui entreront à Bayonne, dans la banlieûe et jurisdiction et dans les chais de cargaison, tant pour la consommation des habitans que pour transporter par mer, venant, soit desd. banlieûe et jurisdiction de Bayonne, soit des paroisses d'Anglet, St-Étienne, Tarnos, Ondres, St-Martin de Seignans, Capbreton, Pinsole, Messanges, Mouliets, Vieux Boucault et autres lieux circonvoisins, seront jaugés et le salaire payé aux jaugeurs, sur le pied porté par l'arrêt du Conseil du 29 septembre 1738, et que les barriques de vin de ces différens crûs seront de la contenance de 36 verges, et les demi-barriques de dix-huit verges.....

« Fait à Auch, le 21 septembre 1740.

« SÉRILLY ».

Il existait autrefois sur le bord de la mer, du côté du Boucau-Neuf, vers l'embouchure de l'Adour, des vignes appartenant à divers propriétaires de Tarnos. Le 8 janvier 1759, les maire, échevins et conseil de la ville de Bayonne donnèrent « à fief direct et seigneurial, à perpétuité et à jamais », à des habitants de Tarnos des terrains, en nature

(1) Archives de Bayonne, CC, 289.

de sable et pins, dont une partie était destinée à être complantée en vigne. Ces terrains étaient situés au lieu dit la *Montagne*, entre « les terres fortes de Tarnos et le rivage de la mer ».

Les concessionnaires devaient payer annuellement à la ville dix sols tournois par arpent. L'étendue de la concession était de 131 arpents. (L'arpent se composait de 46 ares 53 centiares).

Jean Lalanne, dit Courdeou, jurat de la paroisse de Tarnos, avait obtenu, à lui seul, 42 arpents. Une de ces parcelles confrontait, du Midi, « à l'ancienne vigne du dit Lalanne » (1).

Ces vignes n'existent plus aujourd'hui et l'État, qui s'était emparé de ces terrains, les a aliénés en 1863.

Les vins blancs de *La Roque*, d'Ondres, étaient aussi très recherchés (2).

Pendant son séjour à Bayonne (août 1686), l'intendant Bazin de Bezons fit l'acquisition de deux demi-barriques de vin de Capbreton et d'une demi-barrique de celui de la Roque, pour le prix de quatre-vingt-dix livres (3).

Pour le dîner de l'élection, qui eut lieu à Bayonne le 10 septembre 1760, on apporta de Capbreton et de la Roque d'Ondres des vins blancs et rouges (4).

(1) Archives de Bayonne, DD, 7 et DD, 17.

(2) Le château de *La Roque*, qui vient d'être restauré, est situé dans la commune d'Ondres, près la limite de Tarnos. Il bordait l'ancien lit de l'Adour. Sa hauteur est de 45 mètres au-dessus du niveau de la mer. Il était habité, en 1589, par Louys, seigneur de St-Martin, baron de Capbreton, vicomte de Biscarrosse, etc., qui épousa Françoise de Noailles, nièce de François de Noailles, évêque d'Acqs. Ce château appartenait avant la Révolution au comte Puyolé de Juliac. Confisqué pour cause d'émigration, il fut vendu par la nation, le 9 germinal an II, à Grand Ferry, de Bayonne.

(3) Archives de Bayonne, GG., . .

(4) Archives de Bayonne, CC, 335.

Philippe V, roi d'Espagne, séjourna à Bayonne pendant le mois de janvier 1701. Il reçut de la ville plusieurs présents consistant en douze grandes corbeilles de vin de Capbreton rouge et blanc, en vin rancio, jambons de Labontan, et plusieurs barils de cuisses d'oie (1).

Je lis dans la *Promenade sur les côtes du Golfe de Gascogne*, par Thore (1808), p. 107, le passage suivant :

« ..... La nécessité, qui rend industrieux, apprit à l'habitant à cultiver la vigne ; et bientôt on la vit prospérer, dans un canton où on ne l'avait pas vue encore. Les champs du quartier de Pinsole (Soustons) se couvrirent de pampres. Les essais qu'on en fit furent couronnés de succès si complets, qu'on ne tarda pas à s'apercevoir que leurs vins rivalisaient avec ceux des meilleurs crus de Bordeaux ; que souvent même ils étaient préférés : les dunes elles-mêmes, qu'on avait regardées comme un sol réprouvé, ne tardèrent pas à être cultivées..... ».

En 1815, Grouvel, de Capbreton, attaché à la direction générale de l'agriculture, publia une brochure *sur les avantages que présenterait la culture des vignes dans les dunes du département des Landes qui bordent la mer, indépendamment des semis de pins* (Bayonne, Cluzeau).

M. d'Haussez, un des meilleurs administrateurs qu'ait possédés notre département, dans ses *Études administratives sur les Landes* (1826), dit encore :

« La vigne réclame une place parmi les végétaux qui se plaisent dans le sol des Landes : partout où elle est cultivée, elle paie les soins qu'elle nécessite ; et les vins les plus estimés du département sont récoltés au milieu des dunes arides de Cap-Breton, dans ces sables, dont l'aspect

(1) *Chronique de la ville de Bayonne*, 1827, t. 1er, p. 195.

semble repousser jusqu'à l'idée de leur demander aucun produit ».

M. Auguste Petit-Lafitte, le savant professeur d'agriculture de Bordeaux, a fait paraître, en 1857, une notice sur les vignes de Capbreton.

Le célèbre botaniste de Candolle, dans son *Voyage botanique et agronomique dans les départements du Sud-Ouest*, et le *Moniteur universel* du 19 novembre 1859 ont fait de grands éloges du vin récolté sur les dunes de Gascogne.

Il est donc du plus grand intérêt, pour les propriétaires des Landes, de cultiver la vigne sur les terrains sablonneux (1). Elle prospérera et pourra transformer ce pays.

(1) L'arbuste providentiel pour la France est la vigne. De tout temps, les vins de France ont occupé la place d'honneur. Les Gaulois, nos vieux pères, cultivaient cette précieuse plante et aimaient le bon vin. Ce furent les premiers qui le logèrent dans les tonneaux. Pour une pinte de vin de Dijon, les Celtes donnaient un esclave. En 1371, le Pape Clément XI reçut du vin de Vougeot qui lui avait été donné par Jean de Bussières, abbé de Citeaux. Celui-ci reçut en échange le chapeau de cardinal. En 1377, la ville de Bayeux offrit à Bertrand Du Guesclin une pièce de vin de Beaune à la place d'une épée d'honneur. Les Anglais, maîtres de la Guyenne pendant trois siècles, prisaient ses vins et emportaient cette denrée en Angleterre et la faisaient accompagner par des navires armés. Richard *Cœur de Lion* avait édicté, en 1175, des règlements protecteurs. Témoin ce passage extrait des archives de St-Seurin :

« Quiconque entrera dans la vigne d'autrui et y prendra une grappe de raisin, payera cinq sols ou perdra une oreille ».

On traduisait en Cour ecclésiastique les insectes nuisibles à la vigne. Saint Bernard, abbé de Clairvaux, excommuniait les mouches. Dans un mandement de 1553, Claude, évêque de Langres, lançait une sentence de malédiction sur les mouches et les vers nuisant aux vignes, et leur ordonnait de sortir du territoire, eux et leur postérité. Les couvents et les églises étaient propriétaires des meilleurs crus.

Quelques mauvais rois de France ont lancé des ordonnances odieuses et ridicules pour arracher les vignes. C'est ainsi que, le 28 décembre 1775, le gouvernement ordonna d'arracher les vignobles sur une grande étendue de la Guyenne. La population était dans le désespoir. Un édit désastreux, du 7 juin 1731, défendait de faire de nouvelles plantations de vignes en France, sous peine de 3,000 livres d'amende contre les contrevenants. Ce n'est que depuis 1789 que les proscriptions ont cessé

Elle n'a à redouter que les gelées du printemps ; mais on peut les conjurer par les fumées et ce moyen, qui n'est pas très coûteux, a été pratiqué par les Romains et dans les temps modernes.

Pline rapporte : « Quand vous avez des craintes de

et qu'on est libre de cultiver la vigne ; seulement, les impôts et les taxes vexatoires pèsent encore lourdement sur celle-ci.

« ..... Les livres sacrés, dit M. le docteur Jules Guyot (*Encyclopédie pratique de l'agriculteur*, publié par MM. Moll et Eug. Guyot, t. XIII, p. 652), nous montrent la vigne et le vin à côté de Noé surgissant avec l'homme choisi et *régénéré* par Dieu : Jésus-Christ, le divin rédempteur, transforme l'eau en vin aux noces de Cana, consacre le vin comme le sang de l'homme-Dieu, dans la Cène suprême et le catholicisme, qui embrasse l'humanité toute entière dans ses dogmes inspirés, ne peut célébrer son rite fondamental sans l'existence de la vigne et sans le pur jus fermenté de ses fruits.

« Oui ! la vigne est bien l'arbrisseau de la régénération et de la civilisation humaine. Oui ! le vin est bien la force du corps de l'homme, la chaleur de son cœur, la vivacité de son esprit. L'extension de la vigne à tous les pays de la terre, là où elle peut mûrir ses fruits, est donc un bienfait social, une conquête pour l'humanité, et c'est un devoir pour tout homme qui connaît la vigne, sa culture et l'art de faire le vin, de vulgariser ce qu'il en sait de meilleur ».

Je lis encore dans la *Revue des Deux Mondes* du 1er septembre 1877 (*Bordeaux et le bassin de la Gironde*, par Simonin) :

« Sans aller jusqu'à préconiser, comme certains Bordelais, l'influence du vin sur la civilisation, on ne peut s'empêcher de reconnaître que c'est à la qualité exceptionnelle de leurs vins et à la consommation modérée, mais journalière qu'ils en font, que les Français doivent sans doute quelques-unes de leurs qualités aimables, l'esprit, la verve, la pétulance, la franchise, la sociabilité, la familiarité, qui les distinguent et qui en font un peuple à part, changeant, quelquefois indisciplinable, mais qui plaît à tous ».

« On a aussi appelé le vin *le lait des vieillards*. Sans doute, le vin n'enlèvera pas aux vieillards les épreuves douloureuses de la vie ; mais en chassant les froids de l'hiver, en évoquant le souvenir des fêtes et des fleurs de la jeunesse, il les aidera à franchir le dernier pas, sans trop le redouter.

« A tous les âges, dans toutes les conditions, c'est le vin qui fortifie, qui rend l'homme meilleur et fait aimer ; c'est lui qui, indispensable au bonheur et à la santé, chauffe le génie et conduit à la victoire ; c'est lui enfin qui, après avoir souri aux hommes et cimenté le lien des peuples, jette quelque chose des rayons du soleil dans les cerveaux comme dans les cœurs ». (*La vigne en France et spécialement dans le Sud-Ouest*, par Romuald Dejernon, p. 75 (1855).

gelées, brûlez dans les vignes et dans les champs des sarments ou des tas de paille, ou des herbes, ou des broussailles arrachées : la fumée sera un préservatif ».

« Les gelées sont aucunement détournées de la vigne, dit Olivier de Serres, si en les prévenant, on fait, en plusieurs lieux d'icelle, de grosses et espesses fumées avec des pailles humides et des fumiers demi-pourris, lesquels, rompant l'air, dissolvent sés nuisances ».

IV

Les historiens et les géographes ont presque tous dénigré et ridiculisé le pays des Landes. Ils se sont copiés les uns les autres, et les renseignements qu'ils ont fournis sur cette contrée sont, pour la plupart, mensongers, fantaisistes et inexacts. Voilà pourquoi beaucoup d'étrangers se figurent encore que les Landais sont montés sur des échasses. On les appelait autrefois « les Bédouins de l'Aquitaine ». Cette peinture, tracée par les géographes, ne pouvait que froisser cette population des Landes, qui a toujours été laborieuse, probe, généreuse, hospitalière et patriotique. Il est vrai de dire aussi que la dénomination « des Landes », donnée au département, a contribué à ce dénigrement. Aujourd'hui, il n'existe pour ainsi dire plus de landes rases ; elles sont boisées et mises en valeur. Ce nom n'a donc plus sa raison d'être, il conviendrait, par conséquent, de donner à notre département la dénomination mieux appropriée : *l'Adour-et-Midouze*.

Pour se conformer au décret du 26 février 1790, on aurait dû donner la préférence au nom tiré des circonstances géographiques.

M. Onésime Reclus, qui a mieux connu notre pays, est dans la vérité quand il dit :

« Tel homme qui n'a fait que traverser les Landes par un jour de cuisants rayons, sous un vent qui cinglait des sables, devient aussitôt et reste leur calomniateur : brûlé de soleil, énervé d'air chaud, fouetté de poussière, étourdi par la turbulence du wagon qui l'entraîne éperdument à toute vapeur sur les plus longues lignes droites des chemins de fer français, il n'y a vu qu'une plaine vide ou des pins, et des tranchées dans la dune avec le cordeau sanglant tracé par la ligne noirâtre ou rougeâtre de l'alios.

« Mais celui qui connaît profondément les Landes, les admire, il les aime ; pour lui, leur monotonie est espace et grandeur. Devant leur vaste et lumineuse étendue, il comprend que les poëtes aient si souvent chanté les grandes plaines ; et même il y peut oublier la montagne, si belle, mais froide et hautaine, où l'on ne se sent libre que sur les sommets supérieurs ; la montagne où la gorge étreint, où l'abîme oppresse, où le torrent croasse, où le roc et la forêt cachent le divin soleil aux fontaines.

« La joie sérieuse qu'éprouve l'homme assis au rocher du rivage, devant l'infini bruyant de la mer, le voyageur la retrouve devant le vide et le silence de la plaine landaise ; çà et là elle semble également infinie, quand le regard ne s'y heurte pas aux dunes, aux jeunes pignadas qu'on n'a pas encore éclaircis, au rideau des pins arrivés à toute leur taille, et qui, selon que leurs troncs sont distants ou serrés, laissent passer avec éclat ou filtrer obscurément l'horizon. Ces grands pins sont ébranchés ; de longues blessures d'un blanc jaune, taillées dans leur chair, en expriment la résine ; et malgré ces plaies coulantes, d'où sort incessamment sa vie, cet arbre héroïque met cent ans et plus à mourir. On dit de ces pins qu'ils sont gemmés ; sous leurs rameaux d'un vert noir le sable est blanc, la fougère est verte, la bruyère a des fleurs rouges et le genêt des boutons d'or.....

« ..... Au bord de ces gais ruisseaux colorés, qui sont les sujets de l'Adour et de la Leyre ou du Ciron, des hameaux de bois aux tuiles rouges se montrent dans la clairière ou se cachent à demi entre les pins et les chênes-liéges, dans un air qu'embaument « les parfums résineux, atomes raviyants qui s'exhalent des pins secoués par les vents..... »

J'ai terminé ces études historiques et géographiques. Préparer des matériaux relatifs à l'histoire de notre coin de terre, trop longtemps oublié, m'a paru faire une œuvre utile, une œuvre de patriotisme local. Si mes modestes travaux peuvent intéresser mes chers compatriotes, je me trouverai assez récompensé.

FIN.

TABLE DES MATIÈRES

TABLE ALPHABÉTIQUE

E

F

G

H

I

J

K

L

M

N

O

P

R

T

U

V

Y

Fin des tables.

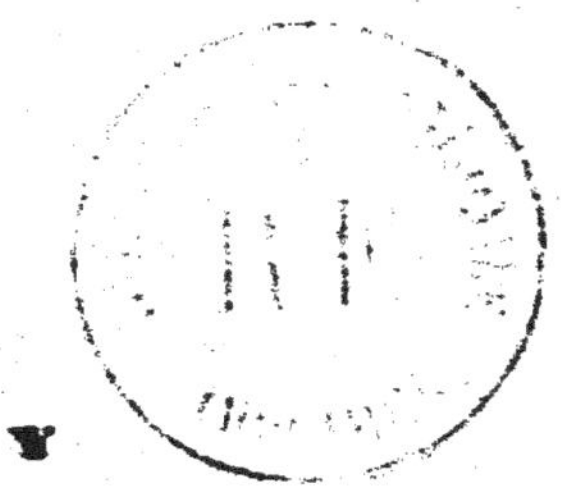

Imp. et Lithe. A. Lamaignère. — Bayonne — Biarritz.

www.ingramcontent.com/pod-product-compliance
Lightning Source LLC
Chambersburg PA
CBHW051232050726
47594CB00001B/129